現代経営基礎シリーズ
3

現代経営管理論の基礎

芦澤　成光 編著
日高　定昭

学文社

執筆者

*芦澤	成光	玉川大学経営学部教授	(序章, 第2, 5, 8, 11章)
小嶺	朋子	創価大学大学院博士後期課程満期退学	(第1章1.2.5.)
ビシュワ・カンデル		神奈川・杏林大学非常勤講師	(第1章3.4.5.)
*日高	定昭	作新学院大学経営学部教授	(第3章)
文	載皓	富士常葉大学総合経営学部准教授	(第4章)
田中	信弘	杏林大学総合政策学部教授	(第6章)
河野	英子	東京富士大学経営学部教授	(第7, 13章)
黒川	文子	獨協大学経済学部教授	(第9, 10章)
水谷内徹也		富山大学経済学部教授	(第12章)

(＊は編者, 執筆順)

はじめに

　経営学教育にとって，過去の優れた理論を，分かりやすく説明することが重要なのは，いうまでもない．しかし，それで十分でないのも，明らかである．現実に生まれる経営問題に対して，その知識を基に，読者が主体的に考えられる教科書があればとの思いで，本書は企画されている．過去の理論だけを学ぶだけでは，経営管理問題を理解し，解決するのは不可能であろう．現場の経営者・管理者の世界観・価値観が，経験の中から形成され，それが大きな役割を果たしていることは明らかである．経験の中で形成されている価値観・世界観は，現実の中で鍛えられ，経営者・管理者独自の考え方を生み出している．

　そして，企業で生まれる様々な問題は，複合的な原因から生まれており，多様な捉え方が可能である．経営学の発展も，その多様な捉え方から生まれてきたといえるだろう．経営管理論は，その経営学の中で，中心的な位置を占める研究分野として発展してきた．また，他の諸科学の発展に大きく依存してきた．工学，数学，心理学，社会学，経済学，そして情報科学の研究成果を利用して，経営管理問題の解決がなされてきた．そのために，諸科学を背景にした多面的な研究が行われてきている．それぞれの研究は，真実の一側面を捉えて理論化を行ってきたといえるだろう．

　他方で，実践する経営者の立場からすると，その経験，価値観に大きく依存して，実際の経営管理が行われている．そして，個々の企業が置かれている内部・外部の状況は，多様である．同一の産業に属する企業でも，その置かれた状況は異なる．そのため，共通する経営管理問題であっても，最善の解決策は個々に異なることになる．それは，経営者の価値観に基づく認識枠組みの相違と，客観的な状況の相違から生まれている．

　結果として，現実の企業では，多様な経営管理活動が存在することにな

る．また，企業内部の管理上の問題だけでなく，経営管理活動の社会的な広がりも，大きな影響を与えるようになっている．これらの事実は，経営管理活動が複雑な構造を持つことを意味している．複雑な経営管理活動に対して，多様な視点からの理論的分析が行われ，実践では多様な経営者・管理者の価値観・世界観が存在することになっている．

　このような複雑な状況に対して，読者が主体的に考えるためには，様々な考え方を検討する必要があるといえるだろう．経営管理の研究分野で蓄積されてきた研究成果を，現実の経営上の諸問題に照らして，十分に説明できるのかどうか検討する必要がある．この検討を通じて，始めて主体的に考える姿勢が育成できるといえる．もちろん，実際の企業経験がないという限界はあるといえるが，論理的に考える姿勢を持つことは可能だろう．

　本書には，『現代経営管理論の基礎』というタイトルがつけられている．その「基礎」の意味は，経営管理論の「基礎」となる内容という意味ではあるが，さらに，主体的に現実の問題を考える際の，「基礎」になるという意味も込められている．

　実践での経験を持ち，一定の世界観・価値観を持つことは，一般の学生には不可能であろう．しかし，具体的な経営管理活動を理解し，現実の様々な問題を考えてもらうことは，ある程度，教科書でも可能である．本書は，このような考えに基づいて構成されている．

　そのために，第Ⅰ部「経営管理についての中心的な理論と技法の発展」では，過去の主要な研究成果を説明し，その意義と問題点を説明している．

　第Ⅱ部「経営管理プロセスについての理論と技法」では，経営管理のプロセスに沿って，具体的事例をあげて，多様な分析視角からの理論と技法が説明されている．具体的事例の中で，多様な視点の理論と技法の有効性と問題点を考えられるように企図されている．

　第Ⅲ部「日本企業の直面する経営管理問題」では，日本の企業が抱える重

要課題と対応策が示されている。その問題は，企業の社会的責任と競争力の形成という課題である。これ以外にも，他に多くの問題があることというまでもない。それらの問題に対して，本書で示した多様な理論や技法を，読者が主体的に検討されることを期待したい。

本書は，主に大学生を対象として企画されているが，企業で働く方が，主体的に経営管理問題を考える際のガイドとしても，使用できるように考えられている。読者が経営管理を論理的に考える上で，積極的に本書を活用いただければ，幸いである。

最後になるが，本書はその企画から完成まで，多くの時間がかかってしまった。その間，多くの方のご協力をいただいた。特に，創価大学教授　佐久間信夫氏には感謝申し上げたい。また本書の出版の遅れにより，学文社社長田中千津子氏には，多くのご迷惑をおかけした。お詫びととともに，心より感謝申し上げたい。

2007年3月

芦澤成光　日高定昭

序章　経営管理とは何か ……………………………………………………1
　序.1　経営学の課題とその基本的性格　1
　序.2　経営管理の発展　1
　序.3　経営管理の定義　3
　序.4　経営管理の科学化と体系化　5
　序.5　経営管理のプロセス　7

第Ⅰ部　経営管理についての中心的な理論と技法の発展

第1章　古典的管理論の意義と問題点 …………………………………13
　1.1　はじめに　13
　1.2　テイラーの科学的管理法　13
　1.3　フォードの経営　18
　1.4　ファヨールの管理論　24
　1.5　おわりに　31

第2章　人間関係論とバーナード組織論の意義と問題 ………………35
　2.1　はじめに　35
　2.2　人間関係論の意義と問題　37
　2.3　バーナード組織論の意義と問題　41
　2.4　まとめ　54

第3章　意思決定論の意義と問題点 ……………………………………59
　3.1　はじめに　59
　3.2　1960年代のアメリカ経営理論の多様性　60
　3.3　アメリカ経営学における伝統理論と近代理論　63
　3.4　経営人モデルと数学モデル―事実の抽象化と操作可能性―　65

3.5　記述的意思決定論と規範的意思決定論　67

　3.6　計画的意思決定と非計画的意思決定　69

　3.7　むすびにかえて　71

第4章　知識創造経営論の意義と課題 …………………………75

　4.1　なぜ知識創造なのか　75

　4.2　組織的知識創造理論の内容　77

　4.3　ナレッジ・マネジメントからナレッジ・イネーブリングへ　80

　4.4　知識創造理論の課題　82

第II部　経営管理プロセスについての理論と技法

第5章　経営計画の機能とその策定プロセス …………………87

　5.1　経営計画の必要性　87

　5.2　企業における経営計画の諸機能　88

　5.3　経営計画の種類　97

　5.4　経営計画の策定プロセス　99

第6章　組織デザインと調整，統合 ……………………………105

　6.1　現代企業と組織デザイン　105

　6.2　組織デザインの考え方　106

　6.3　組織形態とその具体的活用　109

　6.4　企業間関係と組織デザイン　116

第7章　組織の対外的展開 ………………………………………119

　7.1　はじめに　119

　7.2　系列　120

　7.3　グループ化　124

　7.4　戦略提携　127

第8章　モチベーションの諸理論とその方法 …………………133

　8.1　人と企業　133

8.2 マグレガーのX理論とY理論　134
8.3 誘因と動因　135
8.4 マズローの欲求段階論　136
8.5 動機づけ衛生要因理論　140
8.6 期待理論　144
8.7 感情論と今後のモチベーションへのアプローチ　147

第9章　リーダーシップの理論的展開動向 …………………………………151
9.1 はじめに　151
9.2 リーダーのパワー　152
9.3 ミシガン大学のリーダーシップ研究　153
9.4 オハイオ州立大学のリーダーシップ研究　155
9.5 マネジリアル・グリッド論　156
9.6 リーダーシップPM論　158
9.7 フィドラーのリーダーシップ状況適応モデル　160
9.8 ハーシィ&ブランチャードのシチュエーショナル・　162
　　リーダーシップ理論（ＳＬ理論）
9.9 目標－経路理論（パス-ゴール理論）　165
9.10 新しいリーダーシップ研究動向　168
9.11 おわりに　172

第10章　企業文化と経営 ……………………………………………………175
10.1 はじめに　175
10.2 企業文化の役割　176
10.3 企業文化論の展開　178
10.4 企業業績と企業文化　184
10.5 企業文化による価値の創造　186
10.6 国民文化と企業文化　187
10.7 企業文化とパワー　189

10.8　おわりに　191

第11章　コントロールと業績評価 …………………………………195
　11.1　コントロール（control）の意義　195
　11.2　企業活動におけるコントロールの必要性　197
　11.3　業績評価制度の機能　199
　11.4　企業内における業績評価のプロセス　200
　11.5　業績評価プロセスを効率的にする方法　204
　11.6　バランスト・スコアカードによる業績評価プロセスの促進　208

第Ⅲ部　日本企業の直面する経営管理問題

第12章　CSR経営とステイクホルダー・マネジメント ……………215
　12.1　CSR経営の意義と動向　215
　12.2　理念主導型CSR経営の推進とグローバル行動基準の構築　217
　12.3　CSR経営実践としてのステイクホルダー・マネジメント　222
　12.4　ステイクホルダー・マネジメントの課題　226

第13章　国際的な競争力の維持強化 …………………………………229
　13.1　日本企業の競争力強化の現状と特徴　229
　13.2　ものづくりと熟練　233
　13.3　成果主義と長期雇用制　238

索　引 ……………………………………………………………………242

経営管理とは何か

序.1 経営学の課題とその基本的性格

　経営学は多くの関連する講義科目に見られるように，広範囲の内容を特徴とする学問分野といえるだろう．20世紀の初頭にその端緒があるとされ，他の社会科学分野と比べると歴史的に浅い分野でもある．経営学はその発展の中で，企業もしくは組織体一般の活動に関する原因と結果の関係の分析，そしてその一般概念化を目的にして発展してきている．しかし企業活動の多様な展開の中で，個別企業の特殊な状況の重要性も指摘され，個別事象の因果関係を説明する科学としての側面も指摘されている．

　多様な企業活動の展開は，それぞれ企業ごとの異なる要因によってしか説明できないことが多いといえる．しかし企業ごとに異なる状況がある中で，企業活動における共通した側面の存在を指摘することもできる．企業活動を実現する経営者，管理者の行為には共通点が存在している．しかしその方法，形態は異なり，そのことが企業の業績に大きな相違を生み出している．状況が異なる中で，企業活動からより優れた業績を生み出すための経営者・管理者の行為の共通した特徴，原理を科学的に追い求めることが，経営学の発展を生み出してきていると考えられる．

序.2 経営管理の発展

　経営学の発展は，さまざまな経営管理上の課題に対する，実践的な問題解決のための理論や技法を生み出すことによって進展してきたといえる．その

問題の状況に対応して，さまざまな他の科学的成果を応用して，問題の分析と解決に応用し，対応している．ある場面では人間工学の成果が応用されて，効率的な作業工程が実現されている．あるいは，行動諸科学の研究成果が応用されてもいる．さらには社会学，コンピュータ科学の成果も応用されてきている．

経営学の発展の中で企業・組織一般の問題もその範囲を拡大しているが，経営者・管理者が直面する問題は大きく2つに分けることができる．1つは企業の外部における問題，もう1つが内部で起きる問題である．この2つは密接に関係しており，不可分の関係にあるといえる．外部の問題としては，たとえば，取引をどの企業と行うのかという問題，製品・サービスの売り上げの低下を，どのように食い止め反転させるのかという問題があげられる．これらの問題は，経営者・管理者が検討するだけで解決できる問題ではなくなっている．管理者以外の従業員，組織の構成メンバーもその問題を検討し，解決策を考えることが求められるようになっている．

顧客と直接接触する現場の担当者が，最も多くの情報をもつことになると言える．また取引先の企業についても，その担当者が最も多くの情報をもつことになる．経営者・管理者が最終的に決定する権限をもっていても，そのすべての情報を集め，対応策を考えることは事実上不可能になっている．経営者・管理者は，これらの業務を遂行する担当者を通じて，これらの問題点の多くを把握し，解決せざるを得ない．ただし企業組織の規模が比較的小さく，企業を取り巻く環境の変化が少ない状況では，経営者・管理者が自ら行うことはあるが，しかしそれは必然的なものではないといえる．

他方，企業内部の問題としては，生産部門の効率の低さ，販売部門の成績の不振といった問題が考えられる．生産の現場には管理者がおり，また担当者がいる．問題点の把握と解決は，その多くを担当者や現場の管理者が行うことになる．作業上の問題点は，その作業を行う担当者でなければ理解できないものが多くあり，また現場の管理者でなければ理解し，解決できないも

のもある．この点は，外部の問題の場合と同様といえる．こうしてそれらの多くの問題も，担当者を通じて問題点を把握し解決されることになる．

以上のように企業・組織の内外で生まれる多くの問題は，そこで働く従業員によって発見され，理解され，解決されてきたといえる．経営者・管理者は，現場で働く従業員のもつ情報・知識を理解し，利用してきたといえる．

序.3 経営管理の定義

経営者・管理者は，企業・組織の目的を達成するという責任を負っている．しかも，その目的達成を企業・組織のすべての従業員を通じて行わなければならない，といえる．経営者・管理者だけで，目的を達成することは不可能である．経営者・管理者は，従業員へのさまざまな働きかけを行うことで，それを達成しなければならないと言える．企業目的達成のために，従業員の意欲を高め，仕事を分担し，従業員の協働を実現することが経営管理として定義することができる．

経営管理活動の対象の中心は，そこで仕事を担当する従業員である．これは，人という経営資源が唯一，他の経営資源に作用し，企業活動を実現することができるからである．さらに，そのために自ら，作業についての情報をもち，その作業の問題点を発見することがしやすい立場にあるといえる．そのために，従業員に作業を遂行させるだけでなく，より効率的な企業活動の改善に向けて従業員に働きかけることも，経営者・管理者の役割になっていると考えられる（図表序-1参照）．

人的な経営資源は他のモノ，カネ，そして情報という資源を組み合わせて，企業活動を実現することになる．経営管理の役割は，その実現されるプロセスをより効率的なプロセスにして，人に目的を達成させることといえる．そのためには，必要とされる経営資源を準備する必要がある．質量ともに不十分な経営資源では，企業目標を達成することはできないといえる．その個別の経営資源の調達，構築がさらに経営管理の役割として加えられるこ

図表序-1　人とその他の資源との関係

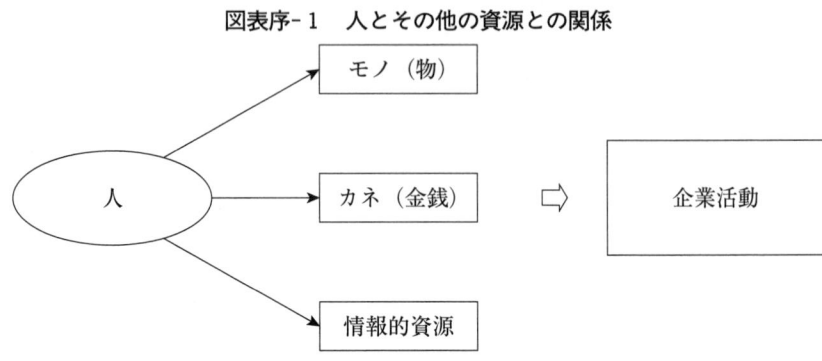

とになる．そのためには外部から調達するものと，企業内部で製造したり，育成するものとがある．原材料については，その多くは外部から調達することになるが，人材は外部から採用した後にも，その仕事を遂行する能力を維持することが必要になる．またその企業独自の技術やノウハウは外部から簡単には調達することはできず，内部で独自に構築しなければならないといえる．そしてこのような個別の経営資源を，絶えず企業活動実現のために確保し，さらにその質を引き上げる努力をしなければならない．経営管理活動では，このような活動も必要になるといえる．

個々の経営資源の確保が行われて，初めて経営管理のプロセスは実現可能になる．経営管理のプロセスでは，個々ばらばらの経営資源を結びつけて，優れた企業活動の実現が可能になる．このプロセスで，各経営資源を利用して企業活動実現をする鍵となるのは人的資源であった．人が仕事を行う上で，能動的にさまざまな経営資源を結合し，企業活動を実現できるからである．そのために，経営管理プロセスでは経営者・管理者は人へのさまざまな働きかけをすることになる．

人が活動する上で，効率的に活動し，優れた結果を生み出すことが経営管理の課題になる．つまりその働きかけの具体的な内容・方法が，経営管理の課題といえる．またこの問題を巡って，多くの経営管理の理論と技法がさまざまな視点から呈示されてきている．

序.4 経営管理の科学化と体系化

　経営学は，さまざまな科学分野の成果を応用して，経営管理の効率的な実現を目指して発展してきたことはすでに指摘した通りである．現在もその基本的な特徴は変わっていない．絶えず，さまざまな科学の発展の成果を応用し，企業で新たに生まれる諸々の問題に対応し，成果を生み出すことが考えられてきた．それが経営学の科学化と体系化を生み出したといえる．

　20世紀の初頭に生まれた経営学は，アメリカで大きく発展することになりますが，その原因は，アメリカの企業活動で生まれるさまざまな経営上の諸問題を解決する必要性と当時の科学技術の発展が活発に行われたことがあげられる．またヨーロッパでも経営学は生まれたが，アメリカとは異なる性格をもったものになっている．

　アメリカでは，大規模な生産活動を行う工場群が早くから出現していた．それは市場が急速に拡大し，大量の製品を供給する必要性があったためと考えられる．そのために，必要な機械技術の開発が進められ，企業における生産活動の効率的な実現が重要になってきた．しかし当初は，働く者と使用者との間に多くの問題を生み出すことになった．この解決のために，経営管理の科学的な原理による検討が，工場現場で働くエンジニアによって行われることになった．彼らは自らがもつ工学的な知識を利用して，経営管理の科学的な検討を行うことになった．当時の企業における活動の多くは，工場における作業が支配的であったと考えられる．その作業は肉体的な作業であり，それに対して工学的な原理を当てはめることになった．工学的な原理で，機械の動きに対応した動きを実現することが，経営管理の機能とされることになった．このような考えは，当時の働く人にとって，利益と同時に新たな問題を生み出すことになった．また管理の科学化は，人間についての科学的な理解の進展と大きく関連している．歴史の進展とともに，人間についての科学的な理解が深まり，その成果を取り入れた経営管理の科学化が進展してき

たといえる．

　他方，企業・組織はその規模を拡大し，また活動の範囲も大きく広がることになる．企業規模の拡大は，また経営管理の多様な展開を引き起こすことになった．20世紀初頭では，生産現場における経営管理が中心的課題であったといえるだろう．しかし，その範囲は企業活動全体に拡大し，さらに組織の拡大は，階層的な関係にも拡大することになり，現場の管理者だけではなく中間管理者，トップの経営陣にまでその範囲は拡大することになっていった．

　こうして経営管理の機能は，大きくその範囲を拡大することになり，多様な形態で行われることになっている．販売部門，開発部門，資材の調達部門等ではそれぞれ独自の活動が展開されることになっている．また企業の成長を準備する機能をもつ部門も多くの企業で設置されている．具体的には研究開発部門や新規事業開発部門が生まれている．

　これらの部門では，現在ではなく将来の企業成長を考えた企業活動が展開されている．その部門でも経営管理活動が行われている．これらの機能部門について，それぞれの部門で働く人びとがおり，経営管理活動が行われている．当然，経営管理もそれぞれの部門の経営管理として独自の発展をすることが求められることになる．このような経営管理の発展は体系的なまとまりをもって展開される必要がある．つまり個別の経営管理活動と並行して，企業全体の活動を調整して，利益最大化を達成するという統合的な視点で行う経営管理活動も生まれることになる（図表序-2参照）．

　個別部門の利益最大化を行うことが，企業全体の利益最大化と合致する場合もあるが，そうでない場合も多く生まれる．たとえば，製造部門では製品の製造費用を下げることが目的とされているために，大量に生産して規模の経済性を実現し，費用を削減しようと考えるだろう．他方，販売部門では市場の変化に細かく対応して，多種類を少量ずつ販売して売り上げを引き上げることが目的になる．そのために，部門間で目的をめぐって利害が対立する

図表序-2　経営管理の階層的展開と水平的展開

階層展開／水平展開	経営資源の調達・準備	生産	配送	販売	アフターサービス	研究開発	新規事業の開拓
トップ・マネジメント							
ミドル・マネジメント							
現場のマネジメント							

ことはよく見受けられる．この部門間の利害を調整していく経営管理活動も新たに必要とされることになる．

　企業全体の経営管理活動は，企業を取り巻く環境との関係を考えて行う必要がある．企業環境である顧客，競合，供給業者，その他の潜在的な参入企業の動向について検討する必要が生まれる．こうして経営管理は，環境に合致した企業活動を実現することも行わなければならなくなる．このような経営管理活動を，「戦略的経営」(strategic management) と表現することがある．

序.5　経営管理のプロセス

　経営管理活動が，人を中心的な対象としており，モノ，カネ，情報的経営資源を組み合わせて企業活動を実現する活動であることはすでに述べたとおりであるが，企業には，個別部門の経営管理活動と企業全体の経営管理活動が存在していた．このことは，それぞれ異なる経営管理活動が展開されるこ

とを意味している．各部門それぞれの経営管理活動についてその検討が必要とされることは当然といえる．各部門の目的に対応した経営管理上の問題が存在しており，それに対応した部門独自の経営管理の方法が展開されることになる．しかし，各経営管理に共通する側面も存在していることは理解できる．その共通する側面は，人を通じて企業活動を実現するという側面であるといえる．この側面が，経営管理の最も重要な側面であるといえる．経営管理のプロセスは，大きく分けて以下の6つのプロセスから構成されていると理解できる．計画策定，組織化，リーダーシップ，モチベーション，企業文化の創造と維持，そして企業活動の測定と評価である．

　経営管理活動が組織的な行為として，企業活動・組織活動を実現する行為であるためには，そのための準備を行う必要がある．企業活動の時期と場所，必要とされる経営資源の質と量を決め，さらにその企業活動実現の方法を決めなければならない．このような準備を行い，計画的に企業活動を実現していかなければ，組織的な企業活動の実現は不可能である．企業活動の計画を考える際には，また企業を取り巻く環境の状況を考慮して計画を策定する必要がある．

　また企業活動が，環境の状況に適合しているためには，計画の段階で，環境要因を検討して計画を策定する必要がある．さらに計画は，環境の変化に対応していかなければ意味がないものになる．そのため絶えず変更をする必要性がある．

　他方で，計画の策定でも，企業活動を実現する人に，積極的に働きかけて効率的な企業活動を実現することが求められる．客観的に企業活動実現のための計画を策定するだけではなく，人の働く意欲を引き出し，より大きな成果を生み出すことが求められることになる．そのために，計画の目標値を引き上げて計画の策定が進められることがある．当然，そのためには現場の担当者によって自己の仕事を通じての学習が行われたり，計画の策定プロセスでの工夫も必要になる．このように，企業活動を効率的に実現することを含

めて計画を策定することが，経営管理活動では重要になる．

　次の経営管理プロセスは，人の組織化のプロセスである．組織化は，仕事の分担を行い，分業と協業の体制を実現し，担当者を決めるプロセスと言える．その仕事の分け方とまとめ方は，企業の環境と企業活動の広がりによって異なることになる．企業活動としてどの活動を行い，どの活動を他企業に任せるのかを決める必要がある．すべての活動を１企業が担当するのではなく，グループとして仕事を分業して，協業することも行われている．その意味では組織は，１企業の範囲を大きく超えるようになっている．

　組織化の次に行われなければならないのが，そこで働く人に対する管理者のさまざまな影響力行使のプロセスである．これはリーダーシップ・プロセスといえる．リーダーシップ・プロセスは，さまざまな影響力を与えることになるが，その中には命令や助言といった，職務上の行為が含まれる．しかし，それ以外の心理的要因，情報の提供や知識の提供といった要因による影響力行使も含まれるようになっている．さらに，その先にどのようなリーダーシップのあり方があるのか，多様な考えが提起されている．

　人が，積極的に企業活動を実現する上で，リーダーシップは重要ですが，その人の心理的な動機（モチベーション）の構造を理解することも重要である．モチベーションの構造についてのさまざまな視点からの分析が行われ，その構造の解明が科学的に行われている．企業活動では，各個人の自律的な行為の比重が高いものになり，多様なモチベーションの存在が考えられるようになっている．この構造は経営学の研究というよりは心理学の研究分野といえる．

　モチベーションの，心理上の構造を解明することと並行して，企業文化・風土の重要性が注目されるようになっている．企業文化・風土とは企業で重要視され，共有されるべき価値観を意味している．企業の内外で，企業独自の価値観が共有されることで，そこで働く人の思いや信念が１つになり，独自の企業活動をさまざまな局面で展開することが可能になると考えられる．

企業文化についてその生成と構造については，一定の理論化が進んでいる．

　最後の経営管理のプロセスは，計画の結果について，実際の企業活動の実績の測定とその評価を行うプロセスである．業績の測定・評価は，その多くは数値上の尺度を用いて行われるが，数値では測定できないものもある．数値で測定できないが，重要なものは存在している．その測定は難しい仕事になるが，必要と考えられる．特に企業の未来を考えた研究開発や新規事業の開拓は，数字上で把握することは困難である．その問題点を克服することが重要な課題になっている．

　以上の経営管理プロセスは，連続的に進展している．また経営管理プロセスは，企業活動の内容の変化にも大きく影響を受けている．その結果として経営管理活動が対象とする人の仕事が大きく変化するのに伴い，中心となる経営管理の理論と技法も，歴史的に変化してきたといえる．

　本書の前半部分では，この中心となる理論と技法について説明がされている．中心的な理論と技法は，絶えず新たなものが生まれているといえる．そして経営管理に従事する経営者・管理者は，実際の企業活動に有効と考える理論と技法を適用しているが，字句通り適用しているわけではない．さまざまな理論と技法を組み合わせ，独自の考えも加えられて適用されていると考えられる．この独自の，外からはわかりづらい側面が絶えずあることも経営管理の特徴といえる．つまり，明らかにされてきた理論や技法だけでは理解できない，優れた経営管理活動が多数存在していると考えられる．この点が今後解明されなければならない，経営管理の課題になるといえる．

　本書では，前半部分で，中心となる経営管理の理論と技法を取り上げ，後半部では，経営管理プロセスに沿って，さらに詳細に経営管理の機能を説明する予定である．

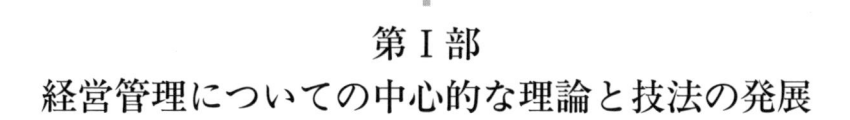

第Ⅰ部
経営管理についての中心的な理論と技法の発展

古典的管理論の意義と問題点

1.1 はじめに

　古典的管理論の研究者は，管理のさまざまな原則の確立に努めてきた．企業規模の拡大に伴い，それまでの非科学的な管理や能率性に限界が生じて，効率的な管理が求められるようになったからである．以下紹介する3人によって提唱されたそれぞれの管理方法は，古典的管理論の代表的なものである．以下では，経営管理の出発点となったテイラーの科学的管理法，フォード・システム，そしてファヨールの管理過程論の3つの古典的管理論の内容を紹介し，その意義と問題点を指摘する．

1.2 テイラーの科学的管理法

(1) テイラーの生涯と歴史背景

　テイラー（Taylor, F. W.）は，1856年にフィラデルフィアの富裕な弁護士の息子として生まれた．父親と同じ職業を勧められたテイラーはハーバード大学の法学部に合格するが，眼の病気のために視力が衰退してしまい大学入学を諦めた．テイラーは1874年に父親の友人に勧められた小規模なポンプ工場でメカニックとして4年間働いた．その後1878年にミッドベール製鋼会社（Midvale Steel Company）へ一般労働者として入社した[1]．入社後は機械工，組長へと次々に昇進し，1881年には異例のスピードで職長まで昇進した．また，テイラーはミッドベール製鋼会社時代には科学的教育知識習得のためにニュージャージーの夜間大学スティーブンス工科大学（Stevens Institute of

Technology）で通信教育を受け，1883年に工学修士の学位を取得している．この他，1886年にはアメリカ機械技師協会（ASME）の会員になっている．テイラーはミッドベール製鋼会社において，自身が考えた「科学的管理」を実行しようとした．しかし労働者との対立から実現はできなかった．1890年にミッドベール製鋼会社を辞めてベスレヘム製鋼会社（Bethlehem Steel Company）で勤務する．しかし，そこでも「科学的管理」の実行を試みるものの，管理者たちの強い反対を受け会社から追い出されてしまった．テイラーは利益を生み出す経営は所有者と労働者のパワーゲームではなく，労使が協調した職場でこそ実現できると信じていた．そしてテイラーは，労使が対立している状況下でも生産と非効率に関するさまざまな実験を行った．その結果，多くの無駄と非効率が工場の効率性の低下をもたらすことが明らかになったのである．

　当時のアメリカは，資本主義経済の急速な成長に伴い，機械制工業が大きく発展していた．そして増大する需要に伴って多くの未熟練労働者が出現したが，その殆どが労働経験のない移民労働者であり，かつ過酷な労働が非効率に行われていた．そのような労働者による非効率な労働は組織的怠業とよばれ大きな問題となっていく．組織的怠業とは，機敏に作業を行っているように見せておきながら，実際は適正な作業量よりも少なく労働するというものである．組織的怠業の原因には3つの点が考えられている[2]．第1点目は出来高給の賃金制度のもとで一定の生産高に達すると雇用者は賃金の切り下げを行うという誤解が労働者の中で生じていたという原因である．不満を抱いた労働者は対抗措置として組織的怠業を行うことになったのである．第2点目は経営者の不適切な管理によるもの，第3点目は過去の経験や見当によって生産高や能率の決定が行われていたことである．

　組織的怠業はテイラーに科学的な管理の必要性を感じさせることになった．またその当時の工場現場は多様になり，熟練工でなければ務まらない万能的職長や組長を確保することが困難になっていた．そこでテイラーは，管

理者が課業を客観的,科学的に分析して設定して労使の争いや組織的怠業を防ぎ,また今までの万能的職長の職能から8つの専門的職能を分担する職能的職長制を提案した.

このようにテイラーは新たな理論を確立し,発展させたので,「近代経営学の基礎を築いた人物」「経営学の父」「科学的管理の父」とよばれている.そして,彼の管理システムは「テイラー・システム」とも称されている.テイラーは1985年に『一つの出来高給制度』,1903年に『工場管理』,1911年に『科学的管理の諸原則』を発表した.2つ目の『工場管理』によって経営管理論の創始者の地位を確立したのである[3].

(2) 科学的管理法と課業管理

組織的怠業の解決のためにアメリカ機械技師協会によって「能率増進運動」が展開され,「タウン分益制」や「ハルシー割増賃金制」などが提案された.しかし,賃金支払制度の変革だけでは組織的怠業は結果として改善されなかった[4].

テイラーは賃金支払制度そのものではなく不明瞭な能率基準を,科学的に分析することで組織的怠業を解決しようとした.それに基づいた科学的な新しい管理法を提唱する.それが科学的管理法であり,テイラー・システムともよばれている.テイラー・システムは「時間研究(elementary time study)」と「動作研究(motion study)」によっての労働者が行う1日の作業量である課業が科学的に設定され,実行される課業管理が中心となっている.課業とは,いいかえれば1日の適正な作業量のことである.そして課業は職能別職長制を代表とする「職能的管理組織(functional organization)」と「差別的出来高払制度(differential rate system)」によって実現される.テイラーは課業管理をそれまでの「創意と刺激による管理」や「成行管理」と区別するために4つの原則を提唱した[5].以下,その4つの原則をあげる.

① 労働者の各要素について科学を発展させること.

② 労働者を科学的に選択し訓練すること．
③ 管理者と労働者の心からの協働．
④ 管理者と労働者間において仕事と責任がほぼ均等に区分されること．

以上の原則を根幹にすえた課業管理が科学的管理の中心となる．さらに課業管理にも以下の原則がある．

① 大きな一日の課業．
② 標準的な作業条件．
③ 課業達成への高賃金．
④ 課業失敗の際はその分の損失を労働者に課す．
⑤ 課業は一流の労働者しかできないくらいのものでなければならない．

これらの原則をもとに課業が設定され実行されている．課業管理は以下に示す方法で具体的に実現される．

1) 時間研究・動作研究

課業を決める「時間研究」や「動作研究」はどのように行われたのだろうか．「時間研究」や「動作研究」は未熟練労働者でも熟練労働者の労働が生み出す労働効果を可能にするためのものである．具体的な方法としては「時間研究」や「動作研究」はまず熟練した労働者が10人から15人ほど選定され，彼らの動作をもっとも簡単な要素動作に細分化して，ストップウォッチを使い要素動作の標準時間，道具，手順を検討するというものである[6]．この方法によって未熟練労働者の作業が可能になり，そして，大量生産が効果的に行われる道が開かれていった[7]．

2) 職能別管理組織

当時の工場の組織構造は，直系組織的な軍隊式組織であった．管理者の指令は上から下へ流れていたが企業が，大規模化してくると管理者は末端まで管理できず，職長や組長に一任されていた[8]．過度の仕事を請け負うことになった職長は満足に職務を遂行できなくなった．そこでテイラーは職能別職長制を唱え，職長の機能を分類して職能別組織を提起している．執行的職能は

作業現場の職長が行い，計画的職能は本社計画部の職長へ振り分けられた．テイラーの意図は肉体労働と精神労働を分割し，工場生産を合理化することにあった．[9] 職能別職長制は以下の8つに分類されている．

① 部分作業の順序・手順を決める手順係．

② 参照する図面や使用する部品，工具，切削の箇所，速度，完成時間，賃率を書いたカードを作成する指図票係．

③ 指図票に基づいてのさまざまな作業の時間と原価を集計して計算する原価係．

④ 工場の規律を調整する工場訓練係．

⑤ 手順どおりに作業が進むように冶具・図面などの作業のすべての準備を受け持つ準備係．

⑥ 指図票どおりの作業方法，作業速度で作業が進むように指導する速度係．

⑦ 指図票どおりに作業を仕上げているか検査する検査係．

⑧ 作業条件が正しく守られ，作業速度に従って工程に支障が生じないように注意監督する修繕係．

①②③④は作業現場の職長が行い，⑤⑥⑦⑧は計画部の職長が担当した．

3）差別的出来高払制度

　これは，課業を達成できた労働者に対しては高い賃率で支払い，逆に課業を達成できなかった場合には低い賃率で支払うという制度である．熟練労働者を基準に設定された課業の達成は容易ではなかったため，テイラーはそれまでのように金銭的な刺激を重視したのである．[10] また，テイラーが主張する「高賃金低労務費」を実現させる手段ともいえる．賃率の差別を設定して，課業管理の原則を具現化する重要な方法である．

(3) テイラーへの批判と精神革命論

　以上紹介したテイラー・システムには当時のアメリカでは，大きな反対も

生まれた．課業の設定が一流労働者の基準で設定されているため一般労働者には負担が大きすぎるという批判や，テイラー・システムにおける閉鎖体系としての企業の捉え方，経済人としての労働者観，公式組織のみの重視，能率志向性，労働組合や労使問題の考慮不足が指摘されている[11]．労働組合からも科学的管理法への批判が生まれていたが，これらの強い批判は，テイラーが下院議会で証言を求められる事態を生み出すことになった．証言の際，テイラーは科学的管理法の本質について以下のように述べている．それは，「本質は工具がその仕事において自分の義務について徹底した精神革命を起こすことであり，同時に管理側に属する職長，工場長，事業の持主，重役会なども日々の問題のすべてに対し自分の義務についての徹底した精神革命を起こすことである[12]」．これは労使双方の精神革命がなければ科学的管理法は成立しないことを意味している．精神革命論には4つの原則がある[13]．①真の科学を発達させること．②工具の科学的選考と科学的教育および発達．③労使間の友好的協調．④現場の仕事について管理者と工具はほぼ均等な職責を分担すること．この原則やテイラーの発言から明らかなのは，科学的管理法では労使対立ではなく協調への精神的な態度の変革が必要である点である．

テイラーの考え出した管理方法には批判もあったが，しかし科学的管理システムを構築し，生産性を高めた成果は高い評価を得るものである．

1.3 フォードの経営

(1) フォードの生涯と時代背景

ヘンリー・フォード（Ford, H.）は，1863年にアメリカのミシガン州ディアボーン近郊の農家に生まれた．1888年からエジソン電気会社（Edison Illuminating Company）で機械工として働いていたフォードは，勤務後には自動車試作に力を注いだ．そして1893年に，彼の自作による最初の自動車が完成した[14]．

その後，1903年にフォード社を設立し副社長を務め，1906年に社長に就任した．さらに，独自の経営方法を基礎としてフォード・システムを導入し，1908年には，世界初の大衆車とよばれる低価格で操作の簡単なT型フォードの生産・販売を行った．生産するにあたってフォードは，テイラーの科学的管理の原則を徹底的に分析し，より実践的に深化させて新たな経営管理システムを築くことに成功した．晩年は，市場競争の激化や彼自身の経営姿勢等の原因から，経営が難航することもあった．しかし，彼が残した経営管理システムはその後の生産管理システムに大きな影響を与え続けた．「自動車王」とまでいわれたフォードの生涯は，1947年，84歳で幕を閉じた．[15]

(2) フォーディズム

フォードが技師や経営者の経験から考えだした経営哲学，経営理念をフォーディズム（Fordism）とよぶ．[16]

フォードは企業が成長するには企業観と利潤観が特に重要であると考えた．これが，彼の経営姿勢の根本を支えることになっている．これに基づいて1903年の設立以来，十数年という短い期間で約20万人の従業員を有する巨大企業として飛躍的に成長することができた．[17] この数字は「アイデア一つから実際にどんなことができたかを示す」[18] ことができ，またいかに機会を賢明に捉えたかを示している．フォードは，成功の鍵となるのは「アイデア」と「機会」であると主張している．

「機会」については当時，世間一般における機会不足という間違えた認識があることを指摘し，「自ら機会を求めようとしない気風が高まってきている」[19] ことを警告した．産業が発展し創造的活動の扉が開かれた現在では，機会はどこにでもある．産業界における成功者は，社会の要請を洞察する視野の広さと，それに応える方法と手段をもっている．[20] 彼らこそが進歩の道を歩んでいる．また，機会を捉えて企業が発展するには，「能率」を高めていくことも重要である．フォードは，「能率とは，まずい方法をやめて，我々

が知りうるかぎりでの最もよい方法で仕事をするという簡単なこと[21]」であると言及し，企業発展に大きな影響を与えるものとして重要視した．

　このようにフォードはアイデアと機会，能率の必要性を説き，積極的に適用したことで成功を遂げた．この考えを踏まえた上で「経営の歩むべき真の道は，その使命に従い，当初から経営に信頼をおいていた人々，すなわち公衆へのサービスを追求することにある[22]」として「奉仕の精神」についても述べている．従来は低賃金で生産し，高価格で販売するのが一般的であった．しかしフォードは，「事業組織は国民に対してサービスをしても，一部のものの想像とは逆に，決して事業の収益性の妨げにはならない」という見解にたち，高賃金で低価格の製品を販売し，公衆の購買力を増加させることを提唱した．彼は，「最大多数の人々にサービスを与え続けないならば，どのような人間も，産業も，政府も，さらにまたいかなる文明体系も生き永らえることはできない[23]」として，サービスの原則を以下のようにあげている．①未来への恐れと過去に対する崇拝の放棄，②競争の無視，③利潤に対するサービスの先行，④物を製造するということは，安く仕入れてきて，高く売るということではないこと[24]．

　また，「労働者には職場を与え，公衆には有益な製品や必要とされるサービスを与える実体は経営である．経営こそ第一に考慮されるべきである[25]」とした経営理念は「利潤観」と結びついていくことになる．フォードは奉仕を重視するあまりに，利潤を否定してきた訳ではない．経営は「利潤を得て運営されなければならない．さもないと，経営は死滅する[26]」と述べている．利潤は企業の目標ではなく，企業を運営するために必要なものであり，活動が十分に遂行された場合，結果として必ず生じてくるものであると考えた．つまり，利潤は奉仕の結果なのである．そして利潤の属性は誰のものでもなく，企業そのものに帰属するとした．また経営の目的については，「賃金動機に基礎をおきサービスの思想をその生命とする経営は大きく成長する[27]」として，従来の利潤動機を否定し

賃金動機を提唱した．フォードは「低賃金の労働者は購買力を奪われた顧客であり，普通の商品を作った労働者がそれを買えるまで本当の繁栄はありえない」といって賃金動機を重視し，従来の賃金を増加して，日給6ドルという最低賃金と週48時間労働を導入した．

(3) フォード・システム

フォーディズムを具体化するための管理方法がフォード・システムである[28]．フォード自動車が生産性の向上と価格の大幅な引き下げを実現できたのは，移動組立法（Moving Assembly Method）によって，可能になった「大量生産」で大衆車の生産に成功したからである．フォードの公衆サービスとは，小型，頑丈，簡単，安価，操作簡単な自動車提供のことである．彼は公衆の自動車は，大量に生産して，誰でも購入できるほどのシンプルで安価な自動車を理想とし，T型フォードを設計した．さらに，高賃金の支払いは，労働者自らも購買者となって新たな需要が誕生するとの理由によるものであった．こうした購買者創出までに及んだ生産体制を可能にしたフォードの経営管理原則[29]（Ford Principles of Management）は，以下のとおりである．

① 官僚的形式主義や，通常の権限分割にわずらわされることなく，もっとも端的な仕方で業務を行うこと．
② あらゆる従業員に十分な賃金を支払うこと．さらに1日6ドル以下であってはならない．そして週48時間の勤務時間は完全に勤務させるが，その時間を超過しないように注意すること．
③ すべての機械をできる限り最良の状態にして，それを維持し，さらにあらゆる個所が完璧に清潔であるように注意させ，より従業員に自分の使用工具，自分の環境および自分自身を尊重することを学ばせること．

つまり，簡潔な組織，高賃金の保証，作業環境の整備と言い換えることができる[30]．これらの原則に基づいて大量生産を可能にした具体的な方法が，フ

ォード・システムとよばれる「標準化 (Standardization)」と「移動組立法」である．

1) 標準化

　一般的に標準化というのは，各部品が互換性を有することである．フォードによれば「標準化」とは，「消費者に対して最良の商品を十分なだけ，しかも最低のコストで生産できるようにするために，生産上のすべての最良の点と，諸商品のすべての最良の点とを結合すること[31]」である．フォードが考案した，標準化の具体的な内容は以下のとおりである．

① 単一製品 (Single Product)：1つの工場で生産する自動車は，2種類ではなく1種類のみ製造すること．同じ種類の自動車を生産することで工場の専業化を図り，大規模な経済性を獲得することができる．

② 工場の特殊化 (Specialization)：非常に単純な種類のもの以外は1つの工場で全部品を生産するのは不可能である．近代的な方法では，部品が最良に作られる所で生産し，消費地点でその部品を完成品として組立てる．

③ 部品の互換性 (All Parts are Interchangeable)：すべての部品に互換性をもたせる．部品を規格化・特定化して，同一の部品を大量生産することによって，部品コストの削減が達成できる．

④ 製造における正確性 (Accuracy in Manufacturing)：自動車産業の製造では，加工・組立作業が必要となるが，組立は1つの工場ではなく，作業を単純化するために分散して行う．従来よりも製造における正確さと絶対的精密性が求められる．

⑤ 単一目的機械 (Single-Purpose Machinery)：1つの機械は1つの作業だけに利用する．フォード・システムでは，数千を超える作業を機械によって標準化して，時間と労力を節約することができる．作業の標準化によって作業のアンバランスが縮小され同期化生産が可能となる．

2）移動組立法

　移動組立法とは,「あらゆるものを動かしておいて,人を仕事のあるところへ行かせる代わりに,仕事を人のところへもってくること」をいい,フォードはこれを生産の真の原則といっている．さらに,生産における2つの一般原則として,①人は一歩以上動いてはならない．②誰も身体をかがめる必要はない,としている．当時,約5,000個といわれていた部品を組立てるもっとも有効的な方法が,ベルト・コンベアであった．この方式により自動車生産が合理化され,大幅な価格引き下げが実現した．Ｔ型フォードの販売台数は年々増加し,1915年には100万台を突破,1927年に製造中止となるまでに,およそ1,500万台の自動車を生産し,50％以上の市場占拠率を誇った．このことは,自動車の大量生産が成功したことを表している．

　ベルト・コンベアによる物の移動は作業を単純化させるだけでなく労働者に,限られた時間での作業を強制することができたと考えられる．

(4) フォードの問題点

　フォードの考え方にはさまざまな問題が指摘された．

　第1に,大量生産を可能にしたフォード・システムは,技術的な能率を重要視するあまりに,人間が機械に従属しているかのごとく批判された．作業員の人間性を無視して「経済人的」側面を重視していた．

　第2に,利潤についての捉え方である．企業の利潤の必要性は説きながらも,企業の目的としての利潤動機を否定して,企業の本来的使命は奉仕の精神であるとして,「賃金動機（労働者に賃金を支払うために事業をすること）」を提唱した．また,「金融機関などの寄生的グループの存在は産業の革新を妨害するものでしかなかった」との認識をもち,巨大な金融機関からの支配を恐れた．

　第3に,一族経営による経営戦略の硬直化である．フォードは約30年以上,完全にフォード一族による家族的持株支配の体制に置かれ,第三者が批

判をできないような閉鎖的な組織運営を行い続けた[37]．

　第4に，設備の固定化による生産の固定化・画一化，モデルチェンジの長期化に加え，経営管理者・スタッフの不在，経営組織に分権的思考が見いだせないなど，フォードに成功をもたらしてきた経営理念や経営管理システムが逆にマイナスに働き，時代の変化への対応が遅れたことなどが問題点としてあげられる[38]．

1.4 ファヨールの管理論

(1) ファヨールの生涯と時代背景

　アンリ・ファヨール（Fayol, H.）は，フランスの代表的経営管理論者である．彼は近代経営学の父または管理過程論の父ともよばれている．また，アメリカのテイラーと並び経営管理論の創始者の一人に数えられている[39]．

　ファヨールは，フランスの建築技師の息子として1841年に生まれた．1858年にはサンテチェンヌ鉱山学校（École Nationale des Mines de Saint-Étienne）に最年少の17歳で入学し，1860年に19歳で技師の資格を取得，同年コマントリ・フールジャンボール鉱業会社に鉱山技師として入社した．彼は優秀な鉱山技師であるとともに，卓越した経営者でもあった．1866年，25歳で鉱業所長に就任し，1888年に46歳で経営危機に陥った同社の取締役社長に選任され，経営の立て直しに成功した．それ以降1918年までの約30年間は社長として，退任後は生涯に渡り同社の取締役の一人として経営陣の中に留まった．

　ファヨールは，自らの経験をもとに管理の重要性を指摘し，管理教育の必要を訴える講演を行った．彼の主張は1916年に『産業ならびに一般の管理』（Administration industrielle et générale）という題名で，フランス語雑誌に掲載された[40]．その中で彼は，企業の経営だけではなくすべての組織体に通用する管理の諸原則を定義づけ，理論化することで「管理の科学」の樹立を試みている[41]．

第1章 古典的管理論の意義と問題点 25

ファヨールの業績は国内外で広く受け継がれて，今日に及んでいる．また，管理学研究センターを設立して管理論の普及に努めたり，政府の要請に基づいた行政機関や軍隊の管理についての調査・研究をするなど，実践面においても大きな貢献を果たした．

ファヨールは1925年に84歳で死去した．『産業ならびに一般の管理』がようやく英語に翻訳されたのは彼の死後，初版発行から13年経った1929年であった[42]．

(2) 経営職能の分類

ファヨールは経営者としての経験を踏まえて，事業の経営過程で発生するすべての活動は6種のグループに分類することができるとした[43]．

① 技術的活動（生産，製造，加工）
② 商業的活動（購買，販売，交換）
③ 財務的活動（資本調達と運用）
④ 保全的活動（財産と従業員の保護）
⑤ 会計的活動（原価計算と統計など）
⑥ 管理的活動（計画，組織，命令，調整，統制）

これらの活動は，企業活動の本質的な職能である．この中で最も重要なのは管理職能である．ファヨールは，「管理とは，計画，組織，命令，調整，統制することである」[44]と定義している．具体的には，下記のことを意味している[45]．

 i) 計画とは，将来を探求し，活動計画を作成すること．
 ii) 組織とは，事業経営のための，物的および社会的な，二重の有機体を構成すること．
iii) 命令とは，従業員を職能的に働かせること．
iv) 調整とは，あらゆる活動，あらゆる努力を結合し，団結させ，調和を保たせること．

ⅴ）統制とは，樹立された規則や与えられた命令に一致してすべての行為が営まれるように監視すること．

　この計画，組織，命令，調整，統制のすべてが管理職能に不可欠な職能である．そして計画から始まり統制に至る．統制はまた計画に接続するというプロセスである．管理は，企業の経営者特有の職能ではなく，他の5つの企業活動における本質的職能と同様，組織体のトップと構成員間で分担されるべき職能であるとされている．またファヨールは管理と経営を明確に区別している[46]．経営とは，多くの利益をあげながら企業の目的を達成するために6つの職能を確保することである．したがって管理は経営体がスムースに機能するために必要な6つの本質的職能の1つにすぎないとしている．

(3) 管理者の資質

　ファヨールは，経営管理に必要な6つの職能を遂行するためには，それぞれの特殊能力もしくは，技術的，商業的能力が必要であるとしている．その能力については以下のとおりである[47]．

① 肉体的資質（健康，体力，器用さ）

② 知的資質（理解習得力，判断力，知力，柔軟性）

③ 道徳的資質（精神力，剛毅果断，責任をとる勇気，献身性，気転，威光）

④ 一般的教養（専門的に訓練されている職能領域以外の種々の一般的知識）

⑤ 専門的な知識（技術的にせよ，商業的にせよ，管理的その他にせよ，などもっぱらその職能に関する知識）

⑥ 経験（業務実践に由来する知識．それは事実から自分自身の体験を通して導き出した教訓の記憶である）

　実際の企業活動において本質的な職能がどの程度重要とされるかは，企業の規模や職能の分担状況によって異なってくる．彼は，「あらゆる種類の事業において，下位従業者に本質的な能力は事業に特有な専門的能力であり，また経営者の本質的能力は管理能力である[48]」という結論を導き出している．

(4) 管理原則

　企業のみに関わらず，さまざまな組織体で一番重要なのは管理機能である．そしてその遂行のためには，判断の基準となる原理・原則が必要となる．しかし，その原則とは絶対的なものではなく，すべて程度の問題であるとしている．管理機能の対象は人間であるので，同一の原則を同一の条件のもとで適用することは殆どない．管理するにあたっては，さまざまな状況や人間，諸要素の変化を考慮に入れて柔軟に対応することが必要である．したがって管理原則を用いるためには，知性，経験，決断，節度などが要求されるのである．ファヨールは管理原則として，以下の14項目をあげている．[49]

① 分業の原則

　ファヨールはすべての仕事に分業の原則を実行できると考えていた．分業化して，常に同じ仕事を繰り返す労働者，同じ業務を処理する管理者にすれば，熟練，信念と正確さを取得して，それぞれの能率を増進させることができるとしている．仕事を変えることは，能率と生産性を軌動にのせるのに時間を要する．分業は，その結果として職能の専門化と権限の分化とをもたらす．

② 権限・責任の原則

　権限とは，指示や命令を下す権利と，これに服従させる権力のことである．その中には，職能に関わる規定上の権限と，知能，学識，経験，道徳的価値，命令の才能業績などから形成される個人的権限とに区別される．ファヨールは権限・責任の相互関係を強調している．個人的権限は，職務上の権限に欠くことのできない補完物である．権限を行使すれば，当然，責任が生じることになる．

③ 規律の原則

　規律とは，本質的には，服従，勤勉，活力，態度である．また，企業と従業員との間に締結された協約の尊重であり，企業の発展には欠かせない要素である．ファヨールが指摘した，規律を維持するのに必要な3つの要点は以

下のようである．(1)すべての組織段階に優れた管理者をおくこと，(2)できるだけ明瞭で，できるだけ公正な協約をつくること，(3)適正な判断で賞罰と制裁を行うこと．

④ 命令一元化の原則

　職務の担当者は，ただ1人の管理者からのみ命令を受けなければならない，という原則である．2人以上の管理者から命令と権限を行使された場合，規律は損なわれ，秩序の欠如と争いで企業の運営が混乱することになる．

⑤ 指揮の統一の原則

　同一の目的を目指す諸活動の組織体は，ただ1人の指揮者とただ1つの計画をもつべきである．これによって行動の統一，諸力の調整，努力の集中が可能となり，企業の目標を達成することができる．

⑥ 個人的利害の一般的利益への従属の原則

　企業においては，従業員個人あるいはその集団の利益が企業全体の利益に優先してはいけない．ファヨールは，そのために，以下の方法を実施すれば，調和的な環境で仕事をすることができると強調している．(1)管理者の志操堅固と良い手本，(2)できる限り公正な協約，(3)注意深い監督．

⑦ 報酬公正の原則

　従業員の報酬は提供する労働の対価である．それは公正で，すべての雇用者，従業員，経営者にも共に満足のいくものでなければならない．従業員への報酬は企業の経営に大きな影響を与えるので，その支払いに関しては以下の点に注意されなければならない．(1)公正な報酬を保証すること，(2)有効な努力に報いながら労働意欲を高揚させること，(3)合理的な限界を超えて過度の報酬になってはならないこと．

⑧ 集中の原則

　この原理は，生物的であれ社会的であれすべての有機体において，情報が大脳または経営者に集中し，有機体のすべての部分を運動させる命令が大脳

または経営者から出される．権限の集中と分散の問題は程度の問題であって，それはそれぞれの場合に応じて変化すべきものである．追及すべき目標は，従業員全体の能力を最大限に利用して，企業にとって最善の利益を実現することである．
⑨ 階層組織の原則

階層組織とは，最高経営者から最下位の従業員に至る職務担当者の系列である．この経路は正確な情報伝達と「命令一元化の原則」のためにも必要不可欠であるが，迅速性に欠ける点は否めない．そこで，違う部署同士での直接交渉の権限を与えても，その成果について上司に直ちに報告するならば階層組織の原則は守られるとして，「架橋」という手段を提案している．
⑩ 秩序の原則

組織には物的秩序と社会的秩序が必要である．物的秩序とは，1つの場所ないし地位が各対象物に確保されていること，およびすべての対象物をそれに指定された場所ないし地位に置くこと．社会的秩序とは，1つの地位が各従業員に確保され，また各従業員が彼に指示された地位を意味する．完全な秩序が実現されるには，適材適所が必要である．簡単に無用なポストを増加させたり無能な人を必要なポストに就かせたりする時，この社会的秩序は崩れてしまう．
⑪ 公正の原則

正義とは，締結した協約を実現することである．しかし協約はすべてのことを予見しうるものではないので，しばしばこの協約を解釈し，その不十分な点を補足しなければならない．従業員がその職能を意欲的に遂行するためには，彼らを親切に取り扱わなければならない．この親切と正義の結合から公正が生まれる．
⑫ 従業員安定の原則

ある従業員が必要な能力をもっているとしても，それを企業で活かすには時間が必要となる．従業員の配置換えが繰り返して行われると，職務上の能

率が低下する．大手企業では，従業員が人事や業務を理解し，活動計画を決定して，自信をもち，他人に信頼されるまでには長い時間を要するので，頻繁な異動は避けるべきである．しかし，この原則も他の原則と同様に程度の問題である．

⑬ 創意の原則

構想し，実行することを創意力とよぶ．組織体のどの階層にも提案の自由と実行の自由を与えることで，従業員の熱意と活気が倍加される．経営者は権威の原則と規律の原則を尊重し，全従業員の創意を鼓舞し，維持するために，才知と人徳を兼ね備える必要がある．

⑭ 従業員団結の原則

ファヨールは，団結または調和は大きな力であり，事業経営における偉大な力となると主張している．団結の確保のためには「命令一元化の原則」が遵守されるべきであり，また以下の2つの危険が回避されるべきであるとしている．(1)経営者は従業員を分割してはならない．(2)文書連絡の濫用を避けるべき．議論したり，説明で補足する場合は，文書連絡よりも口頭で直接伝える方が速さ・明瞭さ，調和を保つ点において益するところが多い．

これらの管理原則は，ファヨールが最もよく用いてきたものである．ファヨールはこの個人的意見である諸原則が，やがて編集され一般公衆に認められる管理法典（code administratif）となるように願った．そして原則の必要性とともに，原則を活せる管理能力の必要性を主張している[50]．

(5) ファヨールの管理論の問題点

ファヨールは優れた技術性をもち，企業活動の構成に6つの要素が必要であることを明確に提示した．さらに，その中で最も重要なのが管理的活動であると指摘した．ファヨールが取り入れた管理過程論の管理とは計画，組織，命令，調整，統制である．しかし，ファヨールが指摘したように，単にその原理に基づいて運営し，単にその要素についての知識によって身を固め

ているだけでは管理者は企業を成長させることができない.さらに,個々の管理原則は企業経営上の絶対的な法則というよりは,ガイドラインにしか過ぎないという批判がある[51].この管理職能に対しては,その後の過程論を展開した論者によって,何を管理職能あるいは管理要素に選ぶのかに関する統一的見解がなく,管理過程論は,論理的根拠が不十分,科学的・経験的実証性に欠くとの批判を受けた[52].

1.5 おわりに

テイラーとファヨールによって古典的管理論が確立された.古典的管理論では計画,組織,指導,統制という管理過程が中心的な概念となっているので管理過程学派ともいわれている[53].古典的管理論は経営学の発展に大きな貢献を果たした.しかし,管理原則や理論的な部分で実際の企業経営に有益ではないという指摘や,労働者の人間性を要素的,機械的に捉えることへの反発の声もあがった.

注)
1) J.-C.スペンダー・H.J.キーネ編,小林康助監訳『科学的管理』文眞堂,2000年,51ページ
2) 稲葉襄『企業経営学要論』中央経済社,1991年,205ページ
3) 佐久間信夫編著『現代の経営学』学文社,2003年,113ページ
4) 宮坂純一『経営管理の論理』昇洋書房,1998年,122ページ
5) F. W. テイラー著,上野陽一訳編『科学的管理法』産業能率出版部,1983年,250ページ.
6) 同上書,123ページ
7) 佐久間信夫編『新世紀の経営学』学文社,2000年,51ページ
8) 佐久間信夫編著『新版 現代経営学』学文社,2005年,152ページ
9) 佐久間信夫編著『現代の経営学』学文社,2003年,126ページ
10) 宮坂純一,前掲書,127ページ
11) 工藤達男『経営管理論の史的展開』学文社,1976年,58ページ
12) F. W. テイラー著,上野陽一訳編,前掲書,352ページ
13) 同上訳書,322ページ

14) 工藤達男「フォード」車戸實編『新版，経営管理思想家たち，Management Thinkers』早稲田大学出版部，1987年，41ページ
15) 安藤光俊「テイラー，フォードの管理理論」佐久間信夫編『現代経営学』学文社，1998年，89ページ
16) 工藤達男，前掲稿，42ページ
17) Ford, H., *Today and Tomorrow*, William Heinemann, 1926, p. 2. (稲葉襄監訳『フォード経営』東洋経済新報社，1968年，4ページ)
18) Ford, H., ibid., p. 2. (同上訳書，5ページ)
19) Ford, H., ibid., p. 2. (同上訳書，6ページ)
20) Ford, H., ibid., p. 5-6. (同上訳書，9ページ)
21) Ford, H., ibid., p. 33. (同上訳書，44ページ)
22) Ford, H., ibid., p. 269. (同上訳書，328ページ)
23) Ford, H., *My Life and work*, William Heinemann, 1922, pp. 19-20, pp. 273-274.
24) Ford, H., ibid., p. 39. (前掲訳書，51ページ)
25) Ford, H., ibid., p. 28. (同上訳書，37ページ)
26) Ford, H., ibid., p. 10. (同上訳書，14ページ)
27) 安藤光俊，前掲稿，91ページ
28) 同上
29) 同上稿，92ページ
30) 同上
31) Ford, H., ibid., p. 100. (同上訳書，125ページ)
32) Ford, H., *My Life and work*, William Heinemann, 1922, p. 80
33) 工藤達男，前掲稿，41ページ
34) 杉本常「ファヨール」車戸實編『新版　経営管理思想家たち，Management Thinkers』早稲田大学出版部，1987年，27ページ
35) 安藤光俊，前掲書，95ページ
36) 下川浩一『フォード』東洋経済新報社，1972年，109ページ
37) 同上書，96ページ
38) 安藤光俊，前掲稿，97ページ
39) 佐久間信夫「ファヨールと管理過程学派」佐久間信夫・坪井順一編著『現代の経営管理論』学文社，2002年，81ページ
40) 杉本常，前掲稿，27ページ
41) Fayol, H., *Administration industrielle et générale*, Original French edition published, 1979. (山本安次郎訳『産業ならびに一般の管理』ダイヤモンド社，1985年，4ページ)
42) 同上訳書，4ページ

43) 同上
44) 同上訳書，9ページ
45) 同上
46) 佐久間信夫，前掲稿，83ページ
47) Fayol, H.（前掲訳書，11ページ）
48) 佐久間信夫，前掲稿，85ページ
49) 同上稿，32-70ページ
50) 同上稿，92ページ
51) Daniel A. Wren, *The Evolution of Management Thought*, 4th Edition, John Willey & Sons International Rights, 1994.（佐々木恒男監訳『マネジメント思想の進化』文眞堂，2003年，214ページ）
52) 飫冨順久『経営管理の新潮流』学文社，2004年，36ページ
53) 奥村悳一『経営管理論』有斐閣ブックス，1997年，40ページ

◆参 考 文 献

稲葉襄『企業経営学要論』中央経済社，1991年
高宮晋『現代経営学の系譜』日本経営出版会，1974年
佐久間信夫・坪井順一編著『現代の経営管理論』学文社，2002年
佐久間信夫編『現代の経営学』学文社，1998年
佐久間信夫・坪井順一編著『現代の経営組織論』学文社，2005年
Ford, H., *Today and Tomorrow*, William Heinemann, 1926.（稲葉襄監訳『フォード経営』東洋経済新報社，1968年
車戸實編『新版　経営管理思想家たち，Management Thinkers』早稲田大学出版部，1987年
佐々木恒男『アンリ・ファヨール，その人と経営戦略，そして経営管理論』文眞堂，1984年
Fayol, H., *Administration industrielle et générale*, Original French edition published, 1979.（山本安次郎訳『産業ならびに一般の管理』ダイヤモンド社，1985年）

第2章

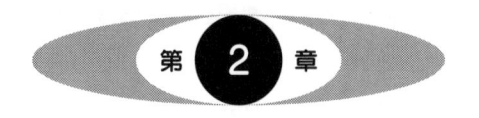

人間関係論とバーナード組織論の意義と問題

2.1 はじめに

　20世紀の初頭に，アメリカとヨーロッパで生まれた古典的管理の理論と技法は，さまざまな問題を抱えていましたが，社会に対して大量の安価な製品の提供をする効率的な企業活動の実現を可能にした．特に科学的管理法とフォードシステムは，生産を行うシステムとして定着し，世界の多くの先進的な企業で採用されることになっている．またその基本的な考え方は，企業の大規模化に伴い，生産の現場だけではなく，事務部門等のスタッフ部門へも適応されるようになっている．

　古典的管理の基本的な論理は，時間，費用，そして能率の論理に基づく企業活動の実現であったといえる．その具体的方法には，さまざまなものがあるが，標準化（standardization）がその中でも，最も根底にあるといえる．この考え方に基づいて，作業の標準化を行い，誰もが簡単な準備を行うだけで，作業が実現できるようになったといえる．それに伴い，この作業の時間，費用が確定される．以上の方法を実現することで，企業活動を能率的に実現することが可能になっている．

　古典的な管理の技法は，企業のさまざまな職場で利用されるが，企業の動きが機械の動きのように正確で，無駄がなく，時間に正確に活動が実施されることを1つの目的とすることを意味している．そのことは，そこで働く人に対しても，機械のごとく働くことを求めることを意味している．仕事を行う職場にも多くの機械が導入され，作業時間，方法が決められることにな

る．そこで働く人の動きも，細かく規定され，機械の動きにあわせて作業を行うことが求められるようになる．この方法が多くの産業界に普及するのに先立って，アメリカでは労働組合の反対運動が大規模に生まれるようになっていた．

当時の労働組合の反対理由の中で，注目しなければいけないのは，人間を機械と同一視し，生産における人間的要素（Human element）を無視する傾向をもっているとの主張であった．しかし1917年に，第1次世界大戦へのアメリカの参戦によって，科学的管理法を特に軍需工場へ導入することが当然とする動きが起きるようになった．このような状況の中でアメリカ企業では，科学的管理法がもつ問題点に対して積極的に対応し，職場での能率増進を行うことが求められるようになった．この人間的要素の無視，という問題に対応するために生まれた管理が，『人事管理』（personnel management）であった．この人事管理では，人間的要素を軽視するという問題を，人間工学の視点から解決する策を探ることを志向するものであった．人間工学の中には，産業心理学分野での研究成果を利用して，対応しようとする研究が行われるようになっていた．人間関係論の考えも，このような中から生まれた理論であったといえるだろう．

さて，人間的要素の無視による人間の機械視に対し，心理学と社会学の視点から検討が加えられている．その中から，メイヨー（Mayo, G.E.）やレスリスバーガー（Roethlisberger, F.J.）の研究成果が生まれている．その研究成果を生み出す上で，重要な役割を果たしたのが，ホーソン工場における実験であるといわれている．人間関係論といわれる彼らの理論は，この実験の試行錯誤の中から生まれたもので，さらにそれを社会学の研究成果や心理学の成果によって理論的に整理して体系化されたものといえる．以下では，まず実験の状況について説明し，次にその成果の理論的な内容について説明しよう．人間関係論の研究成果は，多くの新たな社会学，心理学の研究成果を取り入れた研究を生み出すきっかけになっている．その中の代表的なもの

に，バーナード（Barnard, C.I.）の組織論がある．バーナードの組織論は，今日の経営管理理論の基礎となる考えを提供するものと考えられている．その理論についても，人間関係論の説明の後で取り上げる．

2.2 人間関係論の意義と問題

(1) ホーソン工場実験（Hawthorne Experiment）

ホーソン工場実験は，1924年からウエスタン・エレクトリック社のイリノイ州ホーソン工場で10年以上にわたって行われている．この実験は，当初の照明度実験と，その後の人間関係についての実験の2つに大きく分けられて実施されている．1924年11月に，ウエスタン・エレクトリック社は，国家科学アカデミー・国家研究委員会（National Research Council of the National Academy of Science）と協力して，「産業における，照明の質と量との効率性との関係」についての調査を開始した．この調査は2年半行われた．その後1927年から，ハーバード大学とウエスタン・エレクトリック社との協力で今度は主に，作業条件と従業員の疲労と単調性との関係についての実験が行われている．この実験全体は，以下のように何段階かに分けて行われている．

実験の最初の段階は，照明度実験といわれるものであった．この実験では，3つの部門が選ばれて，照明度の変化による作業への影響が測定されている．3つの職場は，部品検査部門，継電器組み立て部門，そして3番目がコイル巻き取り部門であった．照明度が明るくなれば，その分だけ生産性が上昇することが当初の仮説とされていた．

実験のために，作業員はまず2つの組み立て工のグループに分けられ，1つのテスト・グループは照明度を変化させる中で作業を行わせている．もう1つのグループは，コントロール・グループとして，照明度を変化させない状況で作業が行われている．この2つのグループの作業について観察が行われているが，テスト・グループでは照明度の変化に関係なく，作業量の向上

が認められている．他方，一定の照明度の下に置かれたコントロール・グループでも，作業量の向上が認められている．

この実験結果に対して，その原因を究明するために，ホーソン工場での実験は拡大されて，従来のような技術的・物理的な条件の変化だけではなく，それとは異なる別の心理的原因からの分析が必要と理解されるようになっていった．

第2の実験は，電話器用継電器組み立て実験といわれるものであった．この実験では，流れ作業を行う6人の女子工員が，隔離された部屋で作業を行うことになった．1年半にわたって，計画的に休憩時間の挿入，給食の導入，作業時間の短縮が行われることになった．その後で，それぞれの作業条件を実験前の状態へ戻すことがされている．実験担当者たちの当初の予想では，元に戻すことは女工たちに心理的影響を与え，作業量は当然に減少するものと考えられていた．ところが事実は，作業量はそれまでの記録を更新し，最高を記録するまでの伸び高を示していた．

このような事実を目の前にして，実験担当者たちは物理的な労働条件の変化が作業量に作用しているのではなく，そこで働く女工たちの社会的な関係が作業量に作用していることを認識するようになっていった．隔離された部屋では，当初個々ばらばらであった女工たちが一緒に作業を行ううちに，彼女たちの間に信頼と協力の関係が生まれ，一体感が形成されていたことが観察されていた．そのことが働く意欲に作用し，作業量の増加に結びついているとの新たな仮説が，この段階で作成されています．

第3の実験は，その新たな人間仮説を証明するための実験で，全社員の中から2万人以上が抽出され，面接調査が行われることになった．当初予定していた質問に基づいて，この面接を始めてみると，質問形式では不十分であり，自分の考えを自由に話せる方法が適切であるとの考えが生まれることになった．この自由に話せる面接の中で，いくつかの点が明らかにされている．

図表2-1　ホーソン工場実験の3段階の考え方の変化

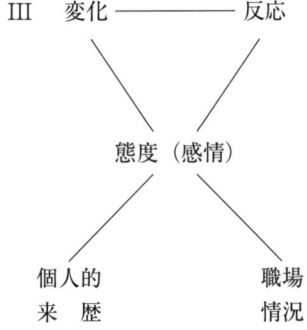

```
Ⅰ　　変化 ──────── 反応


Ⅱ　　変化 ──────── 反応
          ＼      ／
           ＼    ／
           態度（感情）


Ⅲ　　変化 ──────── 反応
        ＼        ／
          ＼    ／
           態度（感情）
          ／    ＼
        ／        ＼
     個人的       職場
     来　歴       情況
```

出所）レスリスバーカー著，野田一夫・川村欣也訳『経営と勤労意欲』ダイヤモンド社，1954年，24ページ

　第1に，面接それ自体が治療的効果をもっていたことであった．面接の過程で，自分の発言した多くのことが実施されることで，自分たちが会社内で注目されていると思い始めた点が，彼女たちに仕事への意欲を引き起こしていたことが明らかになった．

　第2は，人間関係が，仕事の生産性に最も大きな影響を与えていることであった．賃金や労働条件よりも，人間関係における社会的感情（social sentiments）が重要であると考えられるようになった．メーヨーやレスリスバーガーは，このような社会的感情に基づいて形成されるインフォーマル組織の存在を指摘し，その重要性を明らかにしている．このような考え方は，古典的管理論が前提にしていた「経済人」仮説とは大きく異なるものであった．人間の行動を規定する重要な要因として，社会的な人間関係の存在が指摘され，「社会人」仮説（Model of Social Man）が提示されるようになっている．

この社会人仮説を中心に，人間関係論的方法についての一定の理論的な検討が行われている．

(2) 人間関係論的方法

レスリスバーガーらは，人間関係の下での社会的感情の存在を認識することから出発し，その社会的感情が，社会的コンテキスト（状況）と個人の来歴から生まれていることを面接調査の中から検証している．レスリスバーガーは感情（sentiment）を，「たんに気分とか，情緒といったものに対してだけではなしに，どちらかといえば激しい表現をとらないより広義の気持―〈忠誠〉,〈誠実〉,〈連帯〉といった語にまつわる気持に対しても使用してゆきたい[1]」としている．そしてこの感情は，真空の中から生まれるのではなく，社会的コンテキストの中から生まれるという考えから，レスリスバーガーらは，社会的な人間の行動についての理論展開を行っている．社会的行動について，以下のように定義している．「一人の人間が，他の人間または集団の期待と感情とに従って行動する場合，その行動は社会的であるか，あるいは社会化されているということができよう[2]」．こうして社会的な行動が，企業の組織内にも存在し，企業活動に大きな影響を与えているとの考えを明らかにしている．その考えを彼らは，社会学の考えを利用して，以下のように整理している．

① 組織を公式組織と非公式組織に分けて理解することが重要である．
② 公式組織は，費用の論理と能率の論理によって機能している．
③ 非公式組織は，社会的感情の論理によって機能している．
④ 2つの組織はそれぞれ相互に影響しあっており，一定の均衡を維持することを考える必要がある．
⑤ したがって，日常生まれる経営上の問題は，2つの組織間に生まれる不均衡が原因で生まれている．特に非公式組織の影響が大きい．
⑥ 不均衡を解決するためには，円滑なコミュニケーションが必要であり，

正しい状況の理解が必要である．そのためには特定の個人の状況を理解する技能（skill）が不可欠である．

レスリスバーガーらは，最終的に経営者，管理者はこのような公式組織と非公式組織が生み出す状況を理解する態度をもつことが重要であり，それが人間関係論的方法（approach）であるとしている．

(3) 人間関係論についてのまとめ

人間関係論が，古典的管理論では無視されていた，人間の社会的感情の側面を取り上げ，社会学の考えを援用して，理論的にその重要性を提示した点は重要といえるだろう．つまり，社会的感情とその背景にある状況を理解して経営することで，古典的管理論の問題は克服可能と理解されていた．確かに，人の感情の面を理解することは経営上重要といえるが，問題点もある．社会的感情だけが，個人の行動に影響しているのかという点は，大きな疑問として残されている．この点については，個人の捉え方によって別の可能性が指摘できる．人には，ものを考え行動するという面が存在する．また欲求をもつという側面の存在が考えられる．これらの側面については，人間関係論では取り上げられていなかった．経営学が，その他の科学研究の成果を応用するという性格をもつことから考えると，当時の時代的な制約が原因であったといえるだろう[3]．

2.3 バーナード組織論の意義と問題

(1) 個人と協働システムとの関係

バーナード（Barnard, C.I.）組織論は，人間関係論が発表された時期と重なるが，やや遅れて，1938年，アメリカで発表されている．そのため，人間関係論と相互に影響を与え合っているといえる．人間関係論が，社会的感情の影響に焦点を当てて理論を展開していたのに対して，バーナードの組織論では，社会学の理論を利用して，個人と組織，組織と環境との関係に焦点を

当てて理論化を試みている．その際，人間関係論の「感情」の替わりに，自律した個人が考えられている．まずバーナード理論の基礎概念である，この個人について説明しよう．

① 個人の特徴

バーナードは，個人を，組織に所属する，しないの判断を行う存在であると理解している．その自律した人間が，個人の物理的能力の限界をお互いに克服するために，共に協働システムを形成すると考えられている．

個人の特性を，a．活動する，b．心理的要因をもつ，c．一定の選択力をもち，d．目的をもつ存在であると考えている．もちろんバーナードの場合，選択する能力には限界があるとされている．そのために，決定の可能性を限定する必要があるとされている．それに必要な，他からの影響の余地があることが指摘されている．つまり，経済学が前提とするような絶対的な合理性をもった選択の能力ではなく，個人は自律的存在ではあるが，他者から影響を受ける存在であると考えられている．

バーナードの視点はあくまでも，この個人の「自由意志」というところにあり，その点が人間関係論とは異なる点といえる．

「自由意志」をもった個人が形成するのが，社会的協働システムであるとされている．その中には多様なものが存在している．なかには，企業，学校，病院，そして家族も含まれている．

② 協働システム（cooperative system）

自由意志をもった個人から構成されるのが，協働システムである．それぞれの個人は，その生物的な能力の限界をもっている．たとえば，重い石を移動させたいという目的をもっているとしよう．重い石を1人では動かすことができない時，その石を動かすという共通の目的で集まった個人同士で形成されるのが協働システムになる．この協働システムによって，環境の物的制約を克服できると考えられている．その物的状況を変えることで，協働システムの目的が達成されることになる．

この協働システムには，固有の目的が生まれることになる．個人の場合の目的は，直接的には目的の達成を制約している物的環境を変えることだが，この目的が間接的な場合がある．いわば迂回して目的を達成する必要のある場合である．たとえば，将来の食糧確保のために食糧貯蔵を行ったり，大きな石を取り除くための道具を作ることがある．道具を作るという間接的目的は，協働システムの下では，個人的性格を失って，協働システム固有の目的に転換することになる．

この協働システムでは，個人には存在しない新たな2つの行為が生まれることになる．その第1は，協働を促進（facilitate）する行為である．第2は，協働を維持（maintain）する行為である．協働システムが生まれることで，その活動それ自体を効率的にして，維持する行為が必要になる．この2つの行為は協働内部の行為に関するものだが，他方，外部の環境との間にも新たな行為が必要になる．

物理的な環境変化に対して，協働システムは個人の場合とは異なる適応が必要になる．個人の場合には，生理的な適応で対応することになる．具体的には，温度の変化に対する，交感神経と副交感神経による対応が指摘できる．温度が上がれば，発汗することで，体温を下げるように神経が作用する．このような生理的な対応が個人では考えられますが，協働システムでは適応のための専門の適応プロセスと，機関の活動が必要になる．その機関が管理者と管理組織であるとされている．協働システムの内外における独自の行為の必要性から，管理者と管理組織が生まれることになる．また協働システムの発展に伴って，外部環境に適応した新しい目的が生まれることになる．この新しい目的に対応した協働システムを形成することも，管理者と管理組織の機能に追加されることになる．

管理者および管理組織は，協働システムの存続を行うため，有効性（effectiveness）と能率（efficiency）という2つの条件を充足する必要がある．この有効性は，協働のシステムが社会的・非人格的目的を達成する程度

を意味している．他方，能率は個人的動機の満足の程度を意味している．次に，この協働システムの存続を確実にするための管理者および管理組織の機能について説明しよう．

(2) 組織 (organization) の理論

協働システムには多様な目的をもったものが存在している．学校，病院，企業,軍隊，教会，政府などがその中に含まれる．これらの協働システムに共通した特定の側面をバーナードはあえて切り離している．その共通側面が組織である．具体的な協働システムの動きを捉える中で，特に物理的側面を省略した言葉であるとされている．具体的活動を取り上げる代わりに，共通した側面だけに限定して，その機能を分析する必要性があると考えられている．

組織の定義を，バーナードは，「2人以上の人びとの意識的に調整された活動や諸力の一体系」と述べている．この定義自体，抽象的内容なのは，その中身の展開が重要であると考えられているからである．この組織の中身を構成する要素としてあげられているのが，コミュニケーション (communication) と貢献意欲 (willingness to cooperate)，そして共通目的 (common purpose) の3つである．これら3つの要素が相互に作用しあって，組織が機能すると理解されている．次に，この3つの要素についてそれぞれ説明しよう．

貢献意欲は，組織を構成する人間の貢献しようとする意欲を意味している．その際に，人格的行動の放棄，非人格化が必要になる．協働システムへ参加することは，自身の人格的コントロールを放棄して，協働システムの活動実現へ努力することを意味しているからである．しかし，その個人の貢献がすべて同レベルかという問題はある．つまり，貢献の強弱が個人によって異なるといえる．強い貢献への意志から，逆の反抗までの範囲が考えられる．バーナードは，現代の組織ではこの反抗状況が支配的であり，ほんの少

数の人だけが積極的意欲をもつだけであると考えている．現代社会ではまた，その意欲も疲労や不愉快な出来事で，一定不変ではなく，変動するのが一般的であると考えられている．

このような不満は，個人人格レベルや，他組織への参加機会によって引き起こされると考えられている．協働システムへの参加は，個人の犠牲を生み出すことになる．それに対して，特定の組織が与える誘因（inducements）が，他の組織が与える誘因と比較してプラスかどうかを判断して，参加が決定されることになる．また個人でやるほうが，誘因がプラスになるかどうかも判断されることになる．つまり個人の貢献意欲は，個人の動機とそれを満たす誘因という2つに依存することになる，と考えられている．

第2の組織の構成要素が，目的である．組織の目的は明示されないこともありますが，組織に参加する人によって，容認されるものでなければならない．協働目的といってもよいといえるものだが，これには協働的側面と主観的側面が存在すると考えられている．

協働的側面は，組織の利益という側面である．個人の利益から離れて存在する利益を追求することが，組織の目的であるといえる．この側面について，参加する人が共通する目的であると認識することができるような，もしくは信じうるものでなければならない．

次に，主観的側面は，個人に対する組織の関係である．組織が個人に対して課する負担や，与える利益が何かという問題と言い換えることもできる．この側面は，先の協働的側面とは異なることを認識する必要がある．

第3の組織の構成要素は，コミュニケーションである．共通目的を構成メンバーに知らせることは当然必要である．そのためには，何らかのコミュニケーション手段が必要である．それは，人の言葉，その他の方法によって行われるが，誘因もまたコミュニケーションによって伝えられる．

メールによる方法が最近では一般的といえるが，そのコミュニケーション技術は進化している．このコミュニケーション技術のレベルが，組織の形

態,規模,地理的な広がり,組織階層を大きく規定する要因にもなっている.コミュニケーション技術が進化すれば,それだけ組織形態は多様なものになる可能性をもつと考えられる.

　以上の3つの要素が相互に影響しあって,組織の存続が可能になる.組織の目的を達成することで,環境の変化の中で存続ができる.この目的を達成することの程度を示す言葉が,有効性であった.有効性は,どれだけ効率的に特定の目的を達成するのかを示すものであるから,技術的な問題として理解できる.この目的も絶えず環境の変化する中で見直し,適切に環境に対応したものにする必要があるといえる.

　他方,組織に必要な個人の貢献の程度を示すのが,能率であった.この個人の貢献を確保し,維持する能力が重要な課題になるといえる.この能力いかんで,能率が上下することになるといえる.その能率を上昇させるために,協働意欲を生み出す誘因が重要になる.

　非公式組織も,バーナードは重要であると考えている.この非公式組織は,通常の組織の中で,なんらかの共通目的なしに,生じ,継続し,反復されるという性格をもっているとされている.この非公式組織の存在が,組織の中の個人の感情,知識,経験,態度を変化させていると理解されている.これは,人間関係論の成果を取り入れた考えといえる.そして,非公式組織の機能が2つの重要な結果を生み出すと考えられている.1つは,個人の一定の態度,理解,慣習,制度を確立すること.第2が,公式組織の発生条件を創造することである.

　最初の非公式組織の直接的結果は,心理的な側面での影響によって生まれるものといえる.公式的な組織を維持する場合には,非公式組織を絶えず理解すること,つまり,心理的側面を考慮した対応が必要であると考えられる.この点は,人間関係論と同じ考えといえる.また公式組織が生まれる前提条件,という側面も存在している.非公式組織において事前に接触することで,共通目的の受容,コミュニケーション,そして貢献意欲をもつ準備が

可能になる.しかし,非公式組織を形成するのは,多くの場合,公式組織が形成された後のことが多いといえる.

その非公式組織について,バーナードは心理的,社会的に集まり,満足を得ることが目的となる組織であると考えていた.そして,非公式組織の欠くべからざる機能の1つとして重要なのが,コミュニケーション機能であるとされている.コミュニケーションが公式ルートだけではなく,非公式のルートを通じて行われることで,いっそう促進されると考えられている.第2の機能は,貢献意欲と客観的権威の安定とを調整するという機能である.この機能についてはまた別のところで説明しますが,非公式組織が貢献意欲を引き起こすことと,客観的権威を受け入れる上で重要な機能を果たしていることが指摘されている.第3の機能は,自律的な人格保持の感覚,自尊心および自主的選択力を維持する点があげられている.公式組織に参加する個人は,非人格的に仕事を行うことが求められますが,その個人の人格的な側面を保持するという面を非公式組織がもっていることがあげられている.非公式組織は,あくまでも心理的な側面で公式組織にはない影響力,機能をもっていることが指摘されている.

(3) 誘因と説得の理論

組織の中で,個人の貢献意欲は,組織が提供する誘因に大きく左右されることになる.この誘因が適切に提供されなければ,組織は崩壊することになる.組織に対して積極的に努力しようとするのは,こうむる不利益よりも,得られる利益が高いと認識するためであると考えられている.組織の立場から,誘因を提供する際に考えられる選択肢は,魅力的な誘因を提供するか,あるいは参加する個人の負担を減らすかのいずれかということになる.具体的には,仕事の時間を短縮すること,道具の提供による負担軽減があげられる.他方,賃金を上げることは,積極的に誘因を増やすことを意味している.これによって,特定の組織への参加を魅力的にすることが可能であると

されている.

　さらに，バーナードは，誘因の客観的側面と主観的側面を分けることの重要性を指摘している．客観的側面は，物財や金銭によって組織への貢献を引き出そうとするものである．主観的側面は，組織に参加する個人の心理的状況，態度あるいは動機を改変させて，それによって利用可能な客観的誘因を効果あるものにすることとされている．つまり，心理的な影響を与えて，心理状況を変化させることが可能であると考えられている．また，客観的な誘因が十分に機能するためにも，個人の側での心理状況を操作しておくことが必要であると考えられている．客観的誘因を提供する方法は「誘因の方法」と名づけられている．また主観的態度を改変させる方法は「説得の方法」と呼ばれている．

① 誘因の方法

　誘因の方法として個人に特殊なものと，一般的なものに分けられている．特殊的誘因には，物質的誘因，個人的で非物質的な機会，好ましい作業の物的条件，そして理想の恩恵があるとされている．

　物質的誘因は，貨幣や物を提供する，採用，奉仕への報酬，貢献に対する報酬であり，金銭を与えるということが具体的内容になるとされている．この金銭的報酬によって，衣食住の欲求が充足されることになる．充足されると，その効力は弱くなる．バーナードは，この物財への欲求を過大評価しすぎだと考えている．物的欲求は，生存水準を越えると効果的なものではなくなるのが実態であるとも述べている．それより重要な誘因として，個人的で非物質的な誘因があげられている．優越，威信，個人的権力，そして支配的地位の獲得といった誘因が重要になると考えられている．

　好ましい作業上の物的条件も誘因として機能する．最後の理想の恩恵は，具体的には個人の理想を満足させることを指している．こうして，個人の理想と考えるものを満足させることが重要な誘因となりうる点を指摘している．

次に，一般的な誘因の方法の最初のものが，社会的調和を提供することであるとされている．好ましい，社会的な人間関係を提供することであるとされている．

第2の一般的な誘因方法としてあげられているのは，慣習的作業条件，慣習的なやり方や態度を尊重することである．これが誘因になることが指摘されている．なれない仕事やその方法を強制すると，人は仕事への意欲をなくすことが理由である．

また，重要な一般的誘因としては，事態の成り行きに参加しているという感情の機会をもつという誘因である．

最後の一般的方法は，社会的関係における人格的な安らぎの感情をもつという機会を提供することである．心の交流，人格的な相互交流は，非公式組織の基礎にもなるものである．

以上のように，さまざまなものが指摘されているが，これらの誘因を十分に提供できないことがむしろ一般的と考えられている．その場合には，別の「説得」という方法が採用されなければならない．

② 説得の方法（the method of persuasion）

誘因が十分に提供できない場合には，提供できる誘因を個人が受け入れて，十分な貢献を生み出すように，個人の動機を改変する必要がある．そのような方法を，バーナードは説得の方法と呼んでいる．これには2つのやり方がある．

第1が，強制的状態の創出である．組織に一定の貢献をしようとしない人を強制的に排除して，一種の見せしめにすることで，説得するという方法である．強制的排除の中には，権利剥奪，追放，体刑，監禁，特権停止，解雇があげられている．

第2のやり方が，機会の合理化である．具体的には，なぜ組織に参加することが必要かを宣伝することとされている．この合理化とは，組織の目的に貢献すること，協働行為に参加することが個人にとってプラスであることの

宣伝を意味する．個々人に組織に参加し，仕事を積極的にすることをアピールすることで，組織から提供される誘因を合理化すると言い換えることができる．さらに，非公式的方法があげられている．具体的には，教訓，垂範，暗示，模倣，見習い，そして習慣的態度が最も重要な説得方法であると考えられている．これらの非公式的な方法が，個人の動機の基盤を提供し，誘因に対する個人の感情的反応の基盤を提供している[4]．

以上の誘因と説得は，管理者の重要な職務になっている．しかし，それを実施するうえで，権威（authority）がその職務を具体的に実施する上で重要とされている．次にこの権威について説明しよう．

(4) 権威の理論

権威は，組織において一般的にみられる状況とされている．その定義は，「権威とは，公式組織における伝達（命令）の性格であって，それによって，組織の貢献者ないし『構成員』が，伝達を，自己の貢献する行為を支配するものとして，すなわち，組織に関してその人がなすこと，あるいはなすべからざることを支配し，あるいは決定するものとして，受容するものである[5]」．この定義から，権威には2つの側面があるとされている．

① 主観的側面

第1は，主観的側面である．コミュニケーション内容を権威あるものとして，個人が受け入れるという側面である．個人によって，コミュニケイトされた命令が受け入れられれば，権威が確認されることになる．他方，命令が受け入れられなければ，権威の存在は否定されることになる．この考えからは必然的に，コミュニケーションが権威をもつのは，命令を受ける個人が左右することになる．この権威を受容する条件として，以下の4つがあげられている．

　① コミュニケーション内容が理解できるものであること．理解できないコミュニケーションは権威をもつことができない．

② コミュニケーション内容が組織の目的と両立していること．目的と食い違うコミュニケーションの内容では，個人によって受け入れられない．

③ コミュニケーションの内容が，個人の純誘因を失わせるような内容であれば，個人は受け入れることはないといえる．つまり，個人の動機と矛盾する場合は，権威は受容されないといえる．

④ 命令に従って，個人がその指示された仕事を行う能力をもっていること．能力を超えた命令は権威をもてないことになる．

組織が維持され，存続しているのは，第1に，以上4条件を充足する命令を管理者が慎重に発令しているためとされている．権威を乱用することなく，納得されうる命令をすることが重要であるとされている．

第2に，個人に存在する「無関心圏」(zone of indifference) によって，コミュニケーション内容を特に問うことなく受け入れるとされている．つまり，個人にとってどうでもよいとされる問題が存在しており，その圏内の命令を個人に与えることは可能と考えられている．この無関心圏は，誘因が負担と犠牲をどの程度超過するのかに応じて，狭くなったり，広くなったりするとされている．つまり，誘因の効果の大きさいかんが権威を受容するかどうかを規定していると考えられている．

第3に，大部分の，組織に参加する個人が利益を得ているときに，特定の個人が権威を受け入れないことは，彼らにとっての不利益になるといえる．この事態を回避するために，非公式組織が影響を与えて，共同体の共通感をもってもらうことで，個人として無関心圏に近いところにある権威を受容することを可能にするとされている．

以上，3つの行為を管理者が実現することで，組織は維持・存続することが可能になっているといえる．個人の主観的な側面からは以上のように整理されるが，客観的性格の側面からも権威の受容について説明されている．

② 客観的側面

　コミュニケーションを発信する人物が組織内の特定の上位者である場合には，人は彼らの言葉に権威を認めると考えられている．その場合には，はるか無関心圏外にある命令であっても，受容すると考えられている．これは，「客観的権威」(objective authority) とよばれている．その権威の源泉は，適切な情報を常に受けていて，偉大な知識，洞察力あるいは技能を有することで，コミュニケーションの内容が適切なものであると理解されているからである．このコミュニケーション・システムの維持は，公式組織の基本的な継続的問題であるといえる．すでに述べた有効性と能率という組織存続の基本的要因は，このコミュニケーションのシステムに大きく依存しているとされている．コミュニケーションの経路を確実なものにして，そのセンターとしての機能を果たす役員や管理者が適切な能力をもつことが必要であると考えられている．

⑸ **意思決定**（decision）

　バーナードは，人の行為の前には，意思決定があると考えている．意思決定は，判断とも表現されている．組織の中の意思決定には，2つのものが存在している．第1が，個人的選択の問題であり，貢献するかどうかという意思決定であった．この意思決定は個人的意思決定とよばれている．第2の意思決定は，組織の目的との関係で行われる非人格的なさまざまな意思決定である．言い換えると，仕事上の意思決定をすべて意味している．この種の意思決定は，組織的意思決定ともよばれている．その意思決定の適否は，事実と組織目的に関する知識に依存している．そのために，その知識をコミュニケーションすることが重要になると考えられる．つまり，優れた仕事上の意思決定をするためには，組織目的と事実に関する知識を提供するコミュニケーションが重要であるとされている．

　意思決定は，組織の目的との関係で行われることになる．この意思決定の

中の個人的意思決定は，組織の内的均衡（the internal equilibrium of the organization）の問題とされている．他方，一般環境との間で行われる意思決定が，組織的意思決定である．これは組織の外部均衡（external equilibrium）ともよばれている．これらの意思決定は組織目的との関係で行われる．この2つは，いずれも常に未来に関係しており，その未来は望ましさの基準や規範の観点からの展望を意味している．言い換えると，組織目的のこの側面は，理想を意味しており，これをバーナードは「道徳的要因」（the moral element）とよんでいる．

この企業目的を達成するために，意思決定をする個人が対象とするのが，「機会主義的要因」（the opportunistic element）である．これは言い換えれば，企業を取り巻く客観的事実関係という要因である．この事実関係の中から，企業の目的達成のために客観的環境にある物的，生物的，社会的，感情的，そして道徳的要因を対象とすることになる．意思決定のプロセスは，過去の知識に照らして将来予測を行い，戦略的要因（strategic factor）を明確に認識し，組織目的を環境変化に合わせることとされている．戦略的要因とは，客観的事実関係の中で，その目的を達成する上での鍵となる要因を指している．たとえば，製品開発をする際には顧客のニーズがこれに該当するといえる．もちろんそれは時間と場所，目的の変化によって異なることになる．このように，意思決定の機会主義的側面は，目的達成の手段および条件に関係している側面といえる．

バーナードは，組織目的がもっている道徳的側面が，物的，生物的，社会的な経験の無数の経路を通じて個人の感情に植えつけられており，それが個人の態度，価値観，理想，希望になっていると考えている．そして，それが新たな組織目的に転化していくと考えている．意思決定をする個人がもつ価値観や態度が，組織目的の中にも反映されることを認識しているといえる．

(6) 経営者の機能

協働システムである組織を維持する上で，コミュニケーションが必要であった．このコミュニケーションの結節点の位置にあり，組織の目的にあわせて調整を行うのが，経営者の役割といえる．つまり経営者の役割は，人の肉体に対する神経系統のような存在であるとされている．その内容は要約すると，以下の3つの役割に整理されている．

第1は，コミュニケーション・システムの提供，第2は，個人の貢献を引き出し，第3に目的を定式化し，規定するという役割でした．

コミュニケーション・システムは，人を配置することも意味している．それは組織構造を検討し，機能させることでもある．そこでは，非公式的組織を利用したコミュニケーションも積極的に行われる必要がある．

第2に，個人の貢献を引き出すという経営者の役割は，まず人を組織に引き入れる．そして，実際に優れた貢献が引き出されなければならない．そのためには，誘因の方法と説得の方法が利用されることになった．さらに，組織の中心部分に位置する経営者が優れた知識，情報をもつことで，権威のあるコミュニケーションを行うことが必要とされた．このことによって，個人が命令を受容することができると考えられていた．

第3に，組織目的を定式化し，規定することであるとされていた．組織外の環境の変化に適応して，組織が存続するためには，その変化に対応した目的の再規定が必要になる．また，経営者が未来への希望，理想という道徳的要因を組織目的に入れることが必要になる．それがなければ，組織に参加する個人の共感を得ることができず，組織の存立自体がなくなると考えられているからである．

2.4 まとめ

以上がバーナード組織論の概要ですが，具体的な状況を省いた，抽象的な説明が多く，わかりにくい内容となっている．しかし，バーナード組織論の

重要な意義は以下の点に要約できるといえる．第1に，個人は自由な意志をもつ存在であることを認めている点である．そして，個人が組織に参加する自由意志をもつことから，経営者・管理者の機能を考えている点である．この点は，それまでの管理の考えにはなかったといえる．その点では管理の科学に新たな視点を加えているといえる．第2は，組織が存続する条件として，環境に適応し，個人が組織に参加し続ける点が指摘されている点である．そのためには，組織が個人の貢献意欲を維持し，コミュニケーションを行い，共通目的を再定義することが必要であることを明確にしている点である．そのいくつかの方法が指摘されていた．その中で，検討が必要なさまざまな課題を明らかにしていた．コミュニケーションの問題は，情報システムや意思決定，組織構造の問題としてさらに検討されるべき問題といえる．貢献意欲については，モチベーションや経営心理の問題として重要な研究分野になっている．また組織目的については，戦略論や企業の道徳的側面の研究の重要性を指摘しているといえる．

　しかし問題点も指摘できる．第1は，きわめて広範囲の内容が扱われており，抽象的な説明が多く，理解しにくい点である．また，個人の視点から管理を捉えることが優先されているために，経営者・管理者の具体的問題への対応という視点が明確ではないといえる．

　第2の問題は，組織の目的に対応した命令を受け入れるかどうかが，個人が決めるものとされている点である．これも，個人の自由意志が出発点にあるためといえる．しかし，すでに存在している組織にとって実際，個人の自由意志を認めることはありえない．バーナードは，組織に参加した時点で，個人の自由意志は失われるとの考えも示していた．その点から考えると，個人が命令を受け入れるかどうか，を決定するとするのは矛盾しているといえる．

　第3に，組織を構成するメンバーとして，顧客や地域住民までもが含まれており，外部との境界が明確になっていない点が指摘できる．構成メンバー

の間には大きな相違が存在しており，それを同一に扱うことには問題もあるといえる．

以上の問題はあるが，このバーナードの組織論は，その後の経営学のさまざまな研究分野の基礎となる考えを提示している重要な成果である，といえる．

注）
1) レスリスバーガー著，野田一夫・川村欣也訳『経営と勤労意欲』ダイヤモンド社，1954年，24ページ
2) 同上訳書，56ページ
3) 「感情」が人を動かす上で重要な意義をもっていることは，再確認されてきている．特に経営者が，従業員に経営者の考えを理解してもらう上で，たんに論理的に説明するだけではなく，感情を伝えることでより理解をしてもらえることが指摘されている．この点については，DenningやMorganの文献を参照されたい．
4) 「説得の方法」については今日，重要な研究分野になっている．たとえば，Cialdiniの文献を参考されたい．
5) バーナード著，山本安次郎・田杉競・飯野春樹訳『経営者の役割』ダイヤモンド社，1968年，170ページ

◆参考文献

Barnard, C.I., *The Function of the Executive*, Harvard University Press, 1938. （山本安次郎・田杉競・飯野春樹訳『経営者の役割』ダイヤモンド社，1968年）

Cialdini, R.B., Harnessing the Science of Persuasion, *Harvard Business Review*, Oct., 2001.（「『説得』の心理学」『ダイヤモンド・ハーバードビジネス・レビュー』3月号，ダイヤモンド社，2002年）

Denning, S., Telling Tales, *Harvard Business Review*, May, 2004.（「ストーリーテリングの力」『ダイヤモンド・ハーバードビジネス・レビュー』10月号，ダイヤモンド社，2004年）

Mayo, E., *The Human Problems of an Industrial Civilization*, The Macmillan Company, 1933.（村本栄一訳『産業文明における人間問題』日本能率協会，1951年）

Morgan, N., The Kinesthetic Speaker : Putting Action into Words, *Harvard Business Review*, Apr., 2001.（「共感のプレゼンテーション」『ダイヤモンド・ハ

ーバードビジネス・レビュー』10月号,ダイヤモンド社,2001年)
Roethlisberger, F.J. and W. Dickson, *Management and Worker*, Harvard University Press, 1939.
Roethlisberger, F.J., *Management and Morale*, Harvard University Press. 1941.(野田一夫・川村欣也訳『経営と勤労意欲』ダイヤモンド社,1954年)

第3章

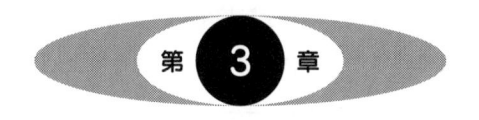

意思決定論の意義と問題点

3.1 はじめに

　2005年のノーベル経済学賞はオーマン（Aumann, P.J.）とシェリング（Schelling, T.C.）という「ゲームの理論」（The Theory of Game）の研究者たちに与えられた．それは広くは「規範的意思決定論」（Normative Decision Theory）の範疇にある．1994年にもナッシュ（Nash, Jr. J.F.）が同じく「ゲームの理論」で受賞している．かつて「記述的意思決定論」（Descriptive Decision Theory）の立場にあるサイモン（Simon, H.A.）が経営学の領域ではじめてノーベル経済学賞を受賞しており，意思決定の理論は，企業ないしは組織の理論の中でノーベル賞選考委員会が最も注目する領域となっている．

　経営理論は経営実践の反映であり，前章までに取り上げられた，テイラー，人間関係論，バーナードの理論もその時々の生産および経営における解決を迫られた問題意識を反映している．これから取り上げる経営理論はおもに1950年代から60年代にかけての科学や技術の発展水準，そして企業行動の新展開を背景にしている．

　戦後の企業の行動様式の特徴としては，主にアメリカ企業の多国籍企業化がある．たとえばこの時期，アメリカの「*Business week*」誌（1963年4月20日号）が，多国籍企業の要件を取り上げているが，それは1）少なくとも1つ以上の外国に定着した製造拠点，または，そのほかの形態での直接投資を確保していること．2）その経営者が全世界的な見通しに立ち，市場開発，生産および研究について，世界中のどこでもすぐ適用可能なさまざまな基本

的意思決定を行っていることであるとしている。しかし当時，1）のみを満たす企業に限ると全米で3,300社に上るといわれる。たとえば，1967年当時，世界最大の自動車企業，ゼネラル・モーターズの売上高は約200億ドル（当時のレートで7兆2千億円），そして世界24ヵ国に生産拠点をもち，海外総資産・売上比率は15％であった。これが石油会社になるとその性格上おのおのの比率が50％を超える。たとえば売上高世界第2位のスタンダード・オイル（ニュー・ジャージー）は生産進出国が45ヵ国，海外総資産比率は56％，海外売上比率68％，海外収益比率52％となっている。もちろん今日，わが国企業の現状をみても，国外に生産や販売の拠点をもたない大規模企業はほとんどないというのが現状である。

3.2　1960年代のアメリカ経営理論の多様性

　以上のような企業行動と相前後して，1960年代の前半までに経営学の領域では多様な理論が展開される。その中でもおもに戦後に現れた理論，すなわち意思決定の理論は，いずれも巨大組織の内部問題の多様化，市場に関わる外部問題の多様化を反映しており，最終的には巨大企業の経営者の意思決定の最適化を保障しようとするものである。

　この時期に経営学が持った問題意識とその理論の多様性を見てみよう。1962年11月8・9日，クーンツ（Koontz, H.）が所属するカリフォルニア大学ロサンジェルス校経営大学院において，アメリカ経営学の多様性を象徴するようなシンポジウムが開かれたが，そのシンポジウムには当時の代表的な経営学者が参加し意義深い議論を展開した。その目的は，経営（マネジメント）の用語のいくつかを明確にして，経営の研究とその基礎的な学問を統合し，経営の現象を解明する経営管理の一般理論の発展に先鞭をつけることであったと，このシンポジウムの成果をまとめたクーンツは述べている。このシンポジウム開催の実質的な契機となったのは，同じくクーンツの論文，"The management theory jungle"（*Journal of the Academy of Manage-*

ment, Dec. 1961).であり，この表題となっている「マネジメント・セオリー・ジャングル」は，アメリカ経営理論へのアプローチの多様性を示す用語として有名となった．このような機会を準備しただけでも，クーンツの経営理論の発展への大いなる貢献を認めることができる．

さて，ここでクーンツの学派分類は，1）経営管理過程学派，2）経験学派，3）人間行動学派，4）社会システム学派，5）意思決定論学派，6）数理学派というものである．彼の分類にしたがっておのおのの学派を簡潔に紹介しよう．[1]

① 経営管理過程学派（The Management Process School）：この学派は経営を組織化された集団の中で働く人たちの仕事の過程として理解する．そして，この過程を分析し，そのための概念的な枠組みをつくり，この過程の基礎をなす原理を見極めることを内容とする．また，企業も行政も経営管理は本質的に同じ過程であるとしている．そして経営管理論を実践が改善されるように経験を要約し，組織する方法であるとしている．そしてその創始者は，フランス人アンリ・ファヨールである．

この学派のとるアプローチは，まず第1に経営管理者の職能——計画・組織・人員配置・指揮・統制——に注意を払い，それからかなり複雑な経営実践にもあてはまるような基礎的な原理を作ることであるとしている．テイラー（Taylor, F.W.），ファヨール（Fayol, H.），ムーニー（Mooney, J.D.），アーウィック（Urwick, L.F.），ブラウン（Brown, A.）そしてこのシンポジウムの主催者の一人クーンツが位置づけられる．

② 経験学派（The Empirical School）：この学派は，経営管理を経験の研究とみなす．そして一般原則は経験を実務家や研究者に伝達する手段として引き出されることが多い．また経営管理あるいは政策をケースの研究と分析として考えている点に特徴がある．この学派は経営者の成功ないし失敗の経験を分析することにより有効な経営管理技術の適用を学べるという前提をもっている．この学派に分類されたディール（Dale, E.）もこのシンポジウムに

参加している．

③ 人間行動学派（The Human Behavior School）：この学派は経営管理の研究の中心は人間相互の関係に置かれねばならないと考えている．また関連社会諸科学の既存の，また新しく発展した理論・方法・技術を個人相互間の現象と個人内部の現象の研究に集中させようとする．そしてその研究の焦点をまず何よりも社会心理学的存在としての個人の動機づけにおく．この学派からはレスリスバーガー（Roethlisberger, F.J.）が参加した．

④ 社会システム学派（The Social System School）：経営を社会システム，すなわち文化的相互関係のシステムとするこの学派は「人間行動学派」と密接しており，しばしば混同されている．マーチ（March, J.G.）やサイモンのように，このシステムが公式組織に限定され組織という言葉は企業と同様な意味に用いられ，一般的に用いられている権限—活動概念に等しい言葉としては用いられない．他の場合は，このシステムは公式組織に限定されず，人間関係のどんなシステムも包摂するものとされる．

この学派の経営管理へのアプローチはきわめて社会学的であり，本質的には社会学の研究と同じ研究を行う．そしてこれは種々の社会集団の文化的関係の本質を明らかにし，これらの社会集団を関係のある，そして通常，統合化された1つの体系として示そうとする．この学派の「精神的父」は，バーナード（Barnard, C.I.）である．記述的意思決定論はむしろこちらに属する．この学派のサイモンとマーチが参加している．

⑤ 意思決定論学派（The Decision Theory School）：この学派は，意思決定への合理的アプローチを中心としている．この学派のアプローチには，意思決定そのもの，それを行う人間，または組織，意思決定過程を研究するものがある．また意思決定の経済的な理論的根拠に限定して研究するものもあれば，他方で企業の場に生じるすべてのものを研究対象とする場合もある．さらに問題を拡大し意思決定の心理学的，社会学的側面まで含めるものもいる．シュレイファー（Schlaifer, R.）がこの学派を代表して参加しており，

この立場はおもに規範的意思決定論をさしている．

⑥ 数理学派（The Mathematical School）：この学派は経営を数学的モデルおよび数学的過程の体系として理解する人たちによって構成されている．オペレーション・リサーチ研究者は，その代表例である．そして経営・組織・計画化活動・意思決定のいずれであっても，それが論理的過程であるならば，すべて数学的記号と数学的関係によって表現されると信じられている．

クーンツは以上のようにアメリカの経営学を6つの学派に分類したが，彼は徹底して経営管理学は経営管理者の仕事に直接役立つ範囲に限られるべきであるという実用主義的観点にたっている．先に述べたように上記学派分類では，彼は「経営管理過程学派」に属している．たとえば，ファヨールは経営管理を，計画，組織，命令，調整，統制にしたが，クーンツは，それを計画，組織，人員配置，指揮（命令），統制に分類しており，フランス人ファヨールの忠実な継承者ということができ，アメリカの経営学の主流である経営管理過程論が，その源をフランスに求めることができることはきわめて興味深い．

3.3 アメリカ経営学における伝統理論と近代理論

このようなクーンツの主張に対しては，衆知のようにサイモンの批判がある．サイモンは，伝統的理論の管理原理には矛盾があるとして，すでにその主著『経営行動』において，一章を割いてその批判に当てているが，このシンポジウムにおける批判は，期せずしてアメリカ経営学における2つの潮流を浮き彫りにしたという意義をもっている．[2]

すなわちサイモンは，クーンツがマネジメント・セオリー・ジャングルとよんだ経営理論の多様化を「混乱」とみるのではなく，「分業」としてとらえ，それは学問の発展にとって望ましいものとみるのである．そしてサイモンは，自らの経営学の内容を「組織における人間行動の分析」にあてる．その点では明らかに経営管理過程論とはアプローチの仕方が異なっている．クー

ンツは，ファヨールを受け継ぐと先に述べたが，アメリカの経営学の発展という観点から客観的には，やはりテイラーの理論の延長線上にあるということができる．すなわち，「組織における人間行動」ではなく「組織構造の合理化」をその課題とするのである．そこでは組織における計画，命令，統制を合理的に行いうる組織の設定が問題となっている．

ここでクーンツの論文の注目すべき点は，アメリカ経営学の学派分類において，それが客観的には，いわば伝統的研究方法に属するものと，近代的研究方法に属するものとに分類されたところである．すなわち「経営管理過程学派」「経験学派」「人間行動学派」は伝統理論の系譜にあるのに対して，1930年代にその萌芽がみられるとはいえ，主に戦後，科学・技術の発展，とりわけオートメーションとコンピュータの出現を背景として管理者の意思決定に重点を置く「社会システム学派」「意思決定論学派」「数理学派」は近代理論ということができる．

そして前者，特に「経営管理過程論」の基盤の上にあり，「社会システム学派」へと移行するに際して重要な役割をになった「人間行動学派」は，人間を生産力の構成要素としての労働力としてのみ把握し労働力の能率的使用を目的として生産諸要素の組み合わせの効率化に力点を置いた伝統的理論に対して，その志向する客観的目的は同じにせよ，人間の心情に立ち入り，人間が主体的に行動する心理的動機を取り出した点に意義がある．これに関連して，アンドリュースは，バーナード（社会システム学派の始祖）の主張をテイラー，ファヨールの伝統的理論と人間関係論（人間行動学派）との調整の理論として意義づけた．

おのおのの理論は，すべてそれなりの意義と役割をもっている．ここで諸理論の性格をみると，テイラー・ファヨールが属するといわれる「伝統理論」（経営管理過程論）は，あらゆる理論の前提であり基盤である．公式組織の合理化は，いかなる組織においても取り扱われなければならない．それを前提として，伝統理論が無視した側面，すなわち人間の情感を取り扱った

「人間関係論」，そしてサイモンの指摘のように，いままでの管理理論が管理に「決定すること」と「行為すること」がありながら「決定すること」を不当にも無視してきたという反省のもとに決定と行為，双方を取り扱おうとした「行動科学的組織論」(社会システム学派)，そしてそれらを補完する諸理論があり，経営理論の多様さをサイモンの言うように「分業」として捉えるのは学問の発展の過程としては一応正しい．しかしそれらは何らかの形での，企業の経営理論としての統合が必要であろう．

いずれにせよ，企業の大規模化，企業活動のグローバル化に伴い，管理過程はますます複雑化し，それの最適制御のために数学をはじめとする自然科学の到達水準が経営理論に導入される．

3.4 経営人モデルと数学モデル―事実の抽象化と操作可能性―

サイモンの理論が前提とする人間観は，「経営人」(Administrative man) ないしは「管理人」とよばれるものである[3]．それはそれまでの「経済人」(Economic man) とは大きく異なり，むしろ現実の人間の行動に近い．「経済人」は，最高限を追及するのに対して，サイモンが想定する「経営人」はある水準で満足する．満足の基準は実務家になじみのある，「マーケット・シェア」「適正利潤」「公正価格」などである．また，「経済人」が混乱した現実世界を扱うのに対して，「経営人」は現実世界を思い切って単純化したモデルを扱う．「経営人」にとって現実世界の大部分は，彼が直面している特定の状況には，ほとんど関連をもたない．原因と結果との連鎖は，単純であるのでそのような荒っぽい単純化で満足する．彼は最も関連があり重要であると考えるごく少数の要因だけを考慮に入れた状況の簡単な描写によって選択を行う．

そのことによって，以下のことが指摘される．第1に，彼は極大を追及するよりは，むしろ満足するので，彼はまず初めに，あらゆる選択可能な行動を調べることなしに，また，これらが実際にすべての代替的選択対象を尽く

しているかを確かめるようなことをしなくても選択を行うことができる．第2に，経営的（管理的）人間は世界をむしろ「無意味」なものとして扱い「万物の相互関連」を無視する（思考と行動に非常に無感覚となる）ので彼の思考能力に不可能な要求をしないような，比較的簡単な大雑把な方法で彼の意思決定を行うことができるのである．

またオペレーションズ・リサーチ（The Operations Research）に関して，クーンツはマネジメントを数学的モデル，数学的過程と見るものが数理学派であるとし，その代表としてオペレーションズ・リサーチ研究者を取り上げ，数学は用具として有用であるが，それを経営学と認めることはできないとした．

またサイモンはオペレーションズ・リサーチを先にみたように，科学的管理となんら本質的な差異を見出しえないとした．しかしこのような数理的手法は戦後経営問題に導入されたのであり，巨大化した企業においてはその中できわめて多くの解決を迫られた問題が存在する．オペレーションズ・リサーチとして総称されているものは，組織運営についての数量的研究であり，経営問題について数量的モデルによる解決方法を提示するものである．

モデルによる問題解決の有効性は，モデルが現実を抽象したものであるところから現実に対してよりも，より容易かつ低費用で解決方法を見出し得る点である．それを要するに，事実の抽象化による操作可能性を高めることであり，そのことが長所でありながらまた短所でもある．

オペレーションズ・リサーチでは，一般に次のような手続きがとられる．まず操業を観察し，その技術的・経済的，そのほかの諸条件を理解する．次に基礎的，数量的データを集める．そして，そのデータを整理・分析しそれに基づいて仮説を誘導しモデルを作成する．続いて操作の変更について決定し，その変更の結果を数量的に予測し，それに基づいて決定を評価する．そして決定を注意深く実施し，仮説，モデルの正当性をチェックする[4]．

このような手法が発展するのは，現代の企業現象が複雑となって，なんら

かの抽象ないしは単純化なくしては経営者が管理対象を把握し得ず，管理可能性が維持できないからである．そうすることによって巨大企業経営者，そしてその頭脳の分業を担う経営学者の模索も複雑なものとなる．

3.5 記述的意思決定論と規範的意思決定論

　サイモンは，先のバーナード理論を創造的に発展させたものと理解されているが，彼の目的は，その著書『経営行動』の副題にあるように「組織における意思決定過程の研究」である．サイモンは，それゆえ伝統的管理論（組織論）のように単に組織構造を論じているのでもなく，人間関係論のように非公式組織における人間の情感を論じているのではない．それは組織における人間の意思決定行動をとらえることによって組織理論を展開しようとするものであり，なによりもそれは組織を意思決定のネットワークないしはシステムとして捉えているのである．[5]

　意思決定とは，「2つ以上の代替的選択対象のなかから1つを選択する」ことであり，サイモンはその意思決定の科学化をめざしている．技術革新の進展の中でオートメーションとコンピュータを前提とするならば，肉体労働は機械化される度合いが高まり，計画設定的意思決定に対する執行的意思決定は一定のプログラムを作成することによりコンピュータに任せることができ，その後の課題は常規化されていない意思決定の科学化，合理化である．

　最高経営者の意思決定は数理的手法を中心とするもの，すなわち「規範的意思決定」（意思決定がいかになされるべきか）と行動科学を基盤とするもの，すなわち「記述的意思決定」（意思決定がなぜなされるのか）とをふくむが，先のシンポジウムに参加したシュレイファーは前者を，サイモンは後者を代表する．サイモンは意思決定の組織内での上下・左右の有機的関連，そして全体の客観化を志向しているとみることができる．

　サイモンは，人間の意思決定過程の詳細な分析を行っている．彼は組織における人間行動を，それが行為そのものではなく行為に先立って存在する選

択，すなわち意思決定として把握する．そしてその意思決定には「価値前提」と「事実前提」という2側面がある．人間による選択の過程すなわち意思決定の過程は「諸前提から結論を導き出す」過程である．それは，経験的に検証が可能な事実前提，すなわち現実に選択しうる代替案から，経験的には検証ができない，人間の主観的な価値に依存する価値前提である選択基準，目標ないしは中間目標によって1つの行為が選択される過程である．

「記述的意思決定論」は意思決定がなぜなされるかに焦点が置かれる．それは意思決定が，一連の過程，すなわち，情報の収集，分析，選択，考証の過程であり，「マネジメント」を，「意思決定」とほぼ同義に考えるサイモンにとっては，組織活動自体が意思決定活動であって意思決定のシステムであるところから，その活動自体を分析する立場が，記述的な方法である．それはおもに社会学，社会心理学，経営学，経済学などを援用している．それに対して「規範的意思決定論」は，意思決定がいかになされるかという立場であり，たとえば企業が取るべき最適な基準を模索するために，数学的，統計的手法を援用している．[6]

意思決定理論の立場からこのシンポジウムに参加したシュレイファーは，[7]サイモンが位置づけられる記述的意思決定の立場に対して，自らの立場である規範的意思決定の立場を，不確実性のもとでの慎重な選択のロジックであるが，それはなんら経営管理者の大部分の意思決定には関与していないとしている．しかしそれが適用できる場合には，かなり高度に適合しうるとする．またそれは個人，集団，組織によって行われる意思決定の方法の研究に対してはなんら関与しないと述べる．それは記述的意思決定の問題である．規範的意思決定は，1つ以上の取るべき進路がそこにあり，多くの進路の中から1つを取る場合に，その長所と短所とを比較考証しようとする意思決定者のためにある．たとえば具体的には，資本投資の問題や在庫問題がこれにあたる．この理論は実際は複雑な問題を単純な問題に分解し，単純な問題の解決が実際には複雑な問題の解決に寄与するような主題をもっている．[8]

この領域には，このような決定理論およびゲームの理論も含まれるが，先に述べたように，ゲームの理論の集大成者たちはノーベル経済学賞を受賞した．ゲームの理論は，1920年代に数学の領域で，フランスの数学者，ボレルやフォン・ノイマンによって主張されたが，経済・経営学の領域においては，1944年のフォン・ノイマンとモルゲンシュテルンの著作『ゲームの理論と経済行動』を出発点としているといってよい．前者は数学者，後者は経済学者であり，自然科学者と社会科学者との協働労作としてはじめて生まれ得たのである．それは現代の資本主義においては，市場を2つないしは少数の企業で支配されているという現状から，価格決定行動が企業相互間の駆け引きを根底にしていることに着目した．そのような状況をゲームの理論として数学的に定式化して経済主体の合理的行動を明らかにしようとしたといわれる．ゲームという言葉は，日常的な使われ方は別にして，2人ないしはそれ以上の個人や，チームや企業などが，一定の報酬ないし罰という結果を予想して選択行動を行う状況であるといわれる．そこで各プレーヤーは他のプレーヤーの行動を予測し，各自の戦略を立てるが，それは利益の極大化という観点ではなく失われる利得が最小になるような原理，すなわちミニ・マックス戦略を選択する．しかし経済問題，社会問題を数値化することが操作可能性を高めるとはいえ，それが十分に現実問題を取り扱えないという問題点をもつであろう．[9]

3.6 計画的意思決定と非計画的意思決定

1960年にサイモンは，『経営的意思決定の新たな科学』(*The new science of management decision*) という著作を著し，意思決定の領域でのコンピュータの全面的利用の問題を取り扱っている．先にも述べたように彼の場合，経営管理の問題は，意思決定の問題である．すなわち，管理する (managing) ことと意思決定をすること (decision making) はほぼ同義語であると述べている．そして意思決定には，「意思決定機会の発見」「可能な行動の方

向の発見」「いくつかの行動の方向の中から1つを選択すること」の3つの側面が含まれているとしている．そしてこれらをおのおの，情報収集活動 (intelligence activity)，情報分析活動 (design activity)，選択ないし決定活動 (choice activity) と呼んでいる．ここで意思決定活動とは，上記3者の循環である．そして経営者にとって重要な技能はこの意思決定技能であるが，それは学習可能で訓練が可能であるとする．またサイモンは，ホワイトカラーの組織を「情報処理工場」にたとえ，経営者は自ら意思決定をするばかりではなく，部下の行う膨大な意思決定に責任を負っているとする．

　そして，意思決定の形には，計画的意思決定 (programmed decisions) と非計画的意思決定 (non programmed decisions) とがあるが，両者には明確な区分があるのではなく，一方の極に高度に計画的な決定があり，他方の極に高度に非計画的な決定があり，全体としての意思決定を構成しているとする．ここで計画的意思決定とは，問題が反復的，常軌的な場合，決定の処理のために明確な手続きが決められていて，決定の必要が起こったときに，あらためて処理する必要がないような場合の決定である．他方，非計画的意思決定とは，問題が斬新的で，まだ組織だったものではなく，かつ重要なものである場合の決定である．

　彼は計画的意思決定のなかの現代的な決定手法に，オペレーションズ・リサーチ，数学的モデル，コンピュータによるシミュレーション，データ処理をあげ，非計画的な決定手法を彼の課題としている．それは，ヒューリスティックな問題解決技法であり，1つは人間の意思決定者の訓練によってなされるが，その先には，人間思考のシミュレーションをめざす，ヒューリスティック・コンピュータ・プログラムの作成が想定されている．

　彼は，先にクーンツの分類で筆者が近代的理論に分類したオペレーションズ・リサーチと科学的管理法との間に，意義のある一線を画することはできないとしている．これはともに計画的領域の問題を処理するからである．極言すれば，彼は非計画的意思決定の計画化をめざす．それはコンピュータに

よる人間思考のシミュレーションである．その可能性について次のように述べている．すなわち「問題解決において，人間の思考は多くのプログラムによって支配されるものであり，そのプログラムとは，単純な情報過程——これは信号操作過程といってよい——を課題環境および課題環境から導き出される筋道に適応するような秩序だった複合的な論理の組織するものである．これと同じ種類のプログラムがコンピュータのために書かれれば，コンピュータ・プログラムは人間の思考を記述し，人間の思考にシミュレートするために利用できる」[10]のである．

3.7 むすびにかえて

　以上，1960年代以降の経営理論の現状と発展とをみてきた．その特徴はコンピュータとオートメーションの生産過程，管理過程への広範な導入，および行動科学，数学，統計学などの多様な科学の経営学への導入が行われた事実である．もちろん，最初に述べた企業行動の国境を越えての展開がその基盤となっていることはいうまでもない．アメリカを中心とした世界企業は，世界中の最も有利な場所で資源を調達し，生産し，販売し研究開発をする条件がすでに整えられている．たとえばGE（ゼネラル・エレクトリック）は，時価総額45兆円，純利益2兆円，世界55ヵ国に30万人の従業員を抱え，それが自社の業績に結びつけば，トヨタから「トヨタ生産方式」を学び，モトローラから「シックス・シグマ」を学ぶ．そのような巨大組織を本社で統括するために，多様な形での技法が生まれるのである．

　しかも生産過程はすでにオートメーションとコンピュータによって自動化は完成しているとすると，その課題となるには計画の過程，しかも最高意思決定，すなわちトップ・マネジメントの意思決定に関心が集中するのは必然である．オペレーションズ・リサーチはサイモンによって，計画的意思決定の新たな技法と位置づけられたが，巨大な生産過程を合理的に動かすための手法である．たとえば，昨今の事例のように世界最大の自動車会社ゼネラ

ル・モーターズが危機に瀕し,その再生を模索しているように,いかなる巨大企業であってもその明日が保障されるものではない.他方で企業の市場は世界にくまなく広がる中,それが確実ではなくても管理可能性を高めていく必要が,管理理論の限りない発展を求めるのである.

そこでは,たとえばバーナードにも見られる,操作可能な,単純化した組織概念の採用,万能の経済人に変えて,一定の基準で満足する「経営人モデル」の採用,そして複雑な現実を,数値化し,確率や統計に依存して操作可能性を高めようとする規範的意思決定論,またオペレーションズ・リサーチなど,質的な問題を量的な問題に変えてでも管理可能性を高めようとする産業社会の課題を経営理論は果たそうとしているのである.

注)
1) クーンツ著,鈴木英寿訳『経営の統一理論』ダイヤモンド社,1968年,第1章
2) サイモン著,松田武彦ほか訳『経営行動』ダイヤモンド社,1965年,第2章
3) 同上訳書,22-23ページ.
4) 宮上公男「オペレーションズ・リサーチ」高宮晋編『経営学事典』ダイヤモンド社,1970年,1292ページ
5) サイモン著,前掲訳書,第3章
6) サイモン「経営管理論へのアプローチ」クーンツ編『経営の統一理論』前掲訳書,106ページ以降
7) シュライファー「意思決定論と経営管理論」クーンツ編『経営の統一理論』前掲訳書,94ページ以降
8) 中瀬忠和・鮎沢成男「シュレイファー,R.」岩尾裕純編著『マネジメント・サイエンスの経営学』中央経済社,1974年,341ページ以降
9) 中瀬忠和・鮎沢成男「フォン・ノイマン,J.／モルゲンシュテルン,O.」岩尾裕純編著『マネジメント・サイエンスの経営学』中央経済社,1974年,285ページ以降
10) サイモン著,宮城浩祐ほか訳『コンピュータと経営』日本生産性本部,1964年,20—54ページ

◆参考文献

Koontz, H. ed., *Toward a Unified Theory of Management*, McGraw-Hill, 1964.（鈴木英寿訳『経営の統一理論』ダイヤモンド社, 1968年）
Barnard, C.I., *The Functions of the Executive*, Harvard University Press, 1938.（山本安次郎・田杉競・飯野春樹訳『経営者の役割』ダイヤモンド社, 1968年）
Simon, H.A., *Administrative Behavior*, Macmillan, 1957.（松田武彦・高柳暁・二村敏子訳『経営行動』ダイヤモンド社, 1965年）
Simon, H.A., *The New science of management decision*, Harper & Row, 1960.（宮城浩祐ほか訳『コンピュータと経営』日本生産性本部, 1964年）

意思決定論のドイツにおける動向を示す文献を, 以下に1つ取り上げておきたい.

Moxter, A., *Methodologische Grundfragen der Betriebswirtschaftslehre*, Westdeutscher Verlag, 1957.（池内信行・鈴木英寿共訳『経営経済学の基本問題』森山書店, 1967年）

この時期, ドイツにおいても新たな主張が見られる. モクスターが経営学（経営経済学）を「応用科学」とする立場から方法問題についての新たな視角を提示しており, 教授はその著書の日本版への序文において, 今後の課題は「企業における経済的意思決定の研究」にあるといわれる. このようにドイツにおいてもこの時期, 意思決定の問題が経営学の中心課題となっている.

第4章

知識創造経営論の意義と課題

　1990年代以降，企業をめぐる経営環境の激しい変化が見られる中，これらの変化に対していかに対応していくのかの問題が企業経営者にとっての大きな課題となっている．無論，この課題は，企業経営者だけではなく，学界においても非常に注目されているのである．業界内で存在する競争相手に対して競争優位を発揮するために，特に注目されているテーマに知識の創造とそのマネジメントがある．

　本章では，知識創造の意義，知識創造の内容，ナレッジ・イネーブリングについて検討した上で，最後にその課題について取り上げる．

4.1 なぜ知識創造なのか

(1) 組織的知識創造理論の背景

　近年，われわれは知識創造（Knowledge Creation），ナレッジ・マネジメントなどといった言葉をよく耳にしている．「知識」という用語は人類の長い歴史の中で人間が追求してきた真理探究に必要な基本的な要素であった．しかし，大学など学問上の真理を探究することを職業としているわれわれ研究者にとって，特に90年代以降，企業経営において新たに注目を浴びるようになったこと自体が首を傾げることであった．

　この疑問を解く上で重要な役割を果たした人物には，ドラッカー（Drucker, P.F.），トフラー（Toffler, A.），クイン（Quinn, J.B.）などがいる．彼らが有する共通認識に，従来と異なる新しい時代が到来する，すなわち，今後は経済，社会の全般において知識が企業競争力の鍵となるという主張がある．

特に，経営学分野において重要な見解を述べてきたドラッカーは，2002年に出版された『ネクスト・ソサイエティ』を通して，今後は知識社会が到来し，最高経営責任者を含む知識労働者の資質や教育，雇用，評価の方法など，知識社会で働くすべての人に欠かせない視点を提供するなどのメッセージを世に送った．

　一方，企業経営の知識創造に関する研究者として有名な日本人研究者の一人であり，知識創造理論を構築する上で多大な貢献をした人物として野中郁次郎がいる．野中は1990年代に著した『知識創造の経営』を通して，従来までの経営理論の中で展開された基本的な人間観や組織観について概観した．その結果，野中は，従来まで展開されていた諸理論が人間の諸能力の限界，情報処理者としての人間，環境の変化に対して受動的な適応のみに注目している点に着目し，組織における革新性と創造性を主題とする新たな理論展開の必要性について強調した．

　その後，彼は1995年に竹内弘高とともに著した『知識創造企業』を通して，個人の有する知識を組織全体が共有できる能力自体が成功した日本企業の競争力の強さの秘密であると主張した．この考え方は，従来まで「日本の企業は模倣や応用力には強いが，想像的ではなく，とりわけ知識が競争優位の獲得に重要な場合には特に弱いという西洋人の通念」に反するスタンスをとっている．彼は特に，「組織的知識創造理論（Theory of Organizational Knowledge Creation）」の必要性について以下のように主張した．

　「環境の変化にダイナミックに対応する組織は，情報処理を効率化するのみならず，知識や情報を『創造』する組織である．組織の構成員はそれぞれ革新への思いをもち，偶然を取り込みつつも，ただ偶然に流されつつ非合理的に生きるという消極的な存在ではない」[1]．これは特に，組織が経営環境の中で不確実性が伴い発生するさまざまな情報をいかに効率的に処理するのかという問題を取り扱うだけでなく，いかに組織の中で情報や知識を創造していくのかという，より高次のレベルにまで注目した内容である．結論的に，

彼の組織的知識創造理論は日本型イノベーションを明らかにしたとされている.

4.2 組織的知識創造理論の内容

まず知識創造の内容に触れる前に，近年，経営学分野において重要なキーワードとなっている情報，データなどの有する意味と，知識が有する意味がいかに異なるのかについて確かめる必要がある．この作業は，知識創造理論の基礎についての理解を深めるために必要な1つのプロセスであろう．

(1) 知識の類型

知識と情報は厳密な区別をせずに，同じ意味として使われている傾向がある．しかし，野中（1995）によれば，「情報は行為によってひき起こされるメッセージの流れであり，メッセージの流れから創られた知識は，情報保持者の信念として定着し，コミットメントと次なる行為を誘発するのである」．言い換えれば，情報は知識を引き出すための低次元の材料として認識され，各個人が有する価値観や信念によってそれぞれ異なる知識が形成される．西洋の哲学では知識を「正当化された真なる信念」と定義する．これが個人の有する「思い」によって始まり，真実に向かって普遍化・正当化するプロセスを経て形になる．すなわち，自分以外の存在から得た情報は，個人的な思索・実習・実践などと照らしてからこそ真の「知」として生まれる．知識創造の組織は，これらの知を生み出すプロセスをサポートするために存在するといえる．

次に，知識にはいかなるものがあるのか．野中郁次郎（1995）によれば，「組織的知識創造」においての「存在論的次元」と「認識論的次元」という2つの分類は，協調型戦略への移行プロセスを理解するのに有効であるという．[2] ここでいう，存在論的次元とは，個人からグループ，組織，組織間への広がりを示している．また認識論的な次元には，形式的・論理的言語によ

って伝達できる知識として「形式知」と，特定情況に関する個人的な知識であり，形式化したり他人に伝えたりするのが難しい知識として「暗黙知」が存在するとしている．すなわち，知識には，基本的に個人が頭の中で考えている漠然としている知識のことをいう暗黙知と，それが文字，絵などの目に見えるような形になっている知識を意味する形式知とがある．この概念は個人がもっている知識が組織全体に広がるプロセスを説明するのに非常に役立つロジックである．

(2) 組織的知識創造のプロセス

組織内では知識創造（knowledge creation）がいかなる形で行われているのか．組織的知識創造のフェイズは，図表5-1が示しているように，基本的に，暗黙知の共有→コンセプトの創造→コンセプトの正当化→原型の構築→知識の転移という4つのプロセスを経て行われる．これは後に共同化（socialization）→表出化（externalization）→連結化（combination）→内面

図表5-1　4つの知識変換モード

段階	内容	知識変換	事例
共同化	経験を共有することによって，メンタル・モデルや技能などの暗黙知を創造するプロセス	暗→形	ホンダの製品開発プロセス
表出化	暗黙知を明確なコンセプトに表すプロセス	暗→形	キヤノンのミニコピア
連結化	コンセプトを組み合わせて一つの知識体系を創り出すプロセス	形→形	クラフト・ゼネラル・フーズのマイクロ・マーチャンダイジング
内面化	形式知を暗黙知に体化するプロセス	形→暗	GEの回答センター

出所）Nonaka, Ikujiro and Takeuchi, Hirotaka, *The knowledge-creating company : how Japanese companies create the dynamics of innovation*, oxford University, 1995.（梅本勝博訳『知識創造企業』東洋経済新報社，1996年，91-105ページ）を再整理．

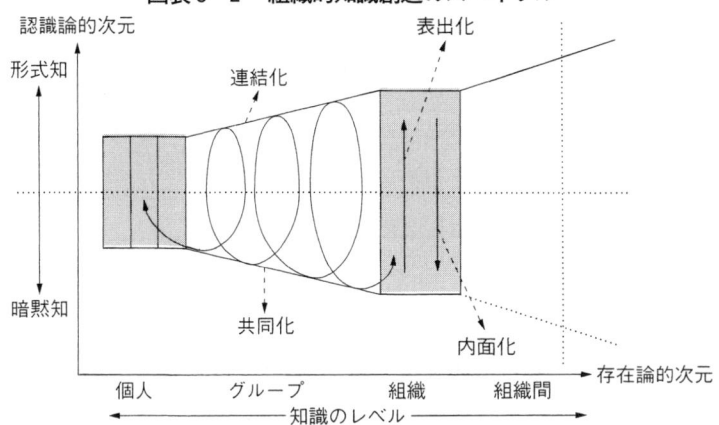

第4章　知識創造経営論の意義と課題　79

図表5-2　組織的知識創造のスパイラル

認識論的次元
形式知
連結化
表出化
暗黙知
共同化
内面化
存在論的次元
個人　　グループ　　組織　　組織間
知識のレベル

出所）Nonaka, Ikujiro and Takeuchi, Hirotaka, *The knowledge-creating company*: how *Japanese companies create the dynamics of innovation*, oxford University, 1995.（梅本勝博訳『知識創造企業』東洋経済新報社，1996年，108ページ）

化（internalization）のプロセスを経て行われるため，英語の頭文字をとって「SECI（セキ）モデル」ともいわれ，知識創造理論の基本モデルである．これは規模面でいうと，個人レベルの知識創造，集団レベルの知識創造のプロセスを経て，知識創造のモデル化，すなわち理論化され，究極的には社会全体に広がることまでをも含む一連のプロセスをいう[3]．

(3) **知識スパイラル**

先述した4つの知識変換モード，すなわちSECIモデルによって生成された知識は，単なる1回のサイクルで終わるのではなく，反復性をもって低次元の知識創造からより高次の知識創造へと増幅されていく．これを知識スパイラルという．図表5-2には組織的知識創造のスパイラルについて示している．同図が示しているように，縦軸には存在論的な次元として個人から組織間へと拡張されていく次元を表しているのに対し，横軸には認識論的な次元として暗黙知から形式知への変換または形式知から暗黙知への変換を連続

的なスパイラルで引き起こしていることを表している．

(4) 知識創造を促進する要件

一方，知識創造をさらに促進する要件には，意図，自律性，ゆらぎと創造的カオス，冗長性，最小有効多様性などがある．第1の意図とは，企業の経営戦略上に組み込まれる知識創造能力のことをいう．これは知識ビジョンと形で具現化され，最高経営責任者によって進められる．

第2の自律性は，組織メンバーが知識創造のために自ら動機づけ，自由に行動できるかどうかの問題である．

第3にゆらぎと創造的カオスがある．ゆらぎとは組織と外部環境との相互作用を刺激することをいい，創造的カオスとは組織内の緊張感を高めて危機的状況の問題定義とその解決に組織成員の注意を向けるため，意図的に生成されるカオスのことをいう．

第4の冗長性は，当面必要としない仕事上の情報を過剰・重複して保有することを意味する．これは，ある意味では，効率性を重視する現代経営の流れに反するものであるかも知れない．

第5の最小有効多様性は，組織外部に存在する複雑多様な環境を組織の内部にも同様に存在させ，起こりうる事態に未然に対応する体制を整えることである．

4.3 ナレッジ・マネジメントからナレッジ・イネーブリングへ

前節までは知識創造がいかに行われるのかについて，その定義，プロセス，マネジメントなどを通して検討した．しかし，現実の世界では先述したSECIモデル通りに知識創造が円滑に行われるのかについては疑問の声が多かった．知識を創造するには組織の主体である個人と組織が，いかなる活動を行うかにかかっているが，最初に計画した通り順調に進行するのではなく，多かれ少なかれ障害が存在していることを看過してはいけない．実際に，知識を創造すること自体は，予想したことよりはるかに困難であり，そ

の過程において現場にさまざまな緊張感や不安をもたらす場合が多い．換言すれば，ナレッジ・マネジメントには限界があることに他ならない．

　これらの障害には大きく知識創造に対する「個人の障害」と「組織の障害」がそれぞれ存在する．

　前者の個人の障害は，知識を受け入れる容量の限界と，自己イメージの変化に対する恐怖などによって発生する．人は一般的に長年かけて培った経験，教育機関での教育，家庭での躾などに基づいて自分なりの信念を持って行動する．したがって，自分が今まで経験していない新たな知識を受容するためには，相当な労力が必要となる．

　後者の組織の障害は，一個人が新たに発見した知識を組織内に拡散するためには，組織構成員に対して理解を求める正当化のプロセスで生じる問題である．個人が有する知識を組織構成員と共有するためには，組織内にいるさまざまな人びととの持続的なコミュニケーション能力が必要となる．なぜなら従来のシステムと異なる考え方を組織内に組み込むこと自体が他の組織構成員の立場からは不安要因となるからである．特に，過去において成功した経験が大きければ大きいほどその抵抗はよりいっそう強くなる．たとえば，1990年代初頭，バブル経済の崩壊が続く中で50年間成長を持続させた日本的経営の根幹となった終身雇用制，年功序列，内部労働市場といった成功要因を放棄して新しい経営システムを受け入れるには組織内部からの相当な抵抗があったであろう．

　これらのような問題を解決するために，新たに登場したのがイネーブリング（enabling）というコンセプトである．イネーブリングとは，「知識創造を促進させる組織活動」のことを指し，具体的には「組織または地理的な境界や文化の壁を越えて知識を共有し，会話や人間関係を促進すること」などの効果がある．これらのナレッジ・イネーブリングを実現するためには，図表5-3が示しているように，5つの要件が必要である．5つの要件には，ナレッジ・ビジョンの浸透，会話のマネジメント，ナレッジ・アクティビスト

図表 5-3　ナレッジ・イネーブリングに必要な5つの要件

項　目	内　容	事　例
ナレッジ・ビジョンの浸透	組織メンバーが探究し創造する必要のある知識が何であるかを長期的なビジョンとして具体的に示すこと	資生堂のアユーラ・ブランド戦略
会話のマネジメント	組織メンバー間でさまざまな議論を通して個人の知識が他者に利用可能にすること	GEのシックスシグマ運動
ナレッジ・アクティビストの動員	知識を組織全体に拡大させ，知識創造を活性化することに当り必要な人物	シーメンスのゼニア構想
適切な知識の場作り	強固な人間関係と効果的に協力しあう組織構造の生成に必要な要素	ソニーの組織変革
ローカル・ナレッジのグローバル化	効果的な知識移転の妨げとなることの多い物理的・文化的・組織的，そして経営上の障害を崩すこと	アドトランツによるインド・プロジェクト

出所）ゲオルク・クローと一条和生・野中郁次郎『ナレッジ・イネーブリング』東洋経済新報社，2001年，179-187ページを筆者が再整理．

の動員，適切な知識の場づくり，ローカル・ナレッジのグローバル化などがある．

4.4　知識創造理論の課題

　以上，われわれは知識創造理論の意義と内容，ナレッジ・イネーブリングについて概観した．日本企業の中では知識創造経営を標榜し，実際の経営を生かそうとする動向が見られることからも21世紀の新たな方針として知識創造経営の重要性が問われている．「知の創造と活用」を企業ミッションとしている富士ゼロックス，「技術と知の総合力を発揮する知識企業を目指します」というキャッチフレーズを掲げている日立製作所，「質の高い知が跳べる知の企業風土を作り出すこと」を経営方針としている花王などがその実例である．

　しかし，この理論が有する成果が多いこと事態については否定できないものの，今後以下のような面においてより具体的な検討が必要であろう．

第1に，知識創造理論を実際の経営に活用した際に，暗黙知から形式知への変換をいかに行うのかというプロセス上の問題であり，これらについての具体的で実践的なアプローチが行われなければならない点である．これは特に野中が自分の著書の中で積極的に否定した事実でもあるが，依然として日本人が苦手な分野として解決しなければならない課題である．

　第2に，第1の課題と関連するものとして，実際に，社員のもつ暗黙知をいかに形式知化するのかという課題として報酬制度，人事評価制度などを通してモチベーションが必要とされる．形式知化を促進する制度を作り上げ，成功した事例で知られているケースはごく稀である．

注)
1) 野中郁次郎『知識創造の経営』日本経済新聞社，1990年，40-41ページ
2) 野中・竹内（1995）邦訳書，83-91ページ
3) SECI モデルは，*Harvard Business Review* 掲載論文の増補した1995年に出版された 'The Knowledge-Creating Company' によって世界的に広く知られるようになった．

◆参 考 文 献

Kroh von, Georg and Ichijo, Kazuo and Nonaka Ikujiro, *Enabling Knowledge Creation : How to unlock the mystery of tacit knowledge and release the power of innovation enabling knowledge creation*, Oxford University Press, 2000.（ゲオルク・フォン・クローと一條和生・ 野中郁次郎『ナレッジ・イネーブリング：知識創造企業への五つの実践』東洋経済新報社，2001年）

野中郁次郎『知識創造の経営：日本企業のエピステモロジー』日本経済新聞社，1990年

Nonaka, Ikujiro and Takeuchi, Hirotaka ,*The knowledge-creating company : how Japanese companies create the dynamics of innovation*, Oxford University, 1995.（梅本勝博訳『知識創造企業』東洋経済新報社，1996年）

河崎健一郎・アクセンチュアヒューマンパフォーマンスグループ訳『知識創造経営の実践：ナレッジ・マネジメント実践マニュアル PHP 研究所，2003年

野中郁次郎・紺野登『知識創造の方法論：ナレッジワーカーの作法』東洋経済新報社，2003年

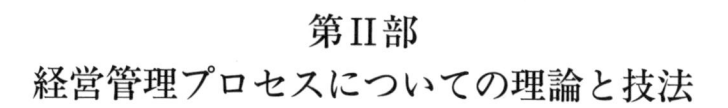

第II部
経営管理プロセスについての理論と技法

第5章

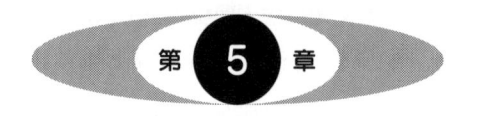

経営計画の機能とその策定プロセス

5.1 経営計画の必要性

　企業活動は，一人の人間だけで実現することはできない．複数の人間が，ある特定の目的を実現するために協力して，初めて実現することができるものである．企業活動が小規模であろうと大規模であろうと，この点に変わりはない．経営管理という行為は，この組織的な活動を実現する行為であるといえるでしょう．その経営管理活動の，最初に取り組まなければならないのが，企業活動を計画する（planning）という行為である．

　まず，個人が計画を作ることの意義について，個人の主観的側面からの意義を考えてみよう．人が計画を作ることで，何が可能になるのだろうか．

　まず第1に，計画を作ることは，一定の目的を達成する方法を考えることを意味している．その具体的な方法を，時系列に沿って考えることになる．それによって，よりいっそう，目的達成の可能性を高くすることができるようになる．その目的を絶えず意識し，関係する情報を集め，また目的実現の方法を考えることになる．

　目的実現，という意識を絶えずもつことによって，同一の景色であっても別の見方ができ，違った考え方をできるようになるといえる．そのことから，優れた実現方法が発見されることがある．目的をもち，計画を意識することで，人の意識を一定の方向に絶えず向かわせることができるといってもいいだろう．その結果，偶然に，より優れた方法を発見することがある．現代のような変化の激しい状況の中では，実はこのことが重要になってきてい

る．計画を作っても，絶えず変化する環境の下では，その変化する状況の中から，新たな目的とそのための計画を考え出すことが必要になってきている．そのためにも，個人レベルで目的，計画をもつことは重要になっている．

　第2に，人が計画を作ることは，それによって実現される行為への思いも一緒に生み出すことになる．真剣に，自身のもっている価値観に基づいて計画を作る時，人はその実現に対するモラール（morale）も生み出すといえる[1]．モラールの存在はまた，目的実現への取り組み意識を高める作用を生み出す．その目的の実現が，達成感を担当者に与えることになるからである．

　個人が計画を作る行為は，日常的に行われている行為であるといえるが，その行為を意識的に促進することで，より優れた行為を実現することができる．個人レベルで，このような計画づくりを促進することは，個人が意識するかどうかに左右されることになるといえる．

　個人が，計画を考えるための時間を意識的にもったり，計画づくりのためのパソコンソフトを購入したり，あるいはメモを作ったりすることで，大いに計画づくりを促進することは可能になる．

5.2 企業における経営計画の諸機能

　以上の個人のレベルとは異なり，企業を含む組織体における計画づくりの諸機能について次に考えてみよう．個人とは異なり，組織的に計画づくりを行うことは何を意味するのだろうか．この点について，以下の6つの機能に分類できると考えられる[2]．

(1) **予定表づくりの機能**

　経営計画の，最も一般に理解されている機能は，企業活動の予定表という機能である．企業活動を計画的に実施するために，期限と目標を決めて具体

第5章 経営計画の機能とその策定プロセス　89

図表5-1　経営計画の諸機能

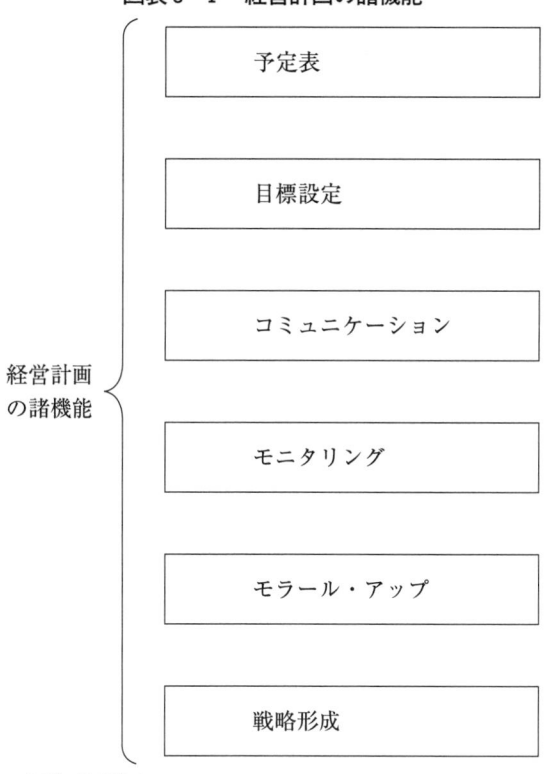

経営計画
の諸機能
- 予定表
- 目標設定
- コミュニケーション
- モニタリング
- モラール・アップ
- 戦略形成

出所）筆者作成

的な活動の予定を作るものである．具体的な目標としては，売上高，生産量，利益率があげられる．また期限等を設定することが行われる．つまり一定の期間に，何をどれだけ行うのかという予定表を作ることが行われている．この予定表を作ることで，企業活動の秩序ある展開が実現できるようになる．具体的には，全社の各部門間の活動を調整し，同期化することで無駄のない企業活動を展開することができるようになる．また，予定表は企業活動のマイルストーンとしても機能する．一定の期限を設定することで，活動期限への意識を与えることが可能になる．中・長期の計画は3年，5年，もしくは10年の期間を対象とするものが一般的であるといわれている．さら

に，単年度の年次計画は，具体的な企業活動の詳細な実施予定表の機能を果たすことになる．

(2) 目標設定の機能

　企業の場合には，企業目標，部門目標，事業部目標として計画の目標が示され，その目標を達成するための計画づくりが，組織の各レベルで行われることになる．そのため，絶えず必要な情報・知識を集め，利用することになる．いわば目標の設定を組織として行うことが，計画づくりの重要な機能になっている．組織の場合には，計画づくりは，経営者・管理者の行為として行われることになる．管理者はその対象とする組織の目的を決定し，自身の責任を明らかにすることになる．いわば目標決定を，組織メンバーを代表して行うことになる．組織メンバーは，管理者によって示された目標，計画に従って仕事を行うことになる．

　まず企業全体の目標が設定され，それが各部門・事業部門の目標へと具体化されることになる．各部門・事業部の目標は，本社の経営陣と部門の経営陣との話し合いの中で決定されることになる．現場の情報は，事業部・部門がその多くをもっている．他方，本社の経営陣も独自の認識に基づいて各部の目標について，一定の考えをもつことになる．この両者の間の話し合いの中で，部門目標が設定されることになる．

　企業で組織的に経営計画を作ることは，管理者の行為になる．しかし計画を作る際には，その担当者の仕事についての情報や知識が不可欠といえる．管理者はそれを自身でみて，担当者から聞いて得た情報を基にして，計画を作ることになる．企業規模が拡大して，分権的な組織形態になると，計画づくりは分権化された組織単位の管理者に委ねられることになる．分権化された組織については，各担当する管理者によって計画が策定されることになる．そのプロセスを実現するためには，まず本社部門によって，最終的な企業目標を企業内外に提示することが必要になる．つまり企業の内外に提示し

て，その目標に対する理解を従業員や社会にもってもらう必要がある．目標への理解がなければ，各部門で優れた計画を作ることは不可能である．その結果として，企業活動に大きな相違が生まれることになる．

(3) コミュニケーションの機能

設定された目標を，企業の各部門に伝え，その他の情報の交換をする機能がコミュニケーションの機能である．計画を作るためには，当該職務と関連するメンバー，もしくは部門・事業部，子会社との間で，計画内容の調整が必要になる．組織の規模が拡大して，全体としての活動を実現するためには，時間，費用，スピードを考えた組織的活動が必要になる．そのことを考えた計画を作ることの意義は，さらに個人の場合よりも重要になる．

密接に関連した業務であれば，その計画内容の調整の努力はいっそう必要になるといえる．つまり，横の情報・知識の交換が行われる必要がある．お互いの情報や知識の交換や共有化を通じて，より優れた調整された計画案を作ることで，企業全体として整合性のある計画を作ることが可能になる．また，本社からも各部門が計画の策定を行う上で，必要な情報・知識が提供されることになる．逆に，各部門・事業部の情報・知識も本社に送られる．そのために計画策定のプロセスでは，お互いに必要な情報と知識の交換を促進する方法がさまざまに工夫されている．各部門・事業部から本社へ提出される報告書は，多くの場合膨大なものになり，コミュニケーションの上で大きな問題になっている．簡潔な，最低限必要な情報・知識に整理して提供する必要性が指摘されている．アメリカのGE社では，各個別子会社の置かれている環境について，簡潔に5項目にまとめることが制度化されていた．当時のCEOのウエルチ（Welch, J., 2005）によると，現在は形が少し変化しているが，以下の5項目があげられている．[3]

① 市場はこれから数年間でどのように変化するのか．

② 世界的な市場環境の変化の中で，ライバル企業は過去3年間に何を実

施したのか．
③ 事業部は過去3年間に何を実施したのか．
④ 今後3年間のうちにライバル企業がとりうる施策のうち，GEにとって最大の脅威となるのは何か．
⑤ その脅威に対抗するための最善策はいかなるものか．

　以上の5項目が本社に報告されることで，本社は各子会社の状況を正確に理解できるようになっている．数字上の情報だけではなく，核心となる情報を提供することで，効果的なコミュニケーションが実現できると考えられる．

　コミュニケーションは，計画策定のあらゆる段階で行われることになる．公式上は，本社の経営陣と部門の管理者との間で行われるものだが，実際は，それぞれの計画策定のスタッフが，相互に非公式での多くの多角的なコミュニケーションを行っている．そのような多くのコミュニケーションを行うことで，初めて優れた経営計画を策定することが可能になる．

(4) モニタリングの機能

　第4に，経営計画の策定過程では，企業の目的達成の視点から，計画が適切に策定されているかどうかを監督することが行われている．具体的には，本社の経営企画部門は各事業部・機能部門が適切に経営計画を策定しているかどうかを監督することになる．企業全体として，一貫性のとれた計画案にする必要がある．計画策定のプロセスではこのような事業部門の策定について適時，企業の方針が適切に理解され，計画案に反映されているのかを確認することが必要になる．個人の場合には，個人の目標の視点から計画について検討されたが，企業の場合には企業目標の視点から監督が行われる．環境の変化が速い市場にある企業の場合，計画内容について素早く一貫性を確立する必要性が大きいと考えられる．

(5) モラールを高くする機能

　企業活動に参加する従業員は，本人自ら目的をもちながら企業で働くことになる．企業の目的と経営理念を十分に理解することは，その企業で働くのかどうかを決める際に重要になる．その企業に参加するのか，別の企業に参加するのかを決める上で，この目的，経営理念が人の共感をよび，社会的にも受け入れられるものでなければならない．目的・経営理念が，人の感情的な側面へ影響を与え，モラールに大きな影響を与えるといえる．また，その理念が社会的に納得されるものであることが必要不可欠と考えられる．経営者の示す経営理念が，社内の従業員，社外の利害関係者の共感をよび，モラールを高めることは可能である．優れた経営理念を内外に示す企業が，優れた業績を残していることは，コリンズとポラス（Collins & Porras, 1994）の『ビジョナリーカンパニー』の中で述べられている．優れた理念がモラールを高くするが，他方，ビジョンはその理念を実現する段階を示し，将来の当該企業の姿を企業の内外に，明らかにしている．

　この目的と経営理念の設定は，必ずしも毎年行う必要はないが，絶えずその置かれた状況に適合するものを検討する必要性がある．その設定は，その企業が置かれた環境の変化に対応した事業領域の変更・再定義とも関係している．そのため，定期的に行う必要があるといえる．具体的には，日本の多くの企業では10年，5年，もしくは3年の間隔をおいて見直すとされている．

　近年では，事業領域の変更・再定義だけではなく，それ以外の環境の変化に対応した企業目的と経営理念の設定が必要とされるようになっている．たとえば，環境問題の重要性に対する認識は，従来の経営理念の中身の変化を多く生み出している例といえるだろう．環境規制に対して積極的に取り組むことは，企業の内外に共感を生み出すことが予想できる．また人権の擁護や倫理を重視した目的や経営理念へと変更することは，必要不可欠になっている．単に経済的価値観のみの経営理念ではなく，生活者としての消費者や地

域住民といった従来の範疇を超えて，利害関係者への配慮をした経営理念が示されるようになっている．

化学繊維メーカーの東レは，社会的責任という価値観を理念に入れるようになっている．また三菱電機は，世界の人びとになくてはならない存在でありたいという理念を提示している．このように，その時代の環境に対応した目的と経営理念の設定は，経営管理活動の最初に行われなければならない行為といえる．目標と経営理念の設定は，企業文化とも関係しているが，企業活動を分担する構成メンバーが，最初に目標と理念を理解することが企業活動を実現するための出発点といえる．

精密機械メーカーのリコーは，特に環境への配慮を重視した目標と理念を設定している．具体的にはグループとして，CSR (Corporate Social Responsibility) 活動による持続可能な社会づくりへの貢献を主張している．企業活動が経済活動であることは，当然とされている．企業が商品・サービスを社会に提供して，利益を獲得することは当然の目的とされている．しかし，社会とのさまざまな関係の中で，企業活動が行われるようになってきている．このような状況で企業の存続を考えると，社会との共存を考える必要が生まれてきたことが理由と考えられる．そのために，このCSR活動を社会と従業員に提示し，自らの責任として行動すべき必要があると考えられている．具体的には以下の3つの項目が示されている[4]．

① 活動の基盤：「誠実な企業活動」をすべての活動の基盤として，各ステイクホルダーに対して果たすべき責任を明らかにしている．
② 行動の明確化：責任を実行するための必要な体制や，推進管理方法，また教育など社員自らがとるべき行動も明らかにしている．
③ 果たすべき責任の明確化（3つの行動原則）：「誠実な企業活動」の中でも重要である「地球環境の保護」「人権の尊重」「企業を取り巻く社会との関係」については，3つの行動原則（環境との調和・人間尊重・社会との調和）を設定することにより，果たすべき責任を明らかにし，行動

している．

リコーでは以上のように，社会的責任を企業活動の重要な理念とし，それに基づく目標が決められている．目標を示すことで，企業の進むべき方向を内外に示している．これに基づいて計画づくりが行われることになる．

(6) 戦略形成の機能

経営計画は，予定表を作ることだけがその機能ではなかった．当該企業の目的に基づいて各期の目標が決められる必要があった．次に必要なのが，どの事業領域で企業活動に取り組むのかを決定することである．多くの企業では，いつまでに売上をいくらにするのか，人を何人雇用するという予定づくりが行われるが，それをどのように実現するのかを考えることも必要である．それが，戦略を考えることになる．しかし，データを分析して，環境と当該企業の能力を分析して，強みと弱みを明らかにするという分析だけからでは，戦略は生まれてこない．

経営戦略の形成を，論理的な計画プロセスとして理解することは，事実とは大きく異なる．ヘンリー・ミンツバーグ (Mintzberg, H. 1987, 1994, 1998) というカナダの経営学者は，戦略が企業内のさまざまな社員のアイデアからも生まれることがある点を指摘している．つまり，戦略は特定の人間の思考だけから生まれるのではなく，さまざまな仕事の担当者の実際の行動や経験を通じて形成されることがあるとしている．100％の確率で将来を予測することは不可能で，行動した結果をフィードバックすることが必要とされる．頭で考えた戦略を行動で修正しなければ，誤った戦略をいつまでも追求することになる．そのような事態を避けるためには，絶えず，知識の創造という姿勢を担当者は持たなければならない．

どのように事業を実現するのかという，最も重要な事項は経営理念，ビジョンが基になるといえるだろう．取り巻く環境，企業の資源や能力を分析し，その理念とビジョンに基づいて，実現の仕組みを考えることになる．事

業領域の決定，実現のための仕組みを考えることは，理念や目的と密接に関係しているために，その決定順序が逆になることもある．このような戦略的な内容が，計画策定のプロセスで考えられている．

　独自の事業領域を設定し，その事業の仕組みを考えることは，経済全体が成長の初期段階であれば，比較的に困難なく行われるものと考えられる．必要とされる商品・サービスを考えることは，困難は少ないといえる．作れば売れるという状況が存在しているからである．しかし経済の成熟化段階になると，企業が独自の事業領域を設定するのは困難になってくる．成熟化し競争相手が多くなり，似たような商品・サービスが多くなると，独自の事業，そのための企業活動のあり方・仕組みを考えることは困難な課題になってくる．この問題に対応するために，計画の中に，戦略を考えるプロセスが加えられることになる．

　経営戦略は，中・長期経営計画，またはビジョンと密接に関連するものと理解されている．この長期経営計画，またはビジョンは経営戦略の目的や，方向性，達成期間を示すものである．経営戦略は，企業と環境との関係を中心に考えられるものといえる．その関係に対応するための，ヒト，モノ，カネ，情報をどのように配分，利用，獲得，もしくは企業内部に蓄積していくのかを決めるものである．その結果が一定の行動パターンになるといえる．

　経営戦略の策定が，日本の企業で特に重視されてきたのは，1980年代であると考えられている．グローバル化の進展により，国際的な競争に日本企業の多くが参加するようになり，その重要性が認められたことが理由と考えられる．

　では，この経営戦略や経営計画の策定は，企業の誰が，どこで行うのだろうか．この点では見解が分かれている．大きく分けて2つの考え方が存在している．次にこの問題を考えてみよう．

図表 5-2　経営計画の対象期間

経営計画の種類
- 長期計画（long-range plan）：5〜10年
- 中期計画（medium-range plan）：3〜5年
- 短期計画（short-range plan）：6ヵ月〜1年
- プロジェクト計画（project plan）：期間はプロジェクトごとに異なる

出所）筆者作成

5.3 経営計画の種類

　実際の経営計画には，大きく分けて図表5-2のように4種類のものがある．このなかで，中・長期の経営計画の策定は，本社レベルで行われる場合と事業部・部門レベルでも行われることがある．現在では，全社的策定と，事業部・部門レベル策定は，同時並行的に行われることが増えている．それには，時間的な理由と，現場レベルの情報・知識の重要性が高まり，全社的な事業の編成を考える場合にも，現場の情報・知識が重要になってきたことが理由と考えられる．

　中・長期の計画は基本的に経営戦略の性格を強くもつことになる．長期的に取り組むことで，事業活動のパターンを形づくることが可能だからである．

　この案を最終的に検討し決定するのは，トップ経営陣である点は従来と変らないといえる．経営計画の最終的決定は，一人のトップの決定に委ねられることになる．そのようにすることで，その決定に対しての責任と権限の関係を明確化することができるからである．一定の時間的制約の中で決定することがトップ経営陣の責任になる．

　全社的な計画を策定するプロセスで，多くの部門，事業部の人材が関係することになる．このことは，各部門の短期経営計画の形成に，重要な影響を

与えることになる．中・長期の経営計画に各部門担当者が関係することから，その内容に関する理解は比較的容易になる．これによって，各部門・事業部レベルの中・長期計画の内容も，短期経営計画の内容も全社レベルの計画に対応したものになりやすくなる．

　短期経営計画は，事業部・部門レベルで策定されるのが一般的ですが，機能別組織を採用する企業では，大規模であっても経営企画部門が中心になることがある．短期経営計画は，企業活動の実行予定表という機能の側面が大きいといえる．1年間の行動予定を，中・長期経営計画に基づいて，策定することになるからである．しかし1年間の生産計画，販売計画として策定されることになるが，市場の変化に対応してその計画が変更されることがある．生産計画の場合には，3ヵ月先の計画の変更が一般的に可能とされている．変更しなければ多くの売れ残りが生まれ，損失に結びつくことになるので，計画の変更は四半期ごとにその調整を行うのが一般的になっているといえる．

　4番目のプロジェクト計画は，個別のプロジェクトの新製品開発，組織変更，経営改革といった個別課題ごとに設けられる計画である．多くの場合，全社レベル，事業部レベルで設置される組織横断的なプロジェクト・チームによって，策定と実施がされることになる．また，対象とする課題ごとに期間が異なることになる．プロジェクト・チームは，全社レベルではトップ経営陣の一人がその責任者になることが多い．また，その他の経営計画との調整も行われることがある．事業部・部門レベルでも，事業部・部門長がその責任者になる．

　経営計画の費用的な側面を示すものが，予算（budget）といわれるものである．企業活動を実現するためには，費用が伴う．費用支出を無制限に行うことはできない．一定の費用の制約の中でのみ，経営計画を作成することができる．このことは中・長期の経営計画についてもいえる．[5)]

　中・長期の経営計画は，企業活動の長期的な取り組みを計画するものであ

り，多くの場合，資金的に大規模な支出を必要とする設備投資や，大規模な事業編成の変更，それに伴う業務の変更がその内容になっている．中・長期の経営計画にも費用的な制限を設けることは，当然，必要になる．経営計画の作成に際して，この点は重要な視点として認識されなければならない．企業活動の計画づくりは，一定の予算的制約の中でのみ行われるものであり，その点を企業の構成メンバー全員に，どこまで徹底できるかという問題が，大きな課題になる．この点はまた後で触れることにする．

　中・長期経営計画は，本社の企画部門が中心となり事業部・機能部門との対話の中から，その具体的な骨格が形成されている．他方，短期経営計画の策定は，各事業部，機能部門が中心となって行われ，その案について本社が全社レベルの計画と調整を行うことになる．これらの3つの経営計画は，それぞれ対象とする期間の間に，環境の変化が大きい場合に変更を行うことがある．その方法としては，一般にローリング法が採用されている．この方法は，基本的な内容はそのまま変更せずに，数値上の目標を変更する方法である．このような方法は，必要だが，あまり大きく変更してしまうと当初の計画の意義が失われてしまう．そのために，バランスを考えた数字上の変更だけに留めることが重要といえる．

5.4 経営計画の策定プロセス

　企業の経営計画の策定プロセスは，大きく2つに分けて説明することができる．それは，企業の本社に属している，経営企画部門を中心に計画を策定するトップダウンのプロセスと，現場部門を中心として策定するボトムアップのプロセスである．これら2つのプロセスは，座標軸の両端に位置しているものとして理解できる．実際，多く企業のプロセスは，この両端の間のどこかに位置するものといえる．

(1) トップダウンの策定プロセス

策定の1つのプロセスは，企業の本社にある経営企画・経営管理部が中心になって策定されるプロセスである．いわば，トップダウンの策定プロセスといえる．

企業本社のコーポレート・スタッフ部門で，主な計画の原案が策定されるが，最初の段階ではトップ経営陣の考えが示される必要がある．それに基づいて，独自にデータを集め，現場の担当部門に意見を聞き，修正して最高意思決定機関に上程して，決定されるというプロセスである．現場の担当部門に意見を聞く段階で，企業によっては，単に意見を聞くだけではないプロセスがある．つまり，戦略を考える場が作られ，時間をかけて議論がなされることがある．この議論の中で，目標設定，戦略の創造が行われることになる．それに付随して，その他の計画の機能も生まれることになる．

このプロセスは比較的，企業の置かれている環境の変化が少ない場合に採用されるといえる．環境の変化がそれ程多くなければ，過去の計画に若干の修正を施して，対応することができるからである．過去の延長上で，効率的に企業活動を計画するには，本社の経営企画部門で集中的に策定をすることが最善であるといえる．

しかし，多くの企業では，このような経営計画の策定プロセスだけでは十分でなくなってきている．このプロセスだけで十分な企業は，日本企業の中でも少なくなってきているといえる．それは，企業を取り巻く環境が大きく変化しており，その変化の程度も大きくなっていることが理由と考えられる．

(2) ボトムアップのプロセス

変化の激しい産業に所属する企業の多くでは，環境の変化が激しいために，企業本社の部門でその変化を認識することが困難になっている．また，企業活動の仕組みを考える上で，さまざまなアイデアを必要とするようにな

っている．そのような状況に対応するためには，トップダウンの計画策定プロセスでは不十分になる．その場合には，いわばボトムアップのプロセスが採用されるようになる．

　基本的な計画の方針は，トップ経営陣によって決定され，提示されるが，次にそれに基づいて現場の各事業部門・機能部門で計画が策定される．この点が，トップダウンのプロセスとは異なる点である．次にその策定された案が，本社経営企画部門に提出される．そして，その各案について部門間の調整が行われて，最終的な計画案が策定されることになる．その最終案がトップに上程されて，決定されることになる．このプロセスは，トップダウンプロセスとは策定の中心が大きく異なっている．このことが意味するのは，環境の変化する状況では，現場の近くにいる人間が策定することが効率的であるということである．

　環境の変化が速く深いと，それに対応するためには，過去の計画を延長するだけでは対応できなくなる．過去の企業活動と大きく異なる活動が必要になると，本社の経営企画部門で従来と異なる情報を集め，異なるアイデアを考えなければならなくなる．しかしこのようなことは，日常市場や生産の現場からはなれた本社経営企画部門では困難であるといえる．もちろん，現場を見ていないことで，斬新な考えをもつ可能性はある．しかし生産や販売といった現場部門が，環境の変化を直に感じ，認識する上では優位な立場にいるといえる．そのため，戦略・経営計画の策定は現場部門に移行するようになっている．それに伴って，経営計画の策定をする権限は，計画の対象となる部門，事業部へと大幅に委譲されることになる．

　経営計画策定方針は，トップによって示されるが，実際の計画は，現場の部門が中心になって策定されることになる．その計画案は，経営企画部門に集められ，企業全体としての統一の取れた案に調整されることになる．その調整は公式上，トップと現場部門との契約関係の中で行われることになる．しかしこの関係では，それぞれの現場が中心となって計画が策定されるため

に，各現場の利害が優先されることがたびたび生まれることになる．その結果，企業全体としての業績が悪化する事態が生まれることになりやすい．いわば部分最適が優先され，全体最適が後回しになるという事態が生まれやすい．

　この関係では，トップ経営陣と各部門経営陣との間に，委任関係が生まれることになる．仕事を任せて，その結果について責任を問う関係と言い換えてもいいだろう．経営計画の策定については，全面的に現場経営陣に委譲される．策定上の詳細について，本社トップや経営企画部門は関与することはなくなる．正当な理由もなしに，計画の内容に介入することはできなくなるといえる．意見として指摘することはできるが，その指摘に従うかどうかは，その現場部門の経営陣の決定に委ねられることになる．しかし，企業全体として一貫性をもち，無駄のない計画を実現するために実際は，現場事業部のスタッフ部門と本社の経営企画部門との間で，非公式な調整が頻繁に行われ，全社的に一貫性のある計画案が形成されることになる．公式上の会議の場だけではなく，非公式な場が積極的にもたれなければ，優れた経営計画を策定することはできないことがその理由である．つまり優れた計画は，現場と本社との間で，どれだけ検討の場がもたれたかに大きく依存しているといえる．本社によって現場とは異なる視点から検討されることで，現場の計画案が精緻化され，優れた計画案が生まれることになる．また一貫性のとれた計画案が実現されることになります．ボトムアップの計画策定のプロセスは，以上のものだけではない．企業活動の変革を成功裏に実現するために，全社的なプロジェクトチームを形成して，策定することも行われるようになっている．

(3) 全社的なクロスファンクショナル・チームによる計画策定

　この方法による，画期的な中期計画の策定に成功した代表的企業には，日産自動車，松下電器があげられる．このような事業部門横断的な会議の設置

は，全社的な課題をさまざまな視点から検討し，創造的な解決策を生み出すことを可能にしている．この経営計画の策定プロセスによって，従前とは異なる全社的な戦略への転換が行われている．日産は，「リバイバルプラン」をこの策定プロセスで策定し，松下電器は，「創生21」という新たな戦略をこのプロセスで策定している．企業活動全体の革新を進める上で，従来とは異なる，新たな考えを生み出すためには，計画の策定プロセスを大きく変更することが有効であることが分かってきている．またこのようなプロセスは，企業の各部門からの参加者によって策定されることから，各部門の考えが強く反映されるため，実施段階での大きな動機づけになっている．策定された中期の経営計画を実施する段階でも，計画目標達成の可能性は高くなっている．

注）
1) 日本語では多くの場合，「勤労意欲」や「士気」と訳されている．
2) 計画づくりや戦略策定についてさまざまな視点から理解することの重要性を指摘しているのが，ミンツバーグ（Minzberg, H., 1987, 1994, 1998）である．計画づくりや戦略策定を総合的に捉えることで，優れた計画や戦略を生み出すことができるといえる．
3) ウエルチは，この他に計画策定を含む意思決定のプロセスを短縮して環境の変化に素早く対応するために，組織階層を削減しています．これによって組織の上下間のコミュニケーションを活発に行い，優れた計画づくりを可能にしている．
4) 株式会社リコー『社会的責任経営報告書2005年版』より．
5) 予算を決めることは必要だが，予算を重視しすぎることの弊害がある点に注意する必要がある．この点でホープとフレーザー（Hope, J. and R. Fraser, 2003）の指摘は重要である．

◆参考文献
Bower, M., *The Will to Manage*, McGraw-Hill, 1966.（平野正雄監訳『マッキンゼー・経営の本質』ダイヤモンド社，2004年）
Collis, J. C. and J. I. Porras, *Build to Last-Successful Habits of Visionary Companies*, Curtis Brown, 1994.（山岡洋一訳『ビジョナリーカンパニー』日

経BP社，1995年）
Hope, J. and R. Fraser, *Beyond Budget*, Harvard Business Press, 2003.（清水孝監訳『脱予算経営』生産性出版，2005年）
伊丹敬之『マネジメント・コントロールの理論』岩波書店，1986年
伊丹敬之『経営戦略の論理第3版』日本経済新聞社，2003年
宮川公男編著『経営計画』ダイヤモンド社，1979年
Mills, D.Q., *Principles of Management*, 2005.（アークコミュニケーションズ監訳『マネジメント入門』ファーストプレス，2006年）
Mintzberg, H., Crafting Strategy, *Harvard Business Review*, July-August, 1987.（邦訳「戦略クラフティング」『ダイヤモンド・ハーバード・ビジネス・レビュー』2003年1月号）
Mintzberg, H., The Rise and Fall of Strategic Planning, *Harvard Business Review*, Jan-Feb., 1994.（邦訳「戦略プランニングと戦略思考は異なる」『ダイヤモンド・ハーバード・ビジネス・レビュー』2003年1月号）
Mintzberg, H., Ahlstrand, B. and J. Lampel, *Strategy Safari : A Guide Tour Through The Wilds Of Strategic Management*, The Free Press, 1998.（齋藤嘉則監訳『戦略サファリ：戦略マネジメント・ガイドブック』東洋経済新報社，1999年）
Welch, J., *Winning*, Harper Collins, 2005.（斎藤聖美訳『ウィニング　勝利の経営』日本経済新聞社，2005年）

第6章

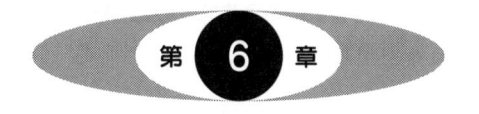

組織デザインと調整，統合

6.1 現代企業と組織デザイン

　長期的発展に成功した企業の特色をみると，組織としての変容を遂げてきたことが成長のための重要な用件であることがわかる．たとえば，アメリカ企業のゼネラル・エレクトリック（GE）は，時代の急激な変化に応じて組織を大きく改革してきた．当初の中央集権的な管理から，第2次世界大戦後には分権的な事業部制組織に編成替えを行った．さらに，1970年代には，戦略的な事業組織の導入とプロダクト・ポートフォリオ管理による体制を確立したのである[1]．一般に，企業は大規模化するにつれて経営管理活動が複雑化し，日常的業務の効率的な管理を担う組織の最適な設計を志向するようになる．

　本章では，まずこのような組織デザインについての基本的な考え方を説明し，次にいくつかの代表的な組織形態について現代企業の具体的事例をあげながら述べていくことにしたい．また，現代企業の組織デザインを考えるにあたって，次の2点を重要視して検討を行うことにする．1つは，既存事業の活動を効率的に行いながら，同時に将来市場の獲得をねらうための動態的な組織のあり方を検討することである．現代企業は新規のイノベーションを引き起こす組織のあり方を絶えず模索しているからである．

　また，もう1つは，企業間関係を視野に入れた形での組織デザインを検討することである．現代企業の活動は単体の企業組織で完結しているわけでなく，企業グループとして，あるいは外部企業との連携のもとに企業活動の設

計が行われている．したがって，これらの見方を併せ持つことで，現代企業の組織デザインを考察していく．

6.2 組織デザインの考え方

(1) 組織デザインと組織原則

　会社全体の業務の分担をどのように行うのか．また，分割した業務をどのように調整していくのか．すなわち，分業されたものが全体としてまとまるように調整し，その結果として，企業の最終的なアウトプットへの統合が実現される必要がある．このように仕事の分担を行い，分業と協業の体制を実現し，担当者を決めるプロセスを組織化とよぶ．ここでは，それらの構造を設計する作業を組織デザインとよび，その基本的考え方を説明することにしたい．そして，次節ではそれに準拠しながら，代表的な組織形態について詳しく述べることにする．

　このように，組織デザインの基本原理は，分業と調整の手段の基本を理解することにあるが，仕事の「分け方」と「まとめ方」は，企業を取り巻く環境と企業活動の広がりにより異なる．したがって，いかなる組織を設計するかは，企業活動の展開にあたって根幹に位置するものであるといえる．そして，この場合，組織デザインの基礎となるのが，組織の設計原理としての組織原則である．以下，伝統的組織原則として，専門化の原則，統制範囲の原則，命令一元化の原則について述べよう．

　第1に，専門化の原則とは，仕事を細分化し，単純化することで習熟効果を上げ，専門能力を高度化させることである．組織デザインの上では，部門の専門化が重要であり，職能別，地域別，顧客別，製品別などさまざまな切り口が考えられる．したがって，当該企業にとっての最良の分け方を行う必要があるが，それには特定の環境状況に適合する部門化が選択されなければならない．

　第2に，統制範囲の原則とは，1人の管理者が有効に管理できる部下の数

は限られるというもので，組織デザインの作業はその範囲を考慮したうえで行われる必要があるとするものである．しかし一方で，組織の階層数は伝達機能性を考慮すると少ないほうがよいため，フラットな組織をつくることが望ましいとされている．したがって，統制人数の限定という問題は組織の階層数を考慮しながら，両者の組み合わせの適切なポイントを見究める必要が出てくる．

　第3に，命令一元化の原則とは，命令や指示を1人の上司から受けるべきとするものである．組織の秩序を重視することに重きが置かれる考え方であり，トップからロワーに至る命令系統によってつながる組織をライン組織という．そこでは，命令系統は単純であり，権限や責任が明確となる．だが一方で，上司は部下の活動のすべてに万能な役割を演じなければならず，管理者としての専門化の役割は後退する．すなわち，部下の主体的な創意による組織行動が現代の企業環境下には求められる部分が多くなっているともいえる．

　このような伝統的な組織原則は，組織デザインを行う上で重要な指針を提供するものであるが，以上見てきたように，個々の原則の内容にも考慮すべき問題があることが明らかとなった．また，専門化と命令一元化が両立しにくい部分があることを見たように，個々の組織原則をすべて適用した理想的な組織デザインは存在しないといえる．すなわち，現代の企業環境のもとで，諸原則をさまざまな状況の中でどれを選択し，それらをどのように統合していくかが組織デザインの問題となるのだといえる．

(2) 組織デザインの座標軸

　そこで，具体的な組織デザインを行うに際して，そのための座標軸というものを考えよう．ここでは次の2点，①どのような市場対応を行う組織なのか，②集権化と分権化のどちらに比重を置いた組織なのか，という見方を重視して考えてみることにする．

第1は，市場対応の軸である．自社が扱う製品等が一定の市場規模を獲得し，成長・成熟期にあるような場合，組織は基本的な組織形態を比較的長期間採用し，安定した秩序・体制のもとに日常業務を遂行する．したがって，そのような環境状況のなかで多くの企業が採用するオーソドックスな組織の形態というものがあると考えられる．また一方で，現代企業はそのような既存事業を維持しながらも，将来市場を担う緊急性の高い事業や新規のイノベーティブな事業の展開を模索する使命を負っている．そのため，それらの市場動向に対応しうる動態的な組織を活用する必要がある．このように，市場の状況に応じて求められる組織のタイプが異なるという想定のもとに組織デザインが行われると考えよう．

　第2は，組織構造の次元として，集権化と分権化の軸である．組織デザインを行う際に考えるべき点として，組織のなかで行われる意思決定の権限が，組織階層の上部に集中しているか，あるいは下部に分散・委譲されているかにより組織デザインの考え方は大きく異なる．一般に，集権的組織の場合，強いリーダーシップのもとに全社的な意思決定を行いやすく，企業活動に関わる調整が容易に行えるという利点をもつ．また，経営危機からの回復のためにはトップの強いリーダーシップが必要であり，集権化した組織が望ましいとされる．一方で，企業規模の拡大や製品ラインの増加に伴い，現代の大規模企業は権限の分散・委譲の必要に迫られるようになった．このように，当該企業の規模や製品多様化などの状況に応じた組織のタイプが求められるものと考える．

　ここでは，そのような組織デザインについての2つの軸を視野に入れて，現代企業の代表的な組織形態を位置づけてみた（図表6-1参照）．このような見方は，組織デザインを行う上での1つの把握にすぎないが，軸足のどこかに比重をおいた形で，現実の企業の組織デザインがなされるものということができよう．以下では，まず職能別組織や事業部制組織といった「基本的組織」の特徴を説明する．そして，次にプロジェクト・チームや社内ベンチ

図表6-1　組織デザインの座標軸

市場対応＼意思決定の次元	集権化　←──────────────→　分権化	
基本的組織（既存事業・関連事業）	職能別組織	事業部制組織（カンパニー制） 分社化
動態的組織（緊急事業・新規事業）		プロジェクト型組織 社内ベンチャー（社外ベンチャー）

ャーのような「動態的組織」を取り上げて検討することにする．実際の組織デザインにあたっては，そのような組織形態をもとにして，自社に適合するような形にアレンジを行うことになる．

6.3　組織形態とその具体的活用

(1)　職能別組織

部門化の基本的様式の1つとして職能別組織をあげよう．一般に生産過程におけるさまざまな機能（function）を日本語では職能とよんでいる．職能は人事部や経理部など多くの産業に共通して存在するものと，業種によって異なる部門がある．たとえば，製造業においては研究開発，購買，製造，販売などの職能があり，小売業においては仕入，販売などの職能がある．そのような部門別の組織形態を職能別組織とよんでいる（図表6-2参照）．販売部門においては，1人の販売部長の統括のもとに，いくつかの課が市場別ないしは製品別に分けて設けられ，基本的にライン組織によって指揮系統を維持する．また，経営者層の意思決定を支援したり，各部門の日常的業務を支えるスタッフを置き，各階層の業務をサポートする形でライン・アンド・スタッフ組織を形成する場合が多い．

この組織の利点は，仕事の専門化により，従業員の専門的知識を形成しやすいことである．一方，欠点は，職能間の調整がうまく機能せねばならず，その場合，部門間の調整は最終的に経営者層に委ねざるを得ない．したがって，集権的経営になりやすい分，日常的な業務面での経営者層の負担が大き

図表 6-2　職能別組織（製造業）

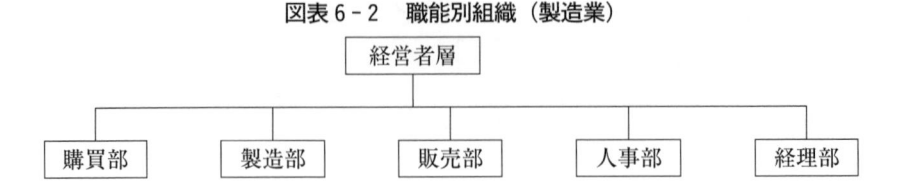

```
                    経営者層
    ┌────────┬────────┼────────┬────────┐
  購買部    製造部    販売部    人事部    経理部
```

くなる．たとえば，トップの意思決定を仰ぎながら対応を行うため，市場への反応が遅くなる場合が出てくる．また，部門業績の評価が困難となりがちで，部門間のコンフリクトを招きがちである．

　このように，専門化のメリットと，職能間の調整をどうバランスさせるかがこの組織の課題である．

　職能別組織の活用事例としては，素材産業，ビール会社など単一製品の操業を行う企業に多くみられる．たとえば，キリンビールでは（図表6-3参照），数多くのスタッフ部門を配置しつつ，次のような主力事業で職能別組織を活用している．同社はコア事業として国内酒類事業，国際酒類事業，清涼飲料事業の3事業を位置づけるが，そのうち主力の国内酒類事業において，営業本部，生産本部，物流本部という3つの主要な「職能別部門」を展開する．また，国内の市場成熟化への対応のために，海外企業の買収などを手がける国際酒類事業については，後述するような「カンパニー制」の形式をとって対処する．経営多角化を重視する同社での将来事業とみなされる，医薬，アグリバイオ，機能食品の各事業などもカンパニー制の組織形態をとって展開している．一方，清涼飲料事業については，キリン・ビバレッジ社にて「分社化」した事業として展開を行っている．

　このように，実際の大規模企業における事例からも理解できるように，組織デザインは，単一の組織形態にこだわらず，事業の性質・構成に合わせて多様な組織形態を展開していることである．キリンビールの特徴としては，主要な単一製品事業においては，伝統的な職能別組織を活用する一方で，将来を担う多様な性質をもつ諸事業については，さまざまな要素を加味した組

第6章 組織デザインと調整，統合　111

図表6-3　キリンビールの組織図

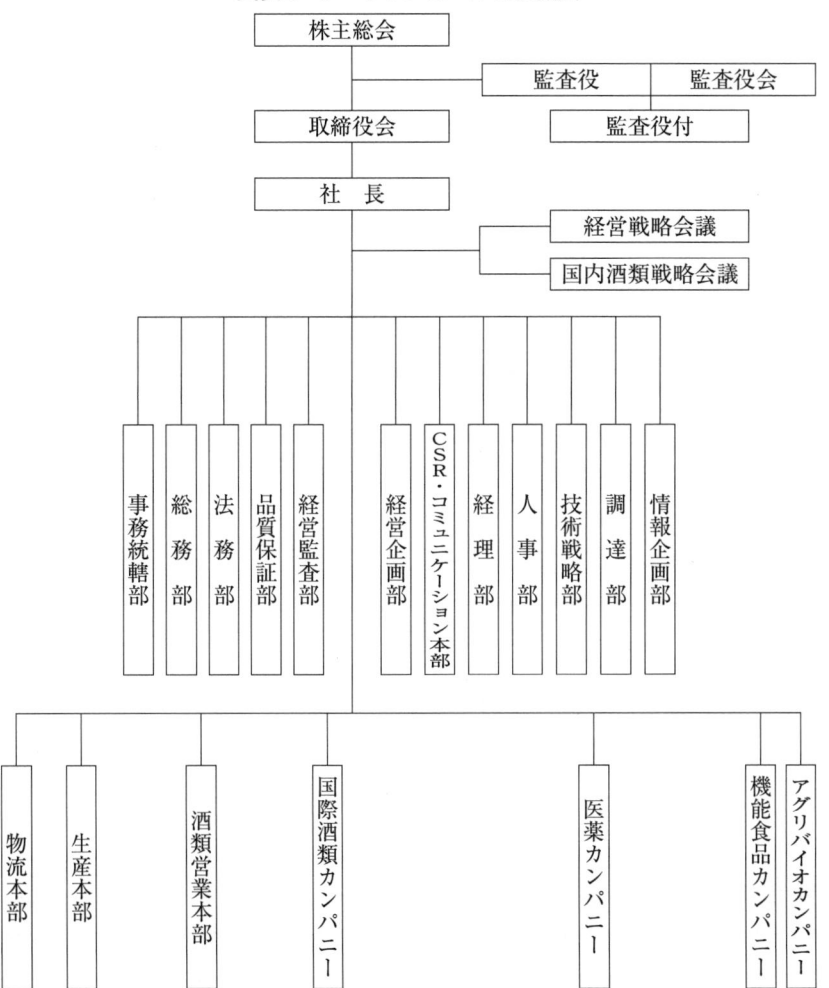

```
                        株主総会
                           │
              ┌────────────┼──────────┬──────────┐
              │                       監査役 │ 監査役会
           取締役会                    │
              │                       監査役付
              │
           社　長
              │
              ├──────────┬─ 経営戦略会議
              │          └─ 国内酒類戦略会議
              │
  ┌───┬───┬───┬───┼───┬───┬───┬───┬───┬───┐
  事  総  法  品  経  C  経  人  技  調  情
  務  務  務  質  営  S  理  事  術  達  報
  統  部  部  保  監  R  部  部  戦  部  企
  轄      部  証  査  ・      略      画
  部          部  部  コ      部      部
                  ミ
                  ュ
                  ニ
                  ケ
                  ー
                  シ
                  ョ
                  ン
                  本
                  部
  
  経営企画部

  ┌───┬───┬───┬───┬───┬───┬───┐
  物  生  酒  国  医  機  ア
  流  産  類  際  薬  能  グ
  本  本  営  酒  カ  食  リ
  部  部  業  類  ン  品  バ
          本  カ  パ  カ  イ
          部  ン  ニ  ン  オ
              パ  ー  パ  カ
              ニ      ニ  ン
              ー      ー  パ
                          ニ
                          ー
```

出所）同社 HP から一部を抜粋し，簡略化（2005年9月21日時点）

織デザインが採用されている．

(2) 事業部制組織

　企業規模が拡大し，取り扱う製品・サービスが増えたり，事業が多角化してくると，職能別組織では対応しにくい面が生じて，それらの事態を補完する形で事業部制組織が採用されるようになった．歴史的には，20世紀初頭から大規模企業が発達した結果，GM，デュポンなどのアメリカの大企業において経営管理上の工夫から事業部制組織が生まれた．事業部制組織のもとでは，一般に個々の事業部は製品別，地域別，顧客別に部門化した組織単位を形成し，利益責任をもつ経営単位（profit center）として活動する．したがって，事業部の長には製品等にかかわる意思決定が委譲され，その範囲において高い自主性を発揮することができる．

　この組織の利点は，各事業部は利益責任を負っているため，事業部間の競争原理が働いて，業績評価がしやすくなることである．そのために必要な権限は事業部に委譲されて，分権的経営のメリットが生かされることになる．その結果，多製品展開の企業においても市場への反応が素早いものとなる．また，日常的業務は事業部レベルで対応が行われるので，本社機構は事業部の業績評価に専念することができ，長期的な視点に立った戦略的意思決定が可能になるのである．さらに，事業部長としてのゼネラルなマネジメントの経験は，経営者の育成に適する性質をもつことである．

　一方，欠点は，事業部同士の競争の中で，類似の事業に取り組むような重複投資問題が発生することがあることである．また，事業部間の方針をめぐる対立から，縦割り組織の弊害があらわれることもある．

　事業部制組織の活用事例としては，電機，自動車，食品など多くの製品・事業を抱える企業に適している．たとえば，松下電器産業は事業部制組織を古くから活用してきたことで有名であるが，2000年には従来の事業部制組織を大きく改革した．松下通信工業などグループのなかで独立的経営を行う子

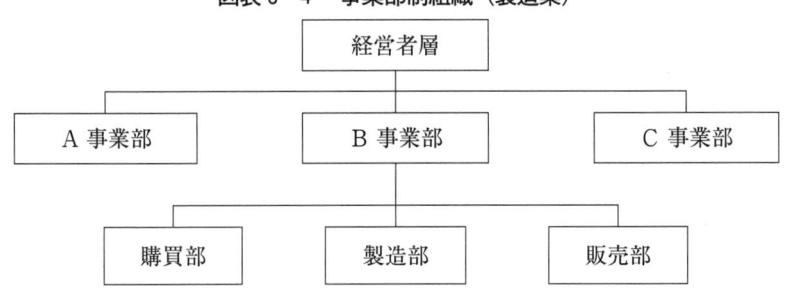

図表6-4　事業部制組織（製造業）

```
                    経営者層
        ┌──────────┼──────────┐
     A事業部     B事業部     C事業部
                    │
        ┌──────────┼──────────┐
      購買部      製造部      販売部
```

会社を数多く抱えていたが，それら企業とのグループレベルでの調和的な統合を行った．

また，これまでアイロンや掃除機といった製品は，単品で事業部をつくれるほどの市場規模があったが，市場成熟化のなかで事業部としての再編が必要となっていた．再編前はグループ内の重複投資も目立ち，同社の組織改革の内容はいわば事業の「くくり直し」にあった．そのような組織デザインの改革への着手が，近年の同社の復活の主因ともいわれている[2]．

一方，事業部制組織の機能をより追求した組織として，近年，カンパニー制を取り入れる動きが見られた．カンパニー制とは，社内の事業部を独立会社に見立て，分権化を進める経営手法である．各カンパニーはそれぞれが疑似的に社長，資本金，貸借対照表等をもち，ROE（株主資本利益率）などで管理される．日本企業では，事業部よりも比較的大きい事業のまとまりをカンパニーとしていることも多く，この場合，事業部制組織の派生形態として捉えることもできる．カンパニー制の主要な特徴は，事業部制組織と後述する分社化との中間形態であるといえる．

ソニーでは，いち早く1994年に同制度を取り入れ，各カンパニーの長としてのプレシデントを配して利益責任経営を強化した．具体的には，各カンパニーに社内資本金制度を導入し，一定範囲内での投資や人事に関する権限と責任が与えられた．その後，いくつかの見直しがなされもしたが，2005年9月には同社のカンパニー制は廃止されることになった[3]．具体的にはエレクト

ロニクス部門における6つのカンパニーを廃止して事業本部制に移行し，同本部の権限を社長（兼エレクトロニクスCEO）に集中させた．その間の経緯として，各カンパニーの権限が強くなりすぎて，全社的なコンセンサスが得にくい面が出てきたこと，また各事業の独立性を高めた結果，既存の事業領域の枠を超えた製品を生みにくい傾向が強まってきたことがあげられている[4]．

そのほか，事業部制組織を補完あるいは代替する組織形態としては，マトリクス組織とSBUがある．マトリクス組織は，事業部の枠を超えて，たとえば会社全体の生産や販売の方式を見直す場合に，その連携効果を引き出すのに事業部間の横断的組織を設けて，機能軸と事業軸の両方のバランスをとろうとするものである．すなわち，職能別組織と事業部制組織をハイブリットな形で結合した組織形態である．したがって，構成メンバーからみると，2名以上の上司をもつ構造となるため指揮系統が複雑化するが，創造的な組織文化の土壌とうまく結合することでマトリクス組織の機能が高められるともいわれる．環境変化への機敏な対応を必要とするなかでは，この組織の具体的活用のあり方が模索されている[5]．

また，SBUとは戦略的事業単位のことであるが，製品・市場・技術等が類似した事業を1つのグループにくくることで，市場・競争環境に合わせた対応を行うものである．したがって，SBUでは事業戦略についての意思決定権を本社機構から委譲されていることが多い．また，中堅企業において，しばしばカンパニー制に類似した形でSBUが用いられることがある．

ここでは，現代の主要な大企業において採用されている事業部制組織をみてきた．日本企業では，事業部制組織はかなり以前から採用されてきた組織形態であるが，近年になってカンパニー制あるいは社内分社制の採用が相次いだことを契機として，自立的な利益単位としての本来の機能が発揮されるようになった．しかしながら，ソニーや松下電器産業の例で見たように，長期間の分権的経営のなかで弊害面も露呈し，それを修正するのに新たな組織

デザインの導入が図られたように，現代企業は不断の組織改革を必要としているといえる．

(3) 動態的組織

以上のような組織形態は，通常の業務を遂行するのに適する組織形態であり，企業規模と業務の変容に応じて，集権的な職能別組織から分権的な事業部制組織へと発展してきた．しかしながら，現代のような急激な環境変化に対しては，しばしば弾力的・柔構造の組織形態によって事態を解決していくような動きを行う必要もあろう．ここでは，そのような組織形態として，プロジェクト型組織と社内ベンチャー制度を取り上げて眺めることにしよう．

プロジェクト型組織とは，突発的に発生した問題や新規性の高い問題に対して，部門横断的に適切な人材を集めて期間限定的に対処する組織であり，その際にプロジェクト・チームが結成される．通常，プロジェクト・チームの運営特色は，その課題や目的については明確に規定されるが，達成方法については大幅な自由裁量が付与されることが多いことである．

トヨタ自動車のハイブリット車プリウスの開発の際は，21世紀の自動車のあり方をめぐり，燃料効率を従来車の2倍とする目的のもとに，1993年秋にプロジェクト・チームが発足し，97年には量産化に成功して世界初の販売にこぎつけた．部門横断的なチームメンバーは，社内ネットで上司との通常の議論や根回しといったプロセスを省略し，一週間前後かかった情報の共有も数時間で徹底したといわれる．巨大組織が失いがちな機動性を回復する1つの手段としてこのプロジェクト・チームの活用が位置づけられたのである．[6]

また，社内ベンチャー制度とは，既存の市場と異なる市場進出を，社員の発案のもとに，企業内での起業を支援するものである．個人の創意工夫を刺激し，新規分野を開拓しようとする組織内の自立的事業単位である．日本企業においては，同質的人材を活用する難しさがしばしば指摘され，社内ベンチャーの成功例は必ずしも多いとはいえないが，さまざまな工夫が施されて

きているのが現状である．

　たとえば，富士通では，1994年に社内ベンチャーを主眼とする「ベンチャー支援制度」を導入し，2000年にはその実績を踏まえて，「スピンアウト・プログラム」を設けた．同社の社内ベンチャー制度は，社員のアイデアをもとに，富士通による出資と融資を得て，設立3年目の黒字を目指すとするものである．そして，それが未達成ならば，共同事業を解消する手続きを踏む．一方，スピンアウト・プログラムは，主に社内の既存事業・技術の事業化を目指すもので，ベンチャーキャピタルなどの外部からの出資を得ることを前提とする．親元との友好関係を保つ「のれん分け」のような形で社員の起業を促す仕組みに発展させている．[7]

　このように，現代企業は新規市場獲得のための組織デザインの工夫として，さまざまな動態的組織の活用を行い，革新的な事業創造を生み出そうとしている．その際に重要なのは，組織形態の設計だけでなく，組織メンバーのエネルギーが動員されていくようなインセンティブ・システムの設計もまた重要な位置を占めることになる．

6.4 企業間関係と組織デザイン

　これまで論じてきたのは，個別企業で完結する組織デザインについての基本的な考え方とその方法であったが，今日の企業の実態を考慮すると，企業グループや下請協力企業などの企業間関係を視野に入れた形での組織デザイン（組織間デザイン，もしくは企業間デザインともいえるかもしれない）を眺めることも重要である．すなわち，企業活動のすべてを当該企業が担当するのでなく，企業グループとして業務を分担し，協業するような形である．現代の日本企業の事業展開を考えたとき，このような見方は必要視されねばならない．その意味では，組織デザインは1つの企業の範囲を大きく超えるようなものになっているのだといえる．ここでは，外部企業との連携を行う組織デザインの形式と，企業の内部成長としての分社化について眺めることにし

よう．

　まず，他企業との企業間関係を利用した組織デザインとして，下請システムとアウトソーシングを取り上げる．[8]

　下請システムは，生産面における分業的な組織形態として自動車産業や電機産業などいくつかの日本の主要な産業において見られるものである．一貫生産体制に比べて，企業間の分業体制は部品供給面での在庫管理や専門技術への特化という点で効率性を発揮してきたといってよい．分業構造のなかで，下請企業は専門化された技術が向上し，部品面での開発機能などを担う存在ともなっている．

　また，アウトソーシングは周辺的な自社業務を他の専門企業に委託することであるが，それによって自社の中核的業務により専念することができるようになる．たとえば，自社に物流部門を保有するメリットが少なければ，専門的な物流企業に当該企業の物流業務を全面的に委託運営させることは意義をもつ．

　一方，自社事業展開のための内部成長としての分社化も，1つの企業という枠を超えた組織デザインである．たとえば，日本企業の多角化行動の際には，子会社設立による展開が多く見られ，今日，大企業は多くの子会社を抱える企業グループとなっているのが一般的である．このような子会社展開は，関連事業の展開という使命とともにもう1つの意義を伴うことが少なくなかった．それは雇用システムの側面での対応であり，長期雇用慣行を維持するために，中高年社員の出向が子会社への転籍という形で多く行われた．長期勤続に伴う人件費の高騰を抑える目的で子会社が利用されたケースもあるといわれる．

　また，新規事業の育成の際に，社外ベンチャーとして分社化した形でスタートする場合もある．社内で異なる目的の自立的事業単位を運営するのが難しい場合，社外ベンチャーとして本体と切り離す形式も有用である．この点は，先の社内ベンチャーの例で見たように，社員のスピンオフという形での

独立支援も分社化の一形態として捉えることも可能である．そういう意味では，社内と社外という区別は，組織形態の上では代替的な戦略上のオプションである．その場合，社員に対するモチベーションとインセンティブの管理が重要な課題となるといえよう．

　このように，本章では，組織デザインを行う上で，いくつかの代表的な組織形態の特徴を述べてきた．また，今日の環境変化に対応する上でのさまざまな組織デザイン上の工夫・対処についても眺めてきた．実際の企業における組織デザインは，それらの基本的原理・原則をもとにして加工・修正され，自社の組織文化との適合も考慮されながら展開されるものといえよう．

注)
1) GEの組織の変遷についての検討として，たとえば次を参照されたい．佐久間信夫・坪井順一編『現代の経営組織論』学文社，2005年，49-52ページ
2) 『日本経済新聞』2004年12月14日付朝刊，2005年8月5日付の記事などを参照．
3) ソニーにおけるカンパニー制の導入に伴う組織図および組織改革の詳細については，次を参照されたい．森本三男『現代経営組織論（第2版）』学文社，2003年，82-86ページ
4) 『日本経済新聞』2005年9月30日付朝刊
5) マトリクス組織については，次の文献が詳しい．沼上幹『組織デザイン』日本経済新聞社，2004年，257-280ページ
6) 『日経産業新聞』1998年1月1日付
7) 『日経産業新聞』2004年1月26日付
8) そのほか，製造面での外部企業の協力・活用の方法として，OEM生産（Original Equipment Manufacturing：相手先ブランドによる生産）やEMS（Electronics Manufacturing Service：電子機器製造サービス）などの形態もあげられよう．

◆参考文献
佐久間信夫・坪井順一編『現代の経営組織論』学文社，2005年
沼上幹『組織デザイン』日本経済新聞社，2004年
森本三男『現代経営組織論（第2版）』学文社，2003年

第7章

組織の対外的展開

7.1 はじめに

　経営環境の変化が激しくなると，企業は自社が持つ経営資源だけで競争していくことが難しくなる．企業は，他企業と関係を構築することを通じて，企業外にある経営資源までもうまく活用しながら，自社の競争優位の確立と維持を目指している．本章では，そうした「複数の企業との関係をいかに構築し，それをいかに競争優位につなげるのか」という企業間関係の管理のあり方を論じる．一企業内における経営管理のあり方を超えたテーマをみていく．

　企業間関係の管理のあり方についての分析は，組織間関係論に関する研究のなかにみることができる．そもそも，「組織」とは実態として機能しているネットワークやシステムの概念，他方，「企業」とは境界を意味する制度の概念であり両者は異なるものであるが，「組織間関係論」は，「組織」のネットワークが「企業」の境界を超えて活動範囲を広げた結果，複数の「企業」があたかも1つの「組織」として機能する実態を論じている．そのため，組織間関係論は企業間関係のあり方を分析するために，利用可能な理論ということができる．

　組織間関係論は，1950年代後半に成立したといわれている．そのなかにはさまざまなフレームワークがあり複数のものが併存している．なかでも支配的といわれているのが，「資源依存パースペクティブ」である[1]．

　「資源依存パースペクティブ」は，経営資源の依存関係とその企業間のパ

ワー関係に，表裏一体の関係があることを論じている．組織は存続し成長するために，自社の経営資源だけでは不十分であると判断した場合，外部の組織から何らかの経営資源を獲得する．この経営資源の他組織への依存こそが組織間関係を形成し，維持する要因であると論じている．そして，依存する経営資源がその組織にとって重要であり，またその経営資源がそれ以外の組織から獲得することが困難であるほど，その組織の他組織への依存が高まることになるとする．

組織間関係論は，経営学のなかでも比較的関心がもたれない領域であるといわれてきた．しかしながら，1980年代に入り，実務家のみならず，研究者の関心も急速に高まってきた．その理由は，「どの企業とどのような関係をもつのか」「企業間関係をどうデザインするのか」といった組織間関係の管理のあり方の巧拙が，企業の競争力に大きく影響していることが認識されるようになったためである．

そこで評価されるようになったのが，企業と企業とが長期継続的な関係を構築している「系列」，つまり「協調的な企業間関係」の重要性であった．

7.2 系列

「系列」に代表される「協調的な企業間関係」が注目されるようになったきっかけは，日本企業の国際競争力の高まりであった．「系列」の存在が，日本企業の競争優位に大きく貢献しているということへの理解であった．詳細は以下でみるが，「系列」は「企業」と「市場」との中間に位置する形態であるが，その両者の長所をもち，日本企業の競争力の確保・維持という点において，重要な役割を果たしていることが明らかになった．

特に注目されたのが，日本の自動車産業における「系列」であった．日本製自動車は，1970年代における2回の石油危機後のアメリカで，急速に人気が高まった．人気の理由は，小型で低燃費なうえ，故障が少なく，価格競争力が高いことにあった．アメリカ市場での日本車のシェアが急上昇する一方

で，アメリカ車のシェア低下，競争力の低下が明らかになるなかで，日本製自動車の競争力を分析するための国際的な実証研究がアメリカに集まった多国籍の研究者グループによって行われた．その後も同様な問題意識をテーマにした研究が相次いだ．

1980年代の自動車産業を対象に行われたそれらの分析では，日本とアメリカとで自動車メーカーと部品メーカーとの関係が大きく異なることが明らかにされた[2]．自動車は，2万～3万点という数多くの部品により構成される製品である．たとえば，日本では，部品のなかで，自動車メーカー自身が内製しているのはごく一部であり，それ以外は基本的に外部の部品メーカーに依存している．実証研究の分析結果は，日本とアメリカにおける自動車メーカーと部品メーカーとの関係の違いが，最終的な自動車の製品の競争力に影響しているということを示したものであった．

具体的に，自動車メーカーと部品メーカーとの関係の違いは，以下のようである．第1に，取引関係が長期継続的か短期的かという点である．日本の自動車メーカーと部品メーカーとの取引関係は，長期継続的で安定している．基本的に特定のモデルを生産している間は，取引が継続される．そのうえ，モデルチェンジを機にそのモデルでは取引の中止があったとしても，違うモデルでは取引が継続するため，企業全体としてみれば長期継続的な取引が続く．この長期継続的な取引という慣行が，自動車メーカーと部品メーカーとが緊密な情報交換を促し，継続的なコスト・品質改善を可能にする両者間の共同作業を促してきた．また，部品メーカーが部品を効率的に製品開発・生産するための能力を向上する努力，長期的な投資をする意欲をも醸成してきた．

他方，アメリカの自動車メーカーと部品メーカーとの取引関係は，基本的に1年という期間に限定した短期的なものである．自動車メーカーは，毎年の競争入札を通じて，最低価格の入札価格を提示した部品メーカーをその都度選択する．アメリカでは，こうした市場原理に基づく購買方法こそが，部

品を一番安くかつフェアに購入する方法だと考えられてきたようである．こうした短期的な関係のもとでは，価格競争力をもった競合部品メーカーが登場すれば簡単に取引を打ち切られてしまうという不安感が，部品メーカーに常にある．そのため，日本でみられるような自動車メーカーと部品メーカーとが共同作業をしていくという信頼関係や，長期的な投資をしようとする部品メーカーの意欲は生まれ得なかった．

　第2に，開発における分業関係である．通常，自動車部品の製品開発における完成車メーカーと部品メーカーとの分業のあり方には，3つの方式がある．完成車メーカーが基本設計・詳細設計をともに行う貸与図方式と，基本設計を完成車メーカー，詳細設計を部品メーカーが行う承認図方式または委託図方式，部品メーカーが全面的に設計をする市販品方式である．なかでも承認図方式は，完成車メーカーが設計開発を効率的に進めるための仕組みとして注目されてきた．部品メーカーに詳細設計と生産とを一括して任せることで生産しやすい部品の設計が可能になるため，部品のコスト低減や品質向上，さらには開発期間の短縮が進むためである．この承認図方式の比率は，日本で8割と高い一方，アメリカでは1割強と低い．このことが，日本車の新車開発の効率性の高さの一因であることが明らかになった．また，日本では，承認図方式を担う部品メーカーがより早い段階から新車開発に参画することが，自動車メーカーと部品メーカーとの情報交換や，部品メーカーからの改善提案などの姿勢を促すことも明らかとなった．

　第3に，取引をしている部品メーカーの数とそのなかでの競争圧力である．日本では，部品の内製率が低く，たくさんの部品を外部から購入している．しかし，それにもかかわらず，直接取引をする一次部品メーカーの数は少数に絞られている．この一次部品メーカーは設計開発能力などの高度な能力をもつ．一次部品メーカーは，彼らの下請けにあたる二次部品メーカーから購入した部品を組み立て，それらを大きな部品単位または完成品のかたちで自動車メーカーに納入する．他方，アメリカでは，反対に内製率が高く，

外部から購入している部品は少ない．しかしそれにもかかわらず，数多くの部品メーカーと直接取引関係をもつ．部品メーカーは，ごく少数の大手部品メーカーを除いて能力が低く，日本に比べると小さな部品単位で自動車メーカーに部品を納入する．

　取引部品メーカー数が少数に絞られているものの，日本の自動車メーカーは，ランプ，シートなどの特定の部品での取引を，1つの部品メーカーに依存するということは少ない．2〜4社と少数ではあるが，必ず複数のメーカーと取引することが基本である．こうしたなかでの部品メーカー間の競争圧力は，アメリカの部品メーカー間でのそれより高い．アメリカでは，多数の部品メーカーが短期的な取引関係のもと，低い価格を提供するという次元で古典的な市場競争をしている．他方，日本では，長期継続的な取引関係のもとで，比較的少数のライバル部品メーカー同士が，製品開発力や改善能力を要求されるといった次元で激しい競争を繰り広げているためである．

　日本における自動車メーカーと部品メーカーとのこうした関係が，低価格で高品質な高い競争力をもった製品を作り出す大きな要因となっていることが明らかになった．

　こうした分析結果により，日本の「系列」を評価する機運が一部で高まり，日本方式を取り入れることで競争力を向上させようとする欧米の自動車メーカーがみられるようになった．クライスラーのように，日本方式の導入により復活を遂げた企業もみられた．

　しかし，他方で，「系列」がもつ「閉鎖性」や「なれあい」に対する根強い批判は存在し続けた．日米貿易摩擦は，この自動車産業の「系列」が中心的な論点であった．「系列」が存在するゆえに日本市場に入れない，とするアメリカからの要求を受け，日本の自動車メーカーは外国メーカー製部品の購入を迫られ，その購入を拡大させることになった．必然的に，日本の部品メーカーは系列外への販売に活路を求めたため，一部の系列取引が減少することとなった．

その後，マツダ，三菱自動車，日産などの自動車メーカーが，経営不振により外資の傘下に入った．そうした企業においては，日産のカルロス・ゴーン社長の「系列の見直し」という方針に代表されるとおり，「系列」の一部解体が進んだ．価格競争を重視する欧米方式の取引関係が，日本でも一部でみられるようになったのである．

しかし，日本で，ここにきて，「系列」を再評価し，それに回帰する動きが進み始めている．たとえば，三菱自動車は，2005年，取引の多い部品メーカーで構成する系列組織「協力会」を復活させた．資本提携したダイムラー・クライスラーの意向により，2002年に系列組織「柏会」を解散してから，3年目のことである．背景には，中国で安価な部品を調達することにより調達コストを削減したものの，結果的にはその値下げのプラス効果以上に，部品メーカーとの関係悪化によるマイナス影響の方が大きかったという判断があったという．同様に日産でも，2005年，有力部品メーカーに対する出資比率を引き上げるなど，系列強化の動きをみせている．

こうした動きの裏側には，一貫して系列重視策をとってきたトヨタの好業績があるといわれている．トヨタは，他社が系列の見直しに進むなかでも，開発初期からの部品メーカーと緊密な連携をとり続けた．それにより，コスト削減の余地が少なく品質の改善が困難とされる状況のなかでも，大幅なコスト削減，品質向上を達成してきた．そうした取り組みにより，トヨタは優良企業としての世界からの高い評価をゆるぎないものとして確立した．

トヨタを中心とした日本の自動車メーカーは，現在，欧米の自動車メーカーを圧倒する強さをみせている．そこには，「系列」がもつ「閉鎖性」や「なれあい」というマイナスの側面を排除しながら，それを有効活用し，さらなる競争力強化につなげようという考え方がある．

7.3 グループ化

「グループ化」とは，子会社，合弁会社，あるいは資本関係のない第三の

企業を含んだ形でグループを形成し，自社の外にある経営資源を有効に活用することにより，事業展開するということを指す．日本には戦前の財閥の流れにある企業グループも存在し，「グループ化」は日本特有の経営方式であるといわれる．競争優位を構築するために目的に応じてグループを結成していくという方法は，古くから企業の戦略の1つとして位置づけられてきた．

1960～70年代の日本企業は，外資系企業に対抗するため，さまざまな産業分野の企業が「グループ化」に活路を求めた[3]．当時の日本は，高度経済成長後の長期繁栄により，1968年時点で世界第2位の経済大国になっていた．もはや小国として行動し続けることは許されなくなり，その結果，諸外国から貿易と資本の自由化が求められるようになった．自由化に伴って，外資系企業やその製品が多数上陸し，日本の企業や製品は駆逐されてしまうのではないかという危機感が，急速に広がった．こうしたことから1960年代の後半以降，コンピュータ，自動車，造船，銀行，鉄鋼，商社などで，外資に対抗するための規模の拡大（スケールメリット）を求めた合併，そして「グループ化」が進んだ．

たとえば，当時の政府は，コンピュータ産業を日本の戦略産業として保護をしたいと考えていた．しかし，自由化の流れに抗することができず，通産省（当時）が音頭をとるかたちで，業界6社のグループ化が進められ，日本電気と東芝，日立と富士通，三菱電機と沖電気という3グループが編成された．3グループは，それぞれに技術研究組合を結成し，それにより自由化の期限の前に，独自のコンピュータを完成し発表することが可能となった．そのほか，自動車産業でも，トヨタと日野，ダイハツが業務提携を結び，グループを形成するなどの動きが見られた．

多様な分野で多数のグループ企業がビジネスを展開することは，本社または単独の企業では持ち得ない独自性の高い経営資源がグループ内に蓄積されることになる．なかでも，異なる市場，異なる競争環境で戦っている海外のグループ会社の経営資源をうまく活用できれば，本社の経営資源との相乗効

果が期待できる可能性がある．複数のビジネスモデルをもつことは，グループ全体で長期安定的な成長を維持する可能性を高めることになる．

　日本企業は，1980～90年代前半頃まで，本業と必ずしも関係ない事業への多角化に走った．バブル経済がそうした動きを加速させた面もあったが，そもそももともとは本業以外の新しい収益基盤を作ることで，企業の持続的な成長を実現することを目指した動きであった．

　しかしながら，そうした試みは，必ずしもうまくは進まなかった．メリハリのない多角化を進めた結果，新しい収益基盤を作るどころか，本業もおろそかになってしまうという事態がみられるようになったためである．1990年代後半以降の日本企業では，多角化により経営資源が非効率に分散されてしまったことの反省から，「選択と集中」というキーワードのもと，自社が強みをもつ中核事業にのみ集中し，強みをもたない非中核分野からは撤退するというリストラを進めた．

　それとともに，それまでの本社機能が大きい中央集権型の経営を改め，中核事業を担う事業部門の強化を目的とした「カンパニー制」や「持株会社制度」などの導入が進められた．現場に権限を委譲することで，経営環境の変化に対応できる意思決定の迅速化を図ろうという考え方が支持され，本社から事業部門に対して，機能と権限を委譲した分権型の経営が流行となった．

　しかし，こうした分権型の経営も，昨今，再び見直しの機運が広がっている．分権化を進めてきたエレクトロニクス産業における優良企業の業績が低迷し，組織の見直しをし始めたというのが，その代表例である．分権型の経営がもたらした影響についての評価は，中核事業の競争力を強化させたというプラス面より，本社の権限が極度に小さくなった結果，グループ全体でどのような戦略を構築していくべきかという視点がないがしろにされたというマイナス面がより大きいというものである．事業部やカンパニーの独立性が高まり，それぞれが自らの利益を優先する傾向が強まった結果，事業部やカンパニーが組織の境界を越えて互いの経営資源を活用しあう，連携しあうと

いう全社的な取り組みが難しくなるという問題点が露呈し始めた．分権型の経営が，企業の成長にマイナスの影響をもたらしているのではないかという見方が強まりつつあり，グループ経営への関心が再び高まってきたのである．

　会計ビッグバンのもとで，2000年3月期から一社単独ではなく子会社や関連会社を含んだ連結ベース，つまりグループ全体の業績が重視されるようになったことも，グループ経営が再び注目されるようになったきっかけの1つである．かつては，不良債権や損失を子会社にまわし，親会社の業績をよくみせかけるという動きがみられたが，連結ベースではそうした操作はできなくなった．企業は単独ではなく，あくまでもグループ全体での経営のあり方を問われるようになってきた．こうしたことを受けて，企業が策定する中・長期経営計画は，昨今，本社や親会社単独のものではなく，グループ全体での価値を最大化することを目的とした「グループ最適経営」という視点を意識したものとなっている．

　こうした変化のなかで，本社や親会社は，第1に，グループ全体の戦略の策定とそれに応じた事業範囲の見直しを行うこと，第2に，グループ会社間の役割分担を調整するという重要な役割を担うことを求められている．元来，グループは，事業に関わる一連の取引を子会社，関係会社間で分担するなかで発展してきたものが多いが，こうしたグループ会社間での効率的な役割分担のあり方を再度検討し直すという動きである．現在の日本企業では，こうしたグループ全体での経営を最適化していくために，グループ全体を導いていくことができる経営理念や経営哲学，本社や親会社の明確な目的のもとでの強力なリーダーシップ，広い視野やオーガナイズ力をもったリーダーとなる人材などが新たに必要となり，重要な経営課題となっている．

7.4 戦略提携

　提携とは，独立した企業同士が結びつきを深め，共同でなんらかの事業を

行うことを指す．提携関係を構築することを通じて，別会社でありながらその会社の経営資源を活用することが可能となる．昨今では，提携をうまく活用できるかどうかが，企業の存亡に関わり，経営戦略上，重要な課題となっているということから，「戦略提携」という表現が，ビジネスの現場でよくきかれるようになっている．

「戦略提携」は，開発・生産・販売などの機能面で提携するものであるが，実にさまざまな形態をとる．提携の証として相手企業の資本を受け入れるケース，提携した2つの企業が資本を出しあって合弁企業を設立するケース，多数の企業が集まってコンソーシアムを形成するケース，提携目的を狭く限定しているケースや，目的を複数設定しているケースなど多様である．そうしたなかで，昨今の「戦略提携」の特徴をあげれば，ライバル企業間での提携が増加していることがある．

自動車産業を取り上げ，みていこう．これまでの自動車業界は，日米欧先進国の自動車メーカーが，市場でのシェアや新技術の主導権を巡って，競争にしのぎを削ってきた．しかし，近年では，こうしたライバル同士である日米欧の自動車メーカーが，環境関連の技術開発を巡って，「戦略提携」を結ぶケースが数多くみられるようになってきた．そこでのキーワードは，リスク分散である．環境関連の技術開発は，従来の自動車メーカーにおけるそれと比べて，桁違いの投資が必要な一方で，開発が成功し主流な技術となるかどうかは不確実であるといわれてきた．提携関係を結んだ複数の企業がこの投資額を分担しあうことで，一社が負担する額が抑えられ，リスクを低減することが可能となる．

2005年9月，相次いで欧米の自動車メーカーが，従来型のエンジンとモーターを併用するハイブリッドの技術開発で提携することが明らかになった．GMとダイムラーが進めていた共同開発に，BMWが新たに参加することが発表された．ポルシェは，VWやその傘下のアウディと提携すると発表した．こうした提携の目的は，提携企業と共同開発をすることで開発コスト

を削減すること，お互いの技術や知識を持ち寄ることでこの分野での技術の遅れを挽回することにある．ハイブリッド技術では，トヨタが1997年に発売した「プリウス」で先行しており，培った技術をフォードや日産にも供与している．トヨタを中心とした日本の自動車メーカーが，昨今の好業績に支えられた潤沢な開発費により環境技術で先行する動きをみせる一方，業績を悪化させる欧米自動車メーカーは，一社では十分な開発費を割くことが難しくなったことが，提携を加速させた背景にある．

　製薬業界でも，「戦略提携」が相次いでいる．そもそも日本の製薬業界を取り巻く環境は厳しい．少子高齢化の進行で，医療費抑制，薬価改定などが進んでおり，製薬メーカーの売上や収益にはマイナスの圧力がかかっている．しかし，製薬メーカーが競争に打ち勝つためには，新薬の開発を続ける必要がある．新薬の開発は，シミュレーション・コストが大きいのに，成功するかどうかという不確実性がきわめて高い．開発負担は多大である．こうしたなか，製薬メーカーでは，他社がもつ高度な技術と自社の技術を組み合わせることにより，短期間で確実に開発成果を出すことを目的とした提携がみられる．そこでのキーワードは，他社がもつ高度な能力（特許などを含む）の活用である．

　たとえば，武田薬品は，提携した製薬ベンチャーなど他企業がもつ高度な技術と自社の技術とを合わせることで，従来にない画期的ながんの治療剤などの開発を成功させてきた．同社は，2000年頃から，がんや遺伝子分野で海外の製薬ベンチャー企業との提携強化を，さらに加速させている．基礎研究の成果を社外から積極的に取り入れ，新薬開発のスピードを速めるためである．

　家電業界では，次世代DVD（デジタル多用途ディスク）の業界標準，つまり「デファクト・スタンダード」に関連した「戦略提携」が盛んに行われている．ここでのキーワードは，「デファクト・スタンダード」の獲得である．2011年に地上波デジタル放送への全面的切り替えが行われると，情報量の多

い高画質映像が増加するため，現在のDVDでは容量が不足することが見込まれている．これを受けて，記録容量が大きい次世代DVDの開発に，世界をリードする日本の家電メーカーが注力してきた．次世代DVDはソニーが主導する「ブルーレイ・ディスク」と，東芝が主導する「HD DVD」との2つ規格があり，パソコンメーカー，コンテンツ会社などの賛同企業が，国内外含めてそれぞれに100社程度集まり，2つの陣営を構えている．両陣営は，自陣営の規格が業界標準，「デファクト・スタンダード」となることを望み，そのための提携を積極的に行ってきた．提携した企業に，自陣営の規格を採用してもらうことで，自陣営にとって，そして自社にとって有利な環境をつくっていこうとしているのである．

　こうした「デファクト・スタンダード」の実現を目的とした「戦略提携」は，家電業界では珍しいことではない．VHSとベータという2つの規格が対立したビデオテープやCDにおいても，同じような「戦略提携」が積極的に行われて，規格をとりまく陣営で競争が行われてきた．こうした「デファクト・スタンダード」を巡る競争では，それを勝ち取れなかった陣営に参加した企業の損失は計り知れない．そのため，次世代DVDでは，製品化前に，両陣営で規格を統一しようという動きもみられている．

　このように，「戦略提携」の動きは，日本国内でも多くの産業，企業分野で盛んに行われている．それらに共通する特徴をさらにあげれば，第1に，国境をまたいだグローバルな提携になっているということである．先進国企業と途上国企業との提携，先進国企業同士の提携など，すでに事例でみたとおりその内容はさまざまだが，異なる文化を背負った企業同士が手を組んでいる．

　第2に，特定の目的では協調関係にあっても，それ以外ではあくまでも競合関係にあるということである．[4] 自動車メーカーも，製薬メーカーも，家電メーカーも，特定の目的のためには提携関係のもと協力し合うが，それ以外の製品や事業分野では，激しく競争している．つまり，提携企業間の関係

は，協調しながら同時に競争するという関係である．

「戦略提携」は，同じく他社の経営資源を活用することができる買収・合併という方法に比べて，自由度があることが，経営管理上の最大の魅力である．買収・合併の場合，異なる文化やシステムをもつ会社が，1つの企業として運営するプロセスには大きな障害がつきまとう．そのうえ，一度買収・合併を行ってしまうと，それを解消することは難しい．しかし，「戦略提携」の場合，異なる企業との提携関係を複数同時に構築することが可能である．目的を達成した後の解消も行いやすく，柔軟性の高い戦略であるといえる．経営環境の変化が激しい競争環境においては，こうした柔軟性の高い「戦略提携」が買収・合併以上に活用されていくものと考えられる．

注)
1) 山田幸嗣「組織間関係論」高橋伸夫編著『未来傾斜原理』白桃書房，1996年，55-66ページ
2) 武石彰「自動車産業における部品取引関係の日米比較」藤本隆宏・西口敏弘・伊藤秀史編『リーディングス　サプライヤーシステム』有斐閣，1998年，147-151ページ
3) 竹内宏『昭和経済史』筑摩書房，1988年，190-193ページ
4) 桑島健一「戦略的提携」高橋伸夫編著『超企業・組織論』有斐閣，2000年，92-93ページ

◆参 考 文 献
浅沼萬里著，菊谷達弥編『日本の企業組織：革新的適応のメカニズム』東洋経済新報社，1997年
藤本隆宏・西口敏弘・伊藤秀史編『リーディングス　サプライヤーシステム』有斐閣，1998年
高橋伸夫編著『超企業・組織論』有斐閣，2000年
Womack, J., Jones, P., and D. Roos, *The Machine that changed the world*, New York, Rawson Associates, 1990. (沢田博訳『リーン生産方式が，世界の自動車産業をこう変える．』経済界，1990年)

第8章

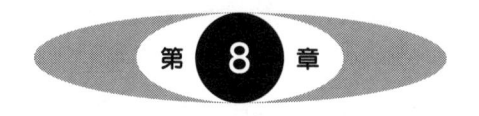

モチベーションの諸理論とその方法

8.1 人と企業

　企業における管理を行うという視点からは，その中心となる対象は，そこで働く人間の活動であるといえる．企業に存在する経営資源には，大きく分けてヒト，モノ，カネ，情報的経営資源が存在するといわれている．これらの経常資源の中でも，人的資源が中心的な資源と考えられる．それは，経営資源をさまざまに組み合わせ，実際の企業活動を実現できるのが，人的経営資源だけだからである．

　企業活動を実現するに際して，そこで働く従業員はさまざまな知識を考えだし，あるいはマニュアルに従って行動することになる．このような従業員の行動が，企業業績を左右しているといえる．言い換えると，人が良い知識を生み出し，一生懸命に行動するのか，そうでないのかによって企業業績が大きく左右されるといっていいだろう．したがって，企業で働く人が，働く意欲をもつように配慮することが経営者，管理者に求められる重要な管理上の課題であるといえる．

　このような，人的経営資源の働く意欲の側面については，経営学の初期研究の中でも検討されていた．テイラー（Taylor, F.W.）の科学的管理法においても，一定の人間の捉え方がされている．従業員の働く意欲についての仮説といいかえることができるだろう．この仮説に基づいて管理の理論と技法が展開されている．

　科学的管理法を含む古典的な管理論では，一般に「経済人」仮説が考えら

れている．「経済人」仮説は，経済的報酬によって人の仕事への意欲が規定されるとする考えである．人間にとって働くことの目的は，経済的報酬を得ることだという考えは，今日でも十分に，当然な考え方であるといえるだろう．テイラーはこの仮説に基づいて，報酬に差を設けた差別出来高払制度の導入を提唱していた．この制度は，標準作業量以上の仕事をした人には，賃率の高い賃金支給が行われ，達しなかった人には低い賃率の報酬が支払われるものであった．このような経済的報酬に差を設けることによって，従業員の働く意欲を刺激し，仕事量の増加を達成しようとするものであった．この仮説は，現在でも通用する仮説であるといえる．しかし問題は，この仮説だけで，従業員の働く意欲を十分に説明できなくなっているという点である．

「経済人」仮説に疑問を投げかけて，それにかわる新たな「社会人」仮説を提示したのが，人間関係論であった．この学派が生まれる契機になったのが，ホーソン工場での実験であったとされている．この実験から明らかになったのは，人間関係が仕事の生産性にもっとも大きな影響を与えていることであった．賃金や労働条件よりも，人間関係における社会的感情（social sentiments）が重要であるとされた．メイヨー（Mayo, E.）やレスリスバーガー（Roethlisberger, F.J.）は，このような社会的感情に基づいて形成されるインフォーマル組織の存在を指摘している．このような考え方は，先の「経済人」仮説とは大きく異なるものであり，人間の行動を規定する重要な要因として，社会的な人間関係を指摘し，「社会人」仮説（Model of Social Man）を提示するものであった．このように，社会的感情が人の働く意欲に働きかける積極的な役割を果たしていることを先駆的に明らかにしていた[1]．しかし，その後人間関係論がモチベーションの理論としての展開は行われなかった．

8.2 マグレガーのX理論とY理論

マグレガー（McGregor, D.）は，経営学において提示されてきた多くの人

間仮説を取り上げ，その仮説をXとY2つの人間観に基づくものに分類している．彼のいうX理論では，大多数の人間は命令されることを好み，責任を負うことを好まず，安全・安定を望む存在であるとされている．その結果として，人間は金銭と金銭以外の形の報酬を好むこと，そして罪への怖れによって動機づけがされているものと理解されている．この仮説に基づいて管理者は仕事を設定し，コントロールを厳しく行い，細かく指示し，監督する必要がある．このような人間観がそのまま誰にでも当てはまるものではなく，組織目標に向けて動機づけを行えない人も多くいることが指摘されている．そこで，このX理論とは異なるY理論が新たに展開されている．

　Y理論では，人間は生得的に怠惰で信頼できない存在ではなく，基本的に自律的で，創造的な存在であると捉えられている．このような人間仮説に基づけば，人間に対する動機づけは個々人の自律性を尊重し，触発する努力を行うことになるとしている．このようなX理論とY理論は一方が古いとか良いとかいうものではなく，状況に応じてこの2つの理論を考慮することが重要と考えられる．

8.3 誘因と動因

　人間についての仮説と，それに基づく動機づけについての考え方は，管理の理論には不可欠のものであるといえるが，これらの人間に対する動機づけの基本的な考え方について改めて整理しておくことにしよう．

　職場で，各個人が働くことに動機づけられるのは，そのための準備がされて，誰でもが働きたくなるように配慮される必要がある．働く意欲については，個人的問題としてではなく，企業として組織的に対応してゆく必要がある．そのためには，適切に動機づけが行われる必要がある．この動機づけについて，心理学の研究からは2つの要因が明らかにされている．それが動因と誘因である．この動因と誘因については，さまざまな理論が展開されている．その中には，動因が人の内発的なものであると理解するデシ（Deci, E.

L.) の内発的動機づけ（intrinsic motivation）理論が存在する．

　この理論では，人は特別の報酬もなく，飽きずに活動を続ける存在であり，活動をすること自体が目的となっており，それ以外に報酬を必要としない存在であるとされている．つまり内発的動機づけとは，何かに対する興味を満足させ，達成感を得るために自己目的的に行動する状況を指している．この場合には特に，外部的な誘因は存在しないことになる．しかし，人は1人だけで生活しているわけではない．企業の中では，多くの上司や同僚たちとの職場の存在がある．そのような外部環境との関係で，実際はさまざまなものが誘因として機能することになる．

　こうして，動機づけは，個人の中での閉じたものではなく，個人と外部環境とのダイナミックな相互作用によって機能する心理現象であるといえる．特に人と人との相互作用によって，創発的（emergent）に生まれる現象と理解できる．したがって，現在では，動因と誘因の関係で動機づけを理解することが，一般的といえる．この動因と誘因について，どのようなものが現在までに考えられているのだろうか．大きく分けて，人の欲求・願いが動因になるとする欲求理論，情動・感情が動因になるとする情動論，そして人の期待や価値観の重要性を指摘している認知論が存在している．認知論の代表的理論が期待理論である．

　以下では，欲求理論の代表的な理論である，欲求段階論と動機づけ―衛生理論について説明する．その後で，期待理論を取り上げ，最後に感情の理論の意義を紹介し，今後の展望を示すことにしよう．

8.4　マズローの欲求段階論

　マズロー（Maslow, A.H.）の動因についての理論は，代表的な動機づけモデルとされている．マズローは，独自の臨床経験と従来の動因モデルを統合して，新たなモデルを展開している．

　動機づけ理論の出発点として，彼は基本的欲求をあげ，その内容について

分析している．まず第1の欲求として，生理的欲求をあげている．この欲求は他の欲求に対して，比較的独立性の高い欲求であり，最も優勢なものであるとされている．たとえば，極度に飢えている人にとっては，食物以外には何の関心もなくなってしまう．逆にこの欲求が満たされることになると，ただちに高次の欲求が出現し，生理的欲求にかわって優勢になるとされている．その高次の欲求が安全の欲求である．

　安全の欲求は，安全，安定，依存，保護，恐怖・不安・混乱からの自由，構造・秩序・法・制限を求める欲求等を具体的な内容とした欲求である．マズローは，生理的欲求と安全の欲求の2つが基礎的欲求であると考えて，これよりも高い欲求を高次欲求として理解していた．

　生理的欲求と安全欲求の両方が十分に満たされると，次に愛と所属の欲求が出現してくるとされている．この欲求は所属する集団や家族での愛情を切望する欲求である．人は，そのために努力する存在であるとされている．ここで注意しなければならないのは，愛と性との区別である．性は純粋に生理的欲求に属するものである．愛の欲求には，与える愛と受ける愛の両方が含まれるという点に注意する必要がある．愛し，愛される存在でありたいという欲求であるといえる．

　愛と所属の欲求の次には，承認の欲求がある．この欲求の内容は，2つに区別することができる．第1の内容は強さ，達成，適切さ，熟達と能力，社会に対する自信，独立と自由に対する願望である．第2の内容は，評判とか信望，地位，名声と栄光，優越，注目，重視，威信，評価に対する願望である．これらの欲求は，自身の能力や努力を社会に認めてもらいたいという欲求であるといえる．企業内では，この欲求が重要視されているといえる．能力や努力を認めさまざまな誘因を与えることが，企業内の人事管理の最大の課題であるといえる．この欲求の次の段階にあるのが，自己実現の欲求である．

　自己実現の欲求は，自分自身の本性に忠実に，自分が成りえるものになる

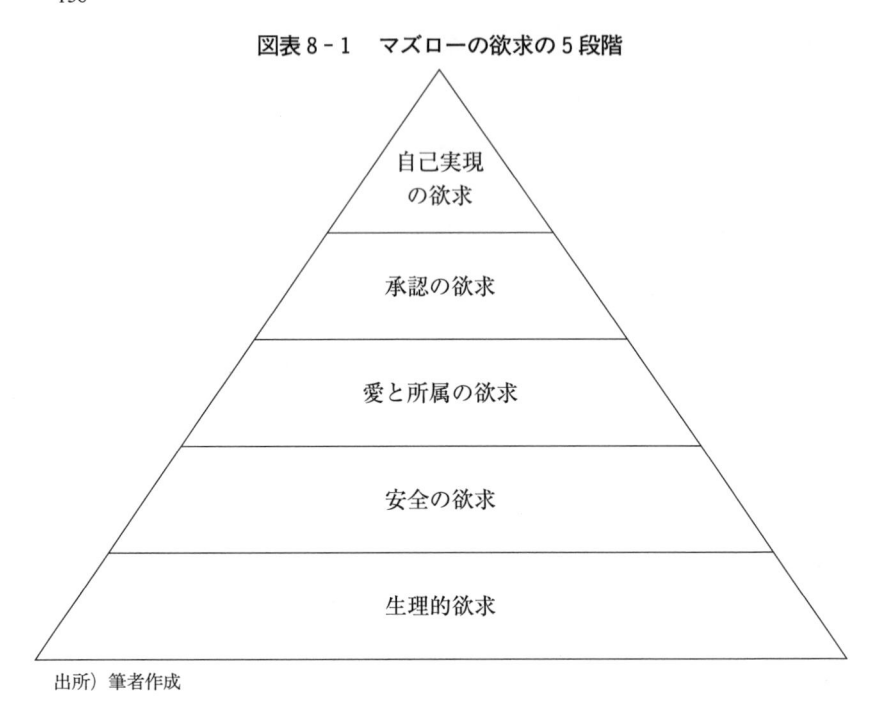

図表 8-1　マズローの欲求の 5 段階

```
        自己実現
         の欲求
        承認の欲求
       愛と所属の欲求
        安全の欲求
        生理的欲求
```

出所）筆者作成

ことを願望する欲求であるとされている．つまり自身の興味のある夢を実現することが，最高の満足感を得ることができるという欲求である．この欲求が最高次の欲求であるとされている．

　マズローは，この自己実現の欲求とその他の欲求との関係について独自の考えを示している．自己実現の欲求が優勢になるのは，他の 4 つの欲求が充足された場合であると理解されている．自己実現の欲求が優勢になるのは，一足飛びに起こる現象ではなく，ゆっくりと徐々に生まれてくる現象であるとされている．マズローは，この 5 つの欲求の関係について，階段のような関係が存在していることを指摘していた．また，欲求の階段を昇るのに伴って，満足の度合いは減少することになるとしている．マズローは，平均的な人では生理的欲求は85％，安全の欲求では70％，愛と所属の欲求では50％，承認の欲求では40％，そして自己実現の欲求では，10％しか充足されていな

いのが一般的であると考えている．

　5つの欲求について，それぞれ単一の欲求だけが排他的に，動機づけの決定要因になっていると考えられているわけではない．大部分の人間の行動は，重複した決定要因をもっており，複数の動機づけがされる傾向がある点が指摘されている．つまり，個人の1つの行動を分析すると，その中に5つの欲求の存在を発見することが可能であるとされている．またさらに，マズローは，人の行動は動因の側面だけで決定されるのではなく，外的な環境や誘因の存在によっても規定されることを指摘している．このことは，企業内で，従業員の欲求に働きかけて動機づけを行うためには，誘因を工夫する必要性があることを意味している．

　次に，マズローはこれら5つの欲求に関して，充足された欲求のもつ意味について次のように述べている．充足された欲求は，もはや動機づけ要因にはならず，事実上，消失したものと見なすべきとしている．そして健康で幸福な人にとって，自己実現の欲求が最終的な動機づけ要因として重要になることを主張している．この自己実現の欲求は，自己の才能，潜在能力を十分に用い，自身の夢を実現することを意味している．人は自分自身を実現させ，自分のなしうる最善を尽くす存在であり，可能なもっとも完全な成長を遂げたいと努力する存在とされている．このような自己実現欲求の重要性を指摘したのがマズローの欲求理論であったといえる．

　しかし，マズローの理論の中で，5つの欲求の認識が妥当かどうかは，そのほかの研究では明確になっていない．また外部環境の影響の存在も指摘されており，各欲求の関係は，それ自体閉鎖的に存在しているのではないといえる．特に，欲求の階層的関係は，外部環境の変化によって変わる可能性があるといえる．また個人によっても，5つの欲求の中で何が重要かは異なる．欲求の階段状の関係については，マズローはあくまでも程度の問題であり，実際は5つの欲求が同時に存在していると考えていた[2]．しかしその関係性については，明確な説明がされていないといえる．こうして，マズローの

欲求理論は，経験的な証明が十分にされていないものといえるだろう．

8.5 動機づけ衛生要因理論

　ハーズバーグ（Herzberg, F.）の動機づけ衛生要因理論も，有力な欲求理論の1つといえるものである．この理論では，人が仕事のうえで満足感を得るのはその仕事の内容からであるとされている．逆に，仕事の遂行に直接関係しない仕事環境は，不満足感を呼び起こすことはあるが満足感を与えることは稀であるという事実を，統計的な調査から明らかにしている．仕事の内容だけが人びとの意欲を引き出すことから，これを「動機づけ要因」とよんでいる．他方，仕事環境が仕事への不満の発生を防止するという，消極的な予防衛生的な機能しか果たさないとされ，「衛生要因」とよばれている．

　ハーズバーグは，以上のような結論を導き出すのに際し，各職種の労働者に面接調査を行っている．まず約200人の技師と会計士に面接を行っている．仕事で経験した事象のうちで，職務満足の顕著な改善をしたか，低下したその原因について質問している．まず職務について満足感を感じた時期を思い出してもらい，その理由について質問している．また仕事についての満足感が彼らの職務遂行，個人的関係，健康状態にどのように影響しているかも質問されている．そして，面接被験者が話す内容の中から，10の要因が発見されている．その要因と仕事の満足感との関係を示したのが，図表8-2である．

　この図の各要因の箱の横の長さは，被験者が話している話の中で，その要因が含まれている被験者の比率である．またその縦の幅は良い職務態度または悪い職務態度が持続した期間の長・短が示されている．その期間については2週間を基準にして長・短期の区分がされている．そして短期の方が多い要因について色分けがされている．この図からわかることは，10の要因の中で，上の5つの要因が職務満足の強力な決定要因になっている点である．達成，承認，仕事そのもの，責任，そして昇進がその要因である．この5つの

図表8-2　満足要因と不満要因の比較

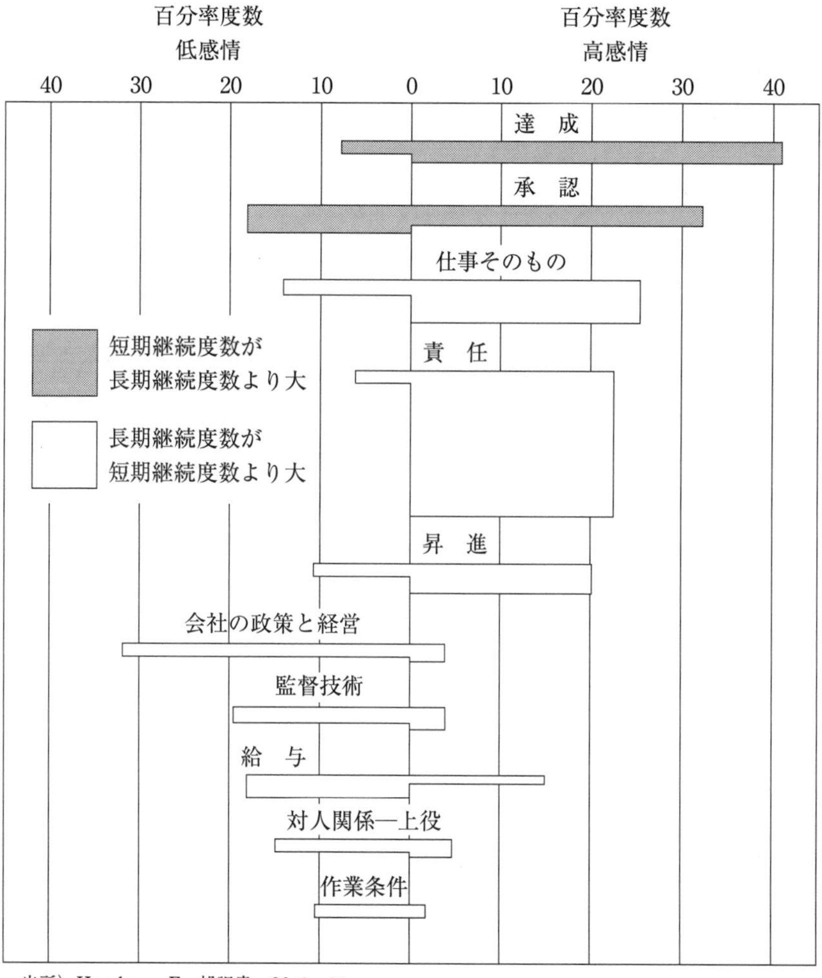

百分率度数　　　　　　　　百分率度数
低感情　　　　　　　　　　高感情

40　30　20　10　0　10　20　30　40

達　成
承　認
仕事そのもの
責　任
昇　進
会社の政策と経営
監督技術
給　与
対人関係―上役
作業条件

■ 短期継続度数が長期継続度数より大
□ 長期継続度数が短期継続度数より大

出所) Herzberg, F., 邦訳書, 86ページ

要因については，面接のなかで，職務に対する不満感を述べる際に，ほとんどその話の中には現れてこなかったとされている．つまり，不満足を感じる要因にはなっていないことが確認されている．職務不満要因をこのように分析している段階で，まったく違った要因があらわれてきたとされている．

不満要因は，職務上の不満足をもたらすだけの要因であり，さらにまた満足要因とは異なり，この不満要因は一貫して短期的な性格をもっていることが確認できた．これらの不満要因には，会社の政策と経営，監督技術，給与，対人関係，そして作業条件が含まれていた．このように図表8-2の右側の高い百分率度数の要因は満足要因であり，これらの項目は仕事そのものと，それを行う当人との関係にかかわる要因であった．逆に，不満要因は仕事の環境にかかわる要因であることが確認できた．不満要因は，仕事への動機づけの効果をほとんどもっておらず，これらの要因は，衛生要因とよばれている．この調査から生まれてきた事実から，ハーズバーグは，職務態度の2つの次元の存在を明らかにしている．それは，不快さの回避に関する欲求体系と個人的成長に関する欲求体系の存在である．そして職務満足を生み出す個人的成長の欲求に関連した要因は，不満足をもたらすことはほとんどないと理解されている．逆に，不満要因として示された不快さの回避の欲求にかかわる要因が，不満足を生み出すことになるとされている．この不満要因をどれだけ努力して改善しても，仕事への動機づけにはならないことになる．

衛生要因が，積極的に仕事への満足を与えることができない，という問題について，ハーズバーグはこれらの要因が，個人の成長の感覚を与えるのに必要な特徴をもっていないことを，その理由としてあげている．個人が成長したと感じるのは，本人にとって意味のある仕事を達成した時である．衛生要因は，この仕事そのものに関係がないので，達成の感覚を与えることはできないと考えられている．このような理解から，企業における仕事への動機づけを考える場合には，これら2つの要因を区別する必要があるとされている．しかし衛生要因による職務不満の解消は，一時的な効果しかもたないために，管理者は絶えず仕事の環境に気を配る必要があるとされている．図表8-2に見られたように，衛生要因は短期的性格をもっていた．仕事への動機づけ要因は，それとは対照的に長期性をもっていた．衛生要因は，それに

配慮することで慢性的不満を回避することしかできず，しかも絶えずその配慮を行うことが求められる．したがって給与，作業条件，対人関係などの改善には，絶えず人事担当者の苦労が伴うことになる．

他方，仕事への動機づけ要因について，具体的な対応策として，ハーズバーグは3つの基本的な課題を提示している．1つは動機づけ要因への配慮をするため，労働者と管理者への再教育を行うことである．第2の対策は，職務拡大の実施である．そして第3の対策は，治療的活動であるとされている．それぞれについて具体的にみていこう．

第1の課題は，人間についての仮説を根本的に転換することを管理者と労働者に教育することである．動機づけで重要なのは，自己を成長させたいという欲求を充足させることであり，そのためには仕事それ自体にかかわる欲求の充足を行うことを教育する必要がある．

第2の課題は，職務拡大という方法である．これは，仕事を断片的活動に分解して，合理化・効率化するという従来の方法では，欲求充足はできない点を反省し，断片化された活動を結びつけ，さらに次の5つの要件を加える必要を指摘するものである．第1の要件は，仕事について達成機会が存在し，これの達成によって仕事についてより多くのことを学習可能にすることである．第2の要件は，責任の増大のために，より複雑な仕事が求められる点である．仕事の複雑性の増大によって，仕事の構成部分間の関係が理解でき，精神的成長のための下地が準備できるからである．第3の要件は創造性が発揮できる余地を仕事に与える点である．これによって，成長の可能性のための余地を仕事に残しておくことができるようになる．第4の要件は，昇進やポジションの変更の場合には，より高度の仕事を従業員に与えられるようにする点である．これによって，成長の機会を与えることが可能になる．

以上の，4つの要件を充足するような職務の拡大によって，初めて仕事への積極的な動機づけが可能になると考えられている．そして，第5の要件は，実際の仕事から興味を引き出せるようにしておくことがあげられてい

る．

　最後の治療的活動は，仕事のうえで成功しなかった人に対して，援助を与える必要があることを指摘したものである．

　以上の対策によって，仕事それ自体への欲求の充足が，満足感を生み出していることを明らかにしている．

　この動機づけ―衛生要因理論は，仕事に関して能力を生かし，達成感を得たいという欲求の重要性を指摘している点が第1の特徴といえる．第2の特徴は，不満を生み出すだけの要因として，衛生要因を明らかにした点である．このような理論によって，職務設計への取り組みに結びつくことになった点は，大きな意義といえるだろう．

　しかし問題もある．ハーズバーグの理論では，2要因については面接調査から明らかにされていた．この2要因に，図表8-2のどの項目が具体的に区別されるのかは，人が置かれた状況に大きく依存することが考えられる．また同図の中の，動機づけ要因とされている承認は，衛生要因である人間関係と密接に関連しており，衛生要因に分類することも可能であるといえる．以上のように，この理論にはまだあいまいで不明瞭な点があり，測定の実施について困難な点があるといえる．

8.6 期待理論

　期待理論は，動機づけのプロセスを分析した理論で，その前提として合理的な人間の存在が設定されている．合理的な人間が，頑張って良い成績をあげることで高い報奨や成果を得ることを期待する存在であるとの理解が前提とされている．このような人間観を前提にして，行動の動機づけを行うプロセスを理論化しているのが，期待理論といわれるものである．

　この期待理論では「誘意性」(valence) と「期待」(expectancy) の2つの概念が，中心的概念として用いられている．誘意性の概念は，個人が一定の時点において，特定の結果に対して魅力を感じる度合いを意味している．魅

力を強く感じると，人はその結果を強く求めようとする性格をもつとされている．人は，結果を得ないことよりも，得ることを選好するとき，その結果は正の誘意性をもつと捉えることができる．人が結果を得ることに無関心である時には，その結果の誘意性は0になる．さらに，人が結果を得ることよりも得ないことを選好する場合には，誘意性は負になる．こうして誘意性は，正から負までの値をとるものと仮定されている．

次に，期待という概念は結果に対して，それが生起すると信じる度合いを指すものと定義されている．期待は，また主観確率ともよばれている．また，期待は特定の行為が，特定の結果を伴う確率についての瞬時の信念とも定義されている．期待は行為が必ずその結果を伴うことの，主観的確率を意味することになる．

この期待理論の中でも，ローラー（Lawler, E.E.III）の期待モデルが最も完成されたものであるとされている．ローラー・モデルに基づいて，以下では説明することにしよう．このモデルでは，図表8-3のように，期待による動機づけは，$\Sigma[(E \to P) \times \Sigma[(P \to O)(V)]]$の式で定義されている．$(E \to P)$では，一定レベルの努力を投入するならば，一定レベルの業績が可能であるとする主観的確率が示されている．努力が意図通りの業績をもたらすことが確実である場合には，確率は1になる．まったく不確実の場合には0になる．また$(P \to O)$は，意図したレベルの業績が一定の報酬をもたらすと考える主観的確率を示す．これも1から0までの数字で示されることになる．

最後に，(V)とは結果の誘意性であり，「非常に望ましい」場合の1から「非常に望ましくない」場合の-1までの値をとることになる．

この関係をもう一度整理すると，$(E \to P)$と$(P \to O)$は組織構成メンバー個人の期待であって，ローラーはそれを2つに分解している．2つの期待に分けて，それぞれに主観的確率が存在するものと理解している．ただし，個人が組織から得られる報酬は，1つだけではなく複数であるために

図表 8-3　期待理論モデル

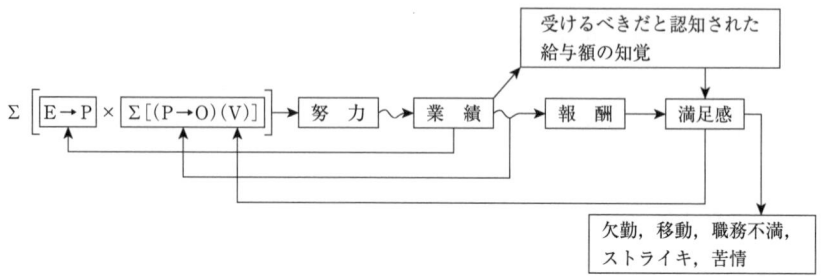

Σ [E→P] × Σ[(P→O)(V)] → 努力 〜 業績 → 報酬 → 満足感

受けるべきだと認知された給与額の知覚

欠勤，移動，職務不満，ストライキ，苦情

出所）Lawler, III, E.E., 邦訳書, 1972年, 376ページ

Σの記号が用いられている．さらに式の全体にΣの記号が付けられているのは，努力の投入にもさまざまな努力があることを示している．

　もう1つローラー・モデルの特徴は，期待と誘意性が学習によって形成されるメカニズムを取り入れている点である．まず期待については，2つのフィードバックがなされている．図表8-3からわかるように（E→P）期待へのフィードバックが，業績からつながっている．また，（P→O）期待へのフィードバックが，業績と報酬の関係から行われている．そして，誘意性のVに対しても満足感からフィードバックされている．図のモデルでは，期待と誘意性によって努力のレベルが規定されることが，矢印で示されている．この努力の次に波線矢印が示されているが，業績がこの努力によって規定されていることを示している．しかし，図には示されていないが，この業績は他の要因によっても規定されることが，波線によって示されている．具体的には個人の能力と問題解決へのアプローチという2つの要因が考えられている．

　次に，業績と報酬の関係は，不完全な関係であるために波線矢印で示されている．また一定の業績に対して一定の報酬が与えられるものではなく，受け取る側における個人的に公正だとする知覚によっても規定されている．この知覚と実際に与えられる報酬が個人の満足水準を規定しているとされている．その満足感が高くなるとその仕事の誘意性が高くなる．このことがV

へのフィードバックとして示されている．逆に，満足水準が低くなると，欠勤や移動等の行動を生み出すことが示されている．以上のローラー・モデルでは，動機づけのプロセスについての詳細が示されており，以降の動機づけプロセス・モデル構築の基礎的なモデルになっている．

　この期待理論については現在までに，実証的な検証が多くされており，有力な動機づけ理論になっている．しかし，前提とされている合理的な行動を人が選択する，という点には疑問が残る．人は常に自律的で，合理的判断をしているわけではない．人の動機づけには，感情の影響も大きく働くのがむしろ一般的であるといえる．またこの理論モデルでは，ある一時点での期待の満足に対して果たす役割を示しているが，その期待をなぜ個人がもつのかという説明はされていない．またこの理論モデルでは，どのような動機づけのプロセスが適切なのかという，実践的な課題に対する答えは提示していない．個人レベルで異なるとされているだけにとどまっている．以上のような問題点が指摘できる．

8.7　感情論と今後のモチベーションへのアプローチ

　自身の欲求を達成するために，人が合理的な判断を行い，それによって動機づけが行われるとする，欲求理論や期待理論だけでは，実際の私たちが直面する状況を説明できない面があるといえる．私たちは，絶えず合理的な判断を行って，行動しているわけではない．長期的には，合理的といえる行動をとるといえますが，非合理的な行動をとることがよくあるのは，日常経験することである．人の話を聞くときに，感情（emotion）が大きく作用して，大きな感動を受けることがある．そのことがきっかけで，興味関心をもち，職業を選択することもある．このように，感情が私たちのモチベーションに大きな役割を果たしていることは，明らかであろう．

　この感情について，モチベーション研究の分野では明確な成果は出ていない．それは，感情を科学的に測定して研究することが困難なことが理由と考

えられる．また感情についての理解も多様であり，経営学でも，この研究成果を利用することが困難であったことが理由と考えられる．しかし，近年の経営管理の中では，感情の果たす役割が重要であることが認識されているといえる．企業が戦略や計画を作るときにも，この感情を考えて作ることが重要であることがわかってきている．また，ビジョンや理念を社員に理解してもらうだけでなく，積極的にその実現を目指してもらうためには，感情に訴えることが重要であることはすでに指摘されている[3]．

動機づけ理論には，以上で記述した理論だけではなく，他にも多くの理論が存在している．特に今後，経営学の研究分野では，感情の側面から動機づけを分析する研究成果に注目する必要があるといえる[4]．

これらの多様な理論の存在は，それぞれが事実の一側面を説明しているといえる．そのため，それぞれの理論モデルが相互に排除する関係ではなく，補完的な統合を行おうとする試みが行われている．最近の研究では，スチールとケーニック（Steel, P. and C. König）の研究がある[5]．この研究でも，期待理論と欲求理論は重要な理論とされている．今後はそれぞれの視点からの研究が行われる一方で，統合的な視点からの研究も行われることになるといえるだろう．

注）
1) 人間関係論については，第2章で取り上げた．人間関係論は，社会的感情の問題を積極的に取り上げているが，感情という要因は，把握するのが困難なことから，モチベーションの要因として取り上げることが当時としてはできなかったといえる．
2) この点はマズローの欲求理論の中で，あまり取り上げられてこなかった．しかし，2001年の文献では明確にこの点を述べている．
3) 感情がモチベーションに果たす機能については，今後の研究課題といえるが，その重要性はすでに多くの研究で指摘されている．この点は，第2章の「人間関係論とバーナード組織論の意義と問題」の参考文献を参照．
4) 感情論からのモチベーション研究の状況については，上淵（2004）の参考文献を参照していただきたい．

5) Steelら（2006）の研究でも，期待理論が中心的理論とされ，その他の理論の統合が検討されている．

◆参考文献

Deci, E.L., *Intrinsic Motivation*, Plenum Press, 1975.（安藤延男・石田梅男訳『内発的動機づけ』誠信書房，1980年）

Hersey, P., Blanchard, B. and D. E. Johnson, *Management of Organizational Behavior : Utilizing Human Resources*, 7_{th} ed., Prentice Hall, 1996.（山本成二・山本あづさ訳『新版行動科学の展開―人的資源の活用―』生産性出版，2000年）

Herzberg, F., *Work and the Nature of Man*, World Publishing, 1966.（北野利信訳『仕事と人間性　動機づけ―衛生理論の新展開―』東洋経済新報社，1968年）

Lawler, E.E.III, *Pay and Organizational Effectiveness : A psychological View*, McGraw-Hill, 1971.（安藤瑞夫訳『給与と組織効率』ダイヤモンド社，1972年）

Lawler, E.E.III, *Work and Organization Development*, Addison-Wesley, 1981.（田中正光訳『検証成果主義』白桃書房，2004年）

Maslow, A. H., *Motivation and Personality*, 2_{nd} ed., Haper & Row, 1970.（小口忠彦『人間性の心理学』産業能率大学出版部，1987年）

Maslow, A.H., *Maslow on Management*, John Wiley and Sons, 1998.（金井壽宏監訳，大川修二訳『完全なる経営』日本経済新聞社，2001年）

McGregor, D., *The Human Side of Enterprise*, McGraw-Hill, 1960.（高橋達夫訳『新版企業の人間的側面』産業能率短期大学出版部，1970年）

Steel, P. and C. J. König, Integrating Theories of Motivation, *Academy of Management Journal*, Vol. 31, No. 4, 2006, pp. 889-913.

上淵寿編著『動機づけ研究の最前線』北大路書房，2004年

第9章

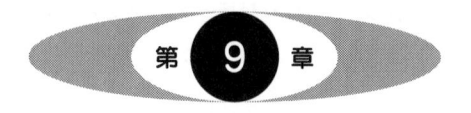

リーダーシップの理論的展開動向

9.1 はじめに

　リーダーシップとは,「目標達成に向けてフォロワーに影響を及ぼすこと」である．リーダーの研究は，1940年代までは，偉大なリーダーといわれる人の知識や能力，性格，個人的な魅力や風貌，生い立ちや経歴などの属人的な資質を分析したものであった．しかし，リーダーの資質を調査することによって，どのような人間がリーダーに向いているかについては，ある程度想像がついても，どのような行動をとったら特定の状況でうまくリーダーシップを発揮できるかということは解明できなかった．

　次に台頭してきたリーダーの研究方法は，リーダーの態度や行動の傾向を質問用紙等で調査するアプローチであった．これらの研究には，1945年のミシガン大学やオハイオ州立大学の研究，1960年代中頃のマネジリアル・グリッド，日本では三隅を中心とした集団力学研究所のリーダーシップPM論がある．

　その後，リーダーの置かれている状況によって，有効なリーダーシップ・スタイルが異なるとするコンティンジェンシー理論が台頭してくる．これらの理論には，フィドラーのリーダーシップの状況適応モデル，ハーシィ＆ブランチャードのシチュエーショナル・リーダーシップ理論（SL理論），ハウスの目標―経路理論（パス―ゴール理論）がある．その後も多くの研究者が，図表9-1に示されているように多くの理論を発表した．本章では，これまでの有力なリーダーシップ理論を紹介し，理想とすべきリーダーシップを明

図表9-1　有力なリーダーシップ理論

提唱者	理論，またはモデル	主要研究発表の年
フィドラー	状況適応モデル	1967
ハーシィ＆ブランチャード	状況対応リーダーシップ理論	1969
ハウス・ミッチェル	目標―経路理論	1974
ハウス	カリスマティック・リーダーシップ	1977
バーンズ	変容のリーダーシップ	1978
カー＆ジェレミア	代替リーダーシップ	1978
マツユール＆ロンノベルド	リーダーシップの致命的欠陥	1983
ベニス・ナヌス	リーダーシップ能力	1985
ティッチィ＆デバナ	変容のリーダーシップ	1986
マンズ	スーパー・リーダーシップ	1989
コベイ	原理中心リーダーシップ	1991

出所）P. ハーシィ・K.H. ブランチャード・D.E. ジョンソン著，山本成二・山本あづさ訳『行動科学の展開（新版）』生産性出版，2000年，98ページより作成

らかにしていく．

9.2 リーダーのパワー

　リーダーはフォロワーに対してもっているパワーを使い，影響を及ぼす．パワーには，合法力，報償力，強制力，専門力，同一力の5つがある．このうち，合法力（組織から公式に与えられた権限から生ずるパワー），報償力（報償を与える権限から生ずるパワー），強制力（処罰する権限から生ずるパワー）の3つのパワーは，組織からリーダーに公式的に与えられたパワーである．後の2つの専門力（個人的な専門知識からくるパワー）と同一力（フォロワーにリーダーとの一体感を認識させた時に生ずる拘束力）は，リーダー個人の資質であったり努力で獲得したりする個人のパワーである[1]．

　たとえば，合法力の強さを見てみよう．合法力は，組織から与えられた正当な権限として，上司が部下を服従させる際に活用される．エール大学のミルグラム教授が合法力について，興味深い実験をした．それは，2人に生徒役と教師役になってもらい，生徒役が熟語の暗誦でミスを犯すと，教師役が電気ショックを与えるという実験であった．実験が進行するにつれて，教師

第9章　リーダーシップの理論的展開動向　153

役は次第に強い電気ショックを与えるように命令される．目的は，いつ教師役が命令にそむいて，電気ショックを与えるのを拒むかということを観察することにあった．生徒役は，教師役とは別の部屋におり，実際には電気ショックを受けないが，電気ショックの強さに応じて悲痛な叫び声を再生するテープを流すようになっている．一方，教師役は，実験の主催者と同じ部屋におり，実験を続行するように，常に主催者から促されている．教師役は，実験の主催者を正当な権限をもっている者と信じ込んでいる．実験の結果，教師役となった者の50％以上が，最終段階まで進み，もっとも強い450ボルトの電気ショックを与えた．この教師役となった人は，相当の悪者なのであろうか．ミルグラム教授は，この実験の結果を，権限関係の構造から解明した．教師役は，権限に従うのを正当なことであると考え，実験者の合法力に服従したのである．たとえ，その命令が不当なことであっても，合法力によって命令通り実行してしまうのである．よい例が，ナチスを裁いたニュルンベルク裁判である．アイヒマン被告は，尋問に対して，「私は，いわれたことをしただけだ」と答えている[2]．

9.3 ミシガン大学のリーダーシップ研究

　リーダーシップに関する研究は，1945年のミシガン研究から，本格的に行われるようになった．この研究は，リッカートを中心としたミシガン大学社会調査研究所による実証研究である．特に有名なのは，1947年のプルーデンシャル保険会社の監督に対する調査である．調査のために，会社の中の24部門を選択し，2部門を1つのペアとして12のペアを作った．すべてのペアは，(1)生産性が異なる（高い部門と低い部門），(2)生産性以外の，メンバーの数，仕事の種類，職務，作業条件や方針は同じ，という2つの条件を満たしている．したがって，ペアをなす2部門の生産性の差は，①監督のタイプと，②従業員のモラールの2要因から生じることになる．監督者と従業員に対して「自由回答面接」が行われた．その結果，リーダーシップのタイプ

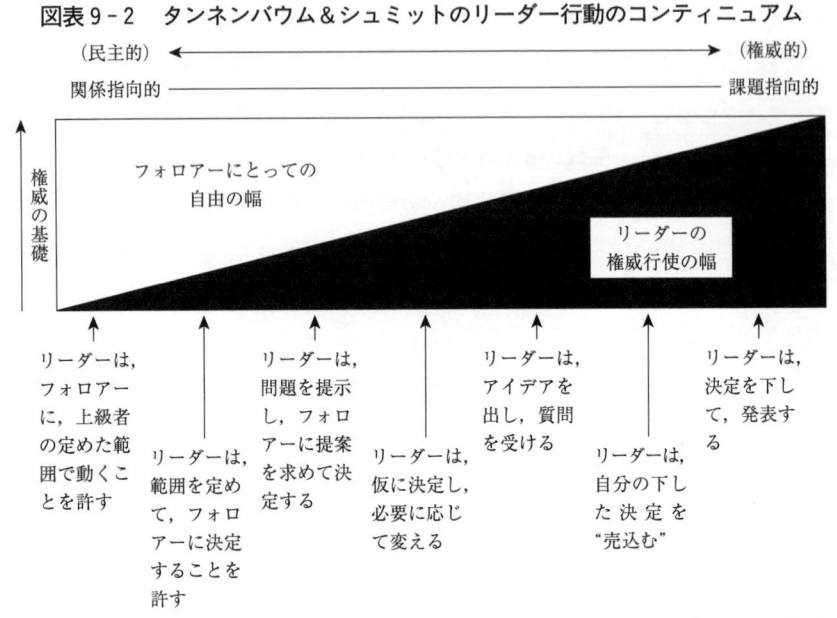

図表9-2　タンネンバウム&シュミットのリーダー行動のコンティニュアム

（民主的）←―――――――――――――→（権威的）

関係指向的 ――――――――――――――― 課題指向的

権威の基礎

フォロアーにとっての自由の幅

リーダーの権威行使の幅

- リーダーは，フォロアーに，上級者の定めた範囲で動くことを許す
- リーダーは，範囲を定めて，フォロアーに決定することを許す
- リーダーは，問題を提示し，フォロアーに提案を求めて決定する
- リーダーは，仮に決定し，必要に応じて変える
- リーダーは，アイデアを出し，質問を受ける
- リーダーは，自分の下した決定を"売込む"
- リーダーは，決定を下して，発表する

出所）P. ハーシィ・K.H. ブランチャード・D.E. ジョンソン著，山本成二・山本あづさ訳『行動科学の展開（新版）』生産性出版，2000年，120ページ

には，部下との接触を多くとり，部下の気持ちや要求を理解し，かつ，部下を意思決定の場に参加させて，合理的な決定を下し，部下に対して一般的な管理をするという「従業員志向」型が抽出できた．もう1つのタイプとして，「生産志向」型のリーダーシップ・スタイルが識別できた．これは，部下との接触が少なく，部下の気持ちや要求には関心をもたず，むしろ部下の仕事の内容や進み具合に関心を払い，意思決定の場には部下を参加させず，専制的に振る舞い，部下の管理を詳細に行うタイプであった[3]．

「生産志向」型のリーダーシップは，緊張とプレッシャーを生み出し，部下の満足度を低め，離職につながった．「従業員志向」のリーダーの下では，生産性と部下の満足度の双方を高めることができた．このように，理想的なリーダーシップ・スタイルは，「生産志向」ではなく「従業員志向」であった．この2つの志向性は，図表9-2のタンネンバウム&シュミットの連続

線モデルで述べているリーダー行動の民主的（人間関係）と権威的（仕事）の分類に対応している．

9.4 オハイオ州立大学のリーダーシップ研究

同時期に，オハイオ州立大学においても，リーダーシップに関する研究が実施された．1945年に行われたこの研究では，リーダーの行動を，「構造づくり（initiating structure）」と「配慮（consideration）」の2次元で捉えた．「構造づくり」とは，部下が効率よく職務を遂行できるように，部下に明確な課題を割り当て，仕事のスケジュールを示すことである．「配慮」とは，リーダーが友好的な仕事環境を作り，部下に対してリーダーが近づきやすい存在であり，部下の要望をよく聞き，部下一人ひとりの感情や欲求に気を配ることである．[4]

「構造づくり」と「配慮」を構成する内容は，150項目からなるリーダー行動記述質問表（Leader Behavior Description Questionnaire：LBDQ）にまとめ

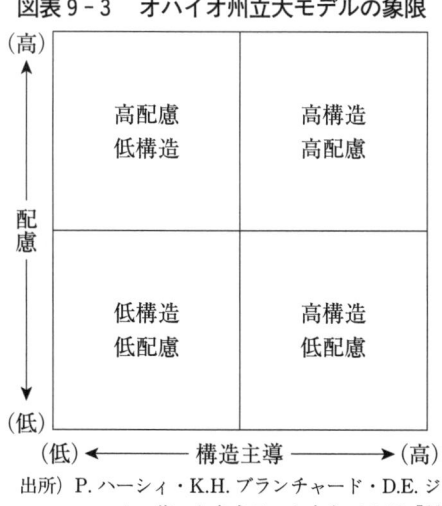

図表9-3　オハイオ州立大モデルの象限

	構造主導（低）→（高）	
配慮（高）	高配慮 低構造	高構造 高配慮
配慮（低）	低構造 低配慮	高構造 低配慮

出所）P. ハーシィ・K.H. ブランチャード・D.E. ジョンソン著，山本成二・山本あづさ訳『行動科学の展開（新版）』生産性出版，2000年，106ページ

られている．たとえば，「このリーダーは友好的で話しやすい」という「配慮」に関する質問に対して，部下は該当するリーダーの行動の頻度を判断し，「いつも，しばしば，ときどき，まれに，ぜんぜん」の1つをチェックするのである．リーダーシップ・スタイルは「構造づくり」と「配慮」の組み合わせによって，図表9-3のように4つに分類することができる．オハイオ州立大学では，「構造づくり」と「配慮」の双方とも高いレベルで行うリーダーの下で，集団の生産性がもっとも高いことを発見した．[5]

9.5 マネジリアル・グリッド論

マネジリアル・グリッドは，ブレーク&ムートンによって，リーダーの育成を通じて組織開発を行うために考案された．[6] 組織には，目的（業績），人間，権限という3要素があり，この要素を効果的に管理することが，生産性を高めるためには必要である．リーダーは，権限を用いて，部下に組織目的を達成させようとする．その際，リーダーは「業績に対する関心（concern of production）」と「人間に対する関心（concern of people）」の程度によって，多様な管理スタイルをもつ．「業績に対する関心」とは，人を使って目的を達成することに対するリーダーの基本的態度である．「人間に対する関心」とは，リーダーが職場の雰囲気や社会的関係に対する関心を指している．

リーダーの「業績に対する関心」の程度を9段階，同様に「人間に対する関心」の程度を9段階に分けることによって，図表9-4のように，81のリーダーシップ・スタイルを考えることができる．1は関心度が最低であり，9は最高のレベルを表している．この組み合わせの中でも，以下のように典型的な5タイプのリーダーシップ・スタイルが識別された．

(1) 9・1型：リーダーの関心は業績のみに向けられており，部下は生産のための道具とみなされる．リーダーと部下は，命令と服従の関係にある．

図表9-4　マネジリアル・グリッド

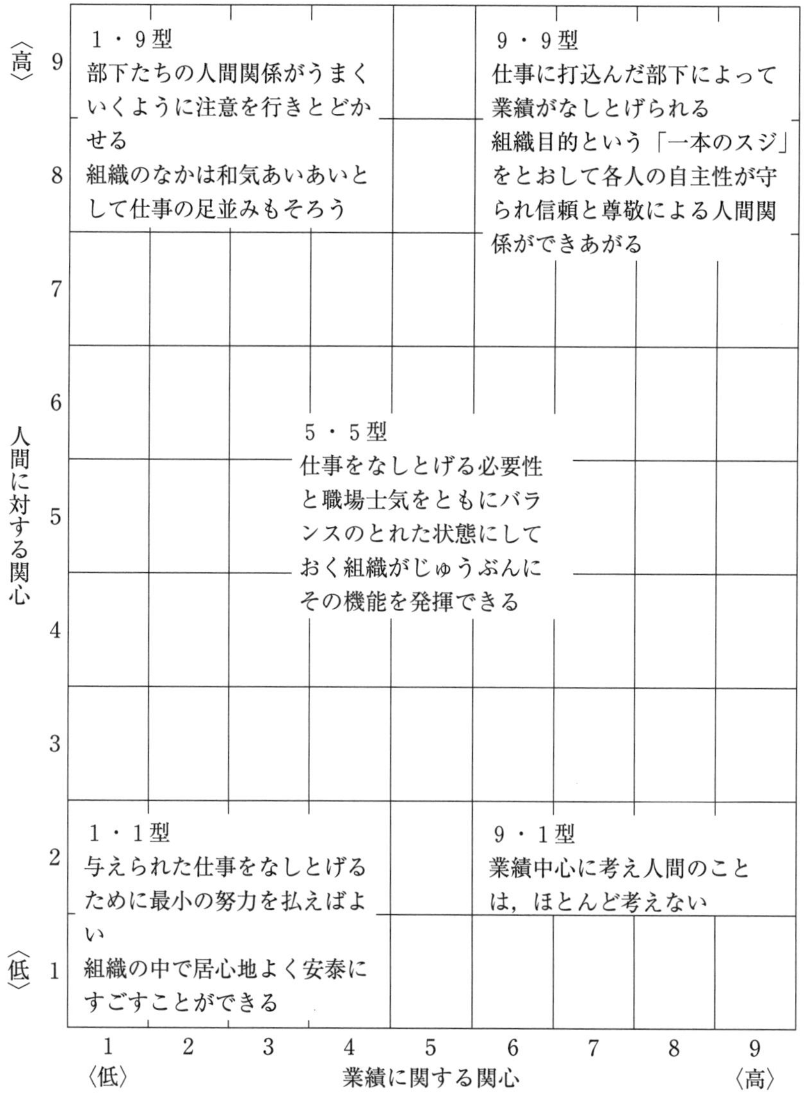

〈高〉

人間に対する関心

9　1・9型
部下たちの人間関係がうまくいくように注意を行きとどかせる

8　組織のなかは和気あいあいとして仕事の足並みもそろう

9・9型
仕事に打込んだ部下によって業績がなしとげられる組織目的という「一本のスジ」をとおして各人の自主性が守られ信頼と尊敬による人間関係ができあがる

7

6

5　5・5型
仕事をなしとげる必要性と職場士気をともにバランスのとれた状態にしておく組織がじゅうぶんにその機能を発揮できる

4

3

2　1・1型
与えられた仕事をなしとげるために最小の努力を払えばよい

9・1型
業績中心に考え人間のことは，ほとんど考えない

1　組織の中で居心地よく安泰にすごすことができる

〈低〉

　1　2　3　4　5　6　7　8　9
〈低〉　　　業績に関する関心　　　〈高〉

出所）ブレーク＆ムートン著，上野一郎監訳『期待される管理者像』産業能率大学出版部，1965年，14ページ

(2) 1・9型：リーダーは友好的な雰囲気を作りだすが，業績の達成には積極的でない．

(3) 1・1型：リーダーは何事にも無関心であるが，最低限の仕事は行う．

(4) 5・5型：現状維持型であり，伝統や過去の慣行に頼り，自分から率先して行わない．

(5) 9・9型：リーダーは，参画型の管理スタイルをとって，部下のアイデアを活用し，人間と業績を効果的に統合する．

中でも9・9型のリーダーシップ・スタイルが，もっとも生産性とモラールを高めるため，ブレーク&ムートンは，この型を最善のリーダーシップ・スタイルとした．

9.6 リーダーシップPM論

集団力学研究所では，三隅を中心として，リーダーと集団との観点から，リーダーシップの研究が進められた[7]．その結果，集団の目標達成機能と集団の維持機能の両機能とも高いPM型リーダーシップが，もっとも集団の生産性を高めていることを発見した．この理論も，基本的には，リーダーの行動を仕事中心型と人間中心型に分けて，両機能とも高いのが最善であるとするリーダーシップ理論の一種である．

まず，リーダーシップを集団目標達成機能（Performanceの頭文字をとって「P機能」とよぶ）と集団維持機能（Maintenanceの頭文字をとって「M機能」とよぶ）という2つの独立した機能として捉える．この2つの機能の組み合わせから，PM型，P型，M型，pm型という4タイプのリーダーシップ・スタイルが出てくる．

リーダーのP機能とは，集団の目標を達成させ，課題を解決するために，仕事を指示・指導することである．たとえば，製造現場で生産性を高めるために，リーダーが直接とる行動がそうである．M機能とは，集団組織の中で人間関係に生じた緊張をなくして友好的な関係を構築し，かつ，メンバー

の自主性を尊重し，意思決定に参画させることである．調査では，リーダーのP行動，M行動とも部下に5段階で評価させて，P行動とM行動の双方とも平均値より高いPM型，P行動が高くM行動が低いP型，P行動が低くM行動が高いM型，両方とも低いpm型にリーダーシップ・スタイルを分類した．

① PM型：業績を上げようとして，仕事の指示や指導に力を注ぐが，同時に部下に対しても思いやりをもつタイプである．
② P型：業績を上げることに熱心であるが，人間関係には無関心である．
③ M型：指示や指導を厳格にして，集団の雰囲気を悪くするよりも，人間関係を良好に保とうとするタイプである．
④ pm型：部下の指導もせず，人間関係にも無頓着である．

多くの集団で実験した結果，PM型リーダーの下で，最も生産性が高く，メンバーのモラールも高いという結論を得た．

これまで言及してきたミシガン大学の研究，オハイオ州立大学の研究，マネジリアル・グリッド，集団力学研究所のリーダーシップPM論の4つの理論のうち，理想的なリーダーシップ・スタイルが異なるのは，ミシガン大学の研究だけであった．他の3つの理論とも，仕事中心と人間中心の両方のレベルが高いリーダーシップの下で，生産性が高かった．ミシガン大学の研究では，図表9-2からもわかるように，リーダーの行動を1次元で捉えており，仕事中心で高い点数を取ると，もう一方の人間中心では低い点数を取ると考えている．そのため，両方とも高いリーダーの行動は存在しないのである．他の3理論は，リーダーの行動を仕事中心と人間中心の2次元で捉えているため，一方の次元で高いレベルであっても，他の次元で低いとは限らない．仕事中心と人間中心の両方のレベルが高いリーダーが現実に存在するため，これらの理論でリーダーの行動を2次元で捉えた貢献は大きいと思われる．

仕事中心と人間中心の両方のレベルが高いリーダーの例として，1999年に

ルノーから日産に COO としてやって来て、日産を立て直したカルロス・ゴーンがあげられる。彼は、1999年当時、日産の負債が約2兆1千億円あったものを、なくそうとして、日産リバイバル・プランを打ち出し、部品のコスト削減、工場の閉鎖、系列会社の資産売却を行った。同時に、彼はそれを実行しやすいように、人間志向的なリーダーシップもとった。すなわち、彼は企業文化の改革をし、社員全体に企業目標や戦略に対して共有意識をもたせ、社員の努力を反映した給与体系に直し、かつ従業員を尊重・信頼したのである。

9.7 フィドラーのリーダーシップ状況適応モデル[8]

その後、リーダーの置かれている状況によって、有効なリーダーシップ・スタイルが異なるとするコンティンジェンシー理論が台頭してくる。1967年に、フィドラーはリーダーのタイプを2つに分類して、状況によってどちらのリーダーシップ・スタイルが有効であるかを調査した。リーダーのタイプの1つは仕事志向型リーダーシップであり、仕事のやり方や目標を部下に示し、細かく指示して働かせるタイプである。もう1つは、人間関係志向型リーダーシップであり、職場の雰囲気を良好に保つタイプである。フィドラーはリーダーシップのタイプを2つに分類するために、独自に LPC 尺度を開発した。「LPC」とは、最も一緒に仕事をしたくない同僚（least preferred co-worker）の頭文字をとったものである。まず、このような同僚をリーダーに思い浮かべさせて、その同僚を16項目で評価してもらう。寛大に評価したリーダーは、人間関係志向型リーダーシップをとり、厳しく評価したリーダーは、仕事志向型リーダーシップをとる傾向があるとした。

状況要因としては、①リーダーとメンバー関係、②仕事の構造化の程度（仕事の目標、手順、成果が明確であるかどうか）、③リーダーの権限の程度の3つがある。フィドラーは、この3つの基準で状況を図表9-5のように8つに分けた。状況が1から8に移動するにつれて、状況が好意的、中程度、

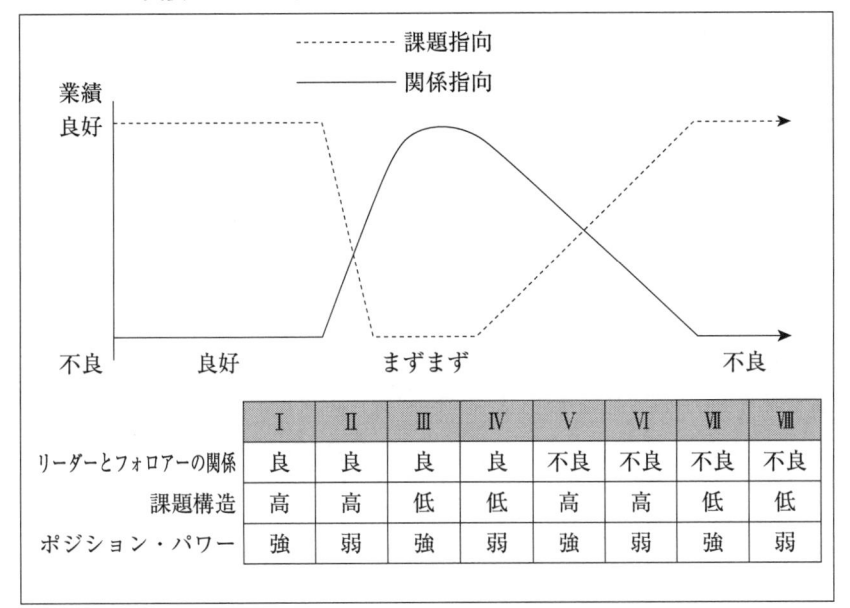

図表9-5　フィドラーのリーダーシップ状況適応モデル

- - - - - - 課題指向
――――― 関係指向

業績
良好 / 不良

良好　　まずまず　　不良

	I	II	III	IV	V	VI	VII	VIII
リーダーとフォロアーの関係	良	良	良	良	不良	不良	不良	不良
課題構造	高	高	低	低	高	高	低	低
ポジション・パワー	強	弱	強	弱	強	弱	強	弱

出所）P. ハーシィ・K.H. ブランチャード・D.E. ジョンソン著，山本成二・山本あづさ訳『行動科学の展開（新版）』生産性出版，2000年，122ページ

非好意的に変化していく．

(1) 状況が好意的：リーダーが部下を管理しやすい状況である．部下との人間関係がよく，仕事の手順や目標が明確であり，リーダーの権限も強い．

(2) 状況が中程度：人間関係が普通であり，仕事の目標や手段は想定がつくものであり，リーダーの権限も普通にある．

(3) 状況が非好意的：リーダーが部下を管理しにくい状況である．人間関係が悪く，仕事内容が不明瞭であり，リーダーの権限が弱い．

フィドラーは，800以上の集団で実証研究を行った．その結果，状況が好意的な場合と非好意的な場合には，図表9-5に示されているように，仕事志向的なリーダーの成果が高かった．状況が中程度に好意的な場合には，人

間関係志向的なリーダーの成果が高かった．

　この実証研究を踏まえて，以下のような結論が導き出される．

① 普遍的なリーダーシップ・スタイルはない．
② あるリーダーを，よいリーダーとか悪いリーダーと決め付けることは正しくない．状況によって，よいリーダーにも悪いリーダーにもなりえるからである．
③ リーダーは状況を見て，それに適合するリーダーシップ・スタイルを自由自在にとるべきである．

　しかし，フィドラーは，リーダーシップ・スタイルを変えるのは難しいと考えている．したがって，リーダーシップ・スタイルが状況に合っていない場合は，仕事を構造化したり，リーダーの権限を強めるなりして，状況を変えるか，または，そのリーダーに適合する状況の部署へ配置転換することを提唱している．フィドラーは，組織内の環境をリーダーに合わせることを組織エンジニアリングとよんでいる．

9.8 ハーシィ＆ブランチャードのシチュエーショナル・リーダーシップ理論（SL理論）[9)]

　シチュエーショナル・リーダーシップ理論は，1960年代後半，リーダーシップ研究センターでハーシィ＆ブランチャードによって開発された．この理論は，図表9-6に示されているように，部下の成熟度によって，有効なリーダーシップのスタイルが異なるというものである．フィドラーは状況要因を，「リーダーと部下の関係」「仕事の構造化の程度」「リーダーの権限の程度」という3つの要因で捉えたが，ハーシィ＆ブランチャードは，「部下の成熟度」という要因で捉えようとした．たとえば，新入社員と中堅社員を指導する場合，やはり同じような指導では効果的ではないであろう．この理論は，部下の成熟の状況によってリーダーシップ・スタイルを変えるということでシチュエーショナル・リーダーシップ（Situational Leadership）理論，

図表 9-6　ハーシィ&ブランチャードのシチュエーショナル・リーダーシップ理論（SL 理論）

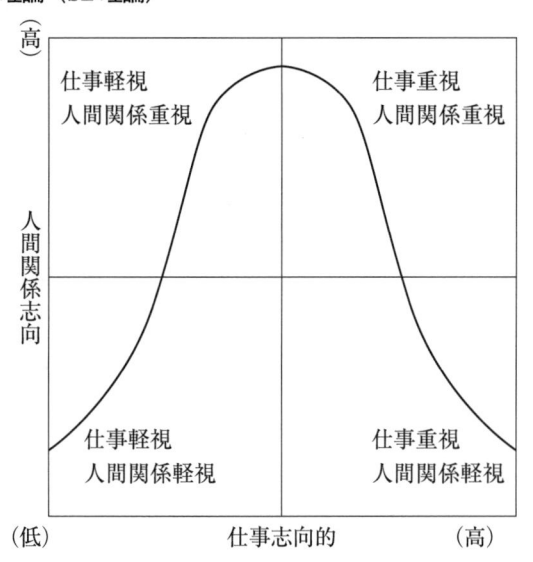

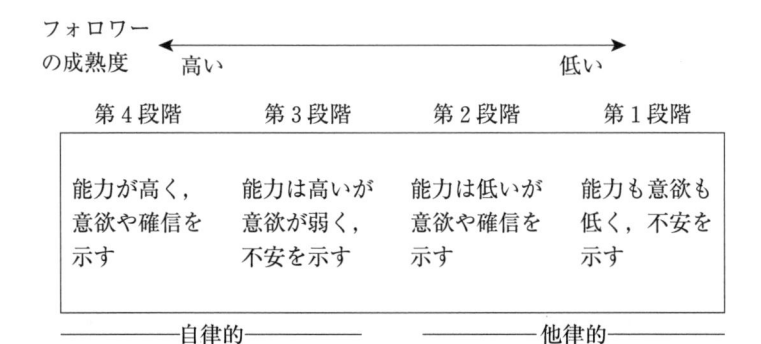

```
         (高)
          │
          │  仕事軽視         仕事重視
          │  人間関係重視     人間関係重視
     人間 │
     関係 │
     志向 │
          │  仕事軽視         仕事重視
          │  人間関係軽視     人間関係軽視
          │
         (低)──────仕事志向的──────(高)
```

フォロワー　　←　　　　　　　　　　　　　→
の成熟度　　　高い　　　　　　　　　　　低い

第4段階	第3段階	第2段階	第1段階
能力が高く，意欲や確信を示す	能力は高いが意欲が弱く，不安を示す	能力は低いが意欲や確信を示す	能力も意欲も低く，不安を示す

──────自律的──────　　──────他律的──────

出所）P. ハーシィ・K.H. ブランチャード・D.E. ジョンソン著，山本成二・山本あづさ訳『行動科学の展開（新版）』生産性出版，2000年，207ページより作成

または，頭文字をとって「SL理論」とよばれている．

リーダーは，課題行動（Task Behavior）と関係行動（Relationship Behavior）の2つの行動をとるとフォロワーによって認識されている．課題行動とは，リーダーが部下の職務遂行を指示することであり，指示的行動ともいう．関係行動とは，リーダーと部下との双方向的な意思疎通が行われ，部下を励まし支援する行動であり，協労的行動ともいう．

図表9-6は，このようなリーダーの2つの行動を2次元で表し，4つの基本形に分類したものである．部下の成熟度は，①高い目標を設定し，挑戦しようとする意欲，②責任を負おうとする意思と能力，③教育や経験のレベルを基にして，4段階に分けられる．

部下の成熟度が最も低い第1段階では，部下は不安を示す．しかし，第2段階で，いったん，意欲や確信を示すようになるのに，第3段階では，また不安な状態に戻ってしまう．これは，第3段階でフォロワーが自律的になり，本人主導で作業を進めるようになるため，過度の気遣いや不安が増してくるからである．部下の4段階の成熟度に適合したリーダーシップは，以下のようになる．

①部下の成熟度が低い場合は，リーダーは具体的に指示し，細かに監督する．つまり，仕事志向を高め，人間関係志向を弱める（教示的スタイル）．

②部下が成熟度を高めてくるに従って，決定内容を説明し，質問の機会を与える．すなわち，仕事と人間関係の両方のウエイトを同時に高める（説得的スタイル）．

③さらに部下の成熟度が高まると，もはやリーダーが詳しく指示する必要はない．部下に考えを出させ，励ましや支援を与える方が適切である．したがって，仕事志向を抑え，人間関係重視へと移行する（参加的スタイル）．

④部下が完全に成熟したら，決定と実施の責任を部下に委ねる．すなわ

ち，仕事と人間関係の双方とも最小限にとどめる（委任的スタイル）．

1970年代に，ゼロックス社の情報システム・グループは，教育訓練でシチュエーショナル・リーダーシップ理論（SL理論）を導入した．実際に，この理論の応用が有効であるかどうかを検証するために，マネジャー65名に調査を実施した．その結果，高い業績を上げたマネジャーは，業績が悪かったマネジャーよりも，シチュエーショナル・リーダーシップ理論（SL理論）に関する知識が多く，活用していたことがわかった．[10]

フィドラーは，リーダーシップ・スタイルが状況に適合していない場合は，リーダーのスタイルに合うように状況を変えることを提唱している．シチュエーショナル・リーダーシップ理論では，部下の成熟度に合わせてリーダーシップ・スタイルを変えるべきだとしており，状況ではなく，リーダー自身を変えることを提唱している．

9.9 目標―経路理論（パス-ゴール理論）[11]

「目標―経路理論」も，ハウスによって提唱された，リーダーシップの状況適応理論の一種である．この理論でリーダーの重要な役割は，部下の仕事に対する動機づけを強くすることにある．動機づけの方法は，部下が仕事を達成した時に得る報酬を，十分魅力のあるものだと認知させて，さらに，どれほど努力したら，仕事の成果が期待でき，その成果によってどのような報酬が期待できるかということを明確にすることである．そうすれば，部下は報酬を得ようとして，努力するのである．

リーダーは，部下が認知する報酬を，魅力を感じるように個別に修正し，その報酬を受けるまでの仕事の経路を明確にする必要がある．このようなリーダーの行動を，これまでの「仕事志向的」と「人間関係志向的」な役割に分類するならば，目標を定めてそこに到達するまでの経路を明確にすることは，リーダーの「仕事志向的」な役割であり，目標にいたるまでの経路で人間関係をスムーズにすることはリーダーの「人間関係志向的」な役割であ

る．

　この目標─経路理論の初期の段階では，リーダーの行動を「構造づくり」と「配慮」の2次元で捉えていた．しかし，近年はより複雑な状況に対応するために，「手段的」「支持的」「参画的」「達成志向」の4次元で捉え直している．「手段的」行動とは，部下の活動を計画し，組織化し，統制し，調整し，報償を明確化することである．「支持的」行動とは，部下が働きやすいように精神面の環境を整えて「配慮」することである．「参画的」行動は，部下のニーズを把握して，報償を変えてやることである．「達成志向」行動は，最大限に努力しなければ達成できないような挑戦的な目標を部下に与え，高い成果を上げさせることである．

　目標─経路理論では，状況要因として「部下の特性」と「仕事環境特性」を導入している．「部下の特性」には「能力」「コントロールの自信」「欲求と動機」がある．「能力」とは，部下が自分自身で認知している能力のことである．部下の能力が高いほど，部下はリーダーの手段的行動を好まない．「コントロールの自信」とは，部下が物事をコントロールできるという自信を指す．このような自信をもつ部下は，参画的リーダーを好む．「欲求と動機」とは，部下がどのような欲求をもつかによって，動機づけが変わってくることである．高次元の欲求をもつ部下ほど，参画的リーダーに満足するであろう．

　もう1つの状況要因である「仕事環境特性」には，「仕事の性質」「仕事集団の特徴」「組織要因」がある．「仕事の性質」とは，部下の行う仕事の内容である．ルーティーンワークではない時，部下は仕事の手順を明確にしてくれる手段的リーダーを望むであろう．「仕事集団の特徴」とは，メンバー間の関係の緊密さ，メンバーの成熟度などであり，それによって，適するリーダーの行動が変わってくる．「組織要因」は，組織の階層や，職務範囲の明確さの程度等を指す．これらを表したものが図表9-7である．実証研究の結果，部下が定型的な仕事を行っている場合は，支持的なリーダーの成果が

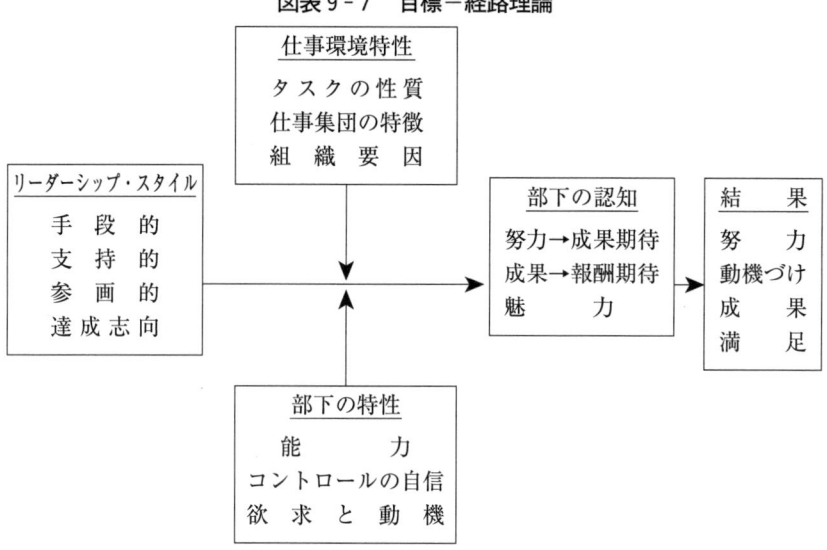

図表9-7　目標－経路理論

```
┌─────────────────┐
│ 仕事環境特性    │
│  タスクの性質   │
│  仕事集団の特徴 │
│  組　織　要　因 │
└─────────────────┘
          │
          ↓
┌─────────────────┐      ┌─────────────────┐     ┌─────────────┐
│リーダーシップ・ │      │ 部下の認知      │     │ 結　　果    │
│スタイル         │      │ 努力→成果期待   │     │ 努　　力    │
│  手　段　的     │ ───→ │ 成果→報酬期待   │ ──→ │ 動機づけ    │
│  支　持　的     │      │ 魅　　力        │     │ 成　　果    │
│  参　画　的     │      └─────────────────┘     │ 満　　足    │
│  達　成　志　向 │              ↑                └─────────────┘
└─────────────────┘              │
                         ┌─────────────────┐
                         │ 部下の特性      │
                         │ 能　　　力      │
                         │ コントロールの自信 │
                         │ 欲　求　と　動　機 │
                         └─────────────────┘
```

出所）野中郁次郎『経営管理』日本経済新聞社，1997年，137ページ

高かった．反対に，部下が非定型的な仕事を行っている場合は，指示的なリーダーの方が高い成果を得た．

　この理論では，リーダーは部下に対し，最適な報酬を個別に考えて，それを基に仕事の動機づけを行っている．そのため，リーダーのパワーの中でも報償力が最も重要となる．報償には，昇給，ボーナス，昇進等がある．マイナスの報償には処罰がある．これまでの調査によると，処罰は組織の下位にいる従業員には，満足や成果に対してマイナスの効果となるが，組織の上位にいる従業員には，プラスの効果をもっていることがわかった．

　日本の企業の多くは，近年まで終身雇用，年功序列を採用し，新入社員と暗黙の心理的契約を結んできた．すなわち，「会社に忠誠を誓い，一生懸命働いて業績を上げれば，定年まで面倒を見てやる」という暗黙の契約であり，新入社員は終身雇用という報償を期待して，それを仕事の動機づけにすることができた．

しかし，近年，企業間の競争が激しくなり，リストラやリエンジニアリングが行われ，終身雇用を守る企業が減少した．それとともに，一生懸命働くことの報償として，終身雇用を保証するという暗黙の契約は成立しなくなってしまった．したがって，企業は社員を働かせるための新しい「報償」が必要となったのである．近年，成果主義に基づいた給与体系に変える企業が多いのは，「報償」を「終身雇用」から「成果に見合った給与」へと転換しているからともいえよう．

9.10 新しいリーダーシップ研究動向

(1) フォロワーシップの心理学[12]

これまで，理想的なリーダーシップを生産性との関係で考えてきたが，フォロワーの側から，理想とするリーダーシップを分析することも意味があろう．フォロワーはリーダーに自分の「父親」や「母親」，「兄弟または姉妹」の役割を転移させて，そのために働こうとするケースが見受けられる．これは，フロイトが「感情転移」とよぶものである．たとえば，上司を，まるで親のように自分の面倒をみてくれるものと思い込んでいる部下は，上司を過大に評価しがちであり，愛されたい，保護されたいという願望を抱くようになる．そして，部下はその願望が実現することを期待して，上司の命令に従って忠実に働く．しかし，自分の期待が満たされなくなった場合は，部下は働かなくなってしまう．

伝統的に組織のリーダーのほとんどが，父親の役割を果たすものと思われてきた．リーダーの役割を父親に転移させている場合，他に転移するよりも，部下の安定した忠誠心を生み出す．母親転移は，女性の上司に対して起こる．上司に対して，最大限の思いやりや共感を期待するようになる．共働きの家庭に育った子どもは，親よりも兄弟に多く依存するようになる．その結果，部下はリーダーに対して兄弟や姉妹の役割を投影するようになる．

このように，リーダーにどのような役割を転移させたとしても，部下の昇

進と報酬は，リーダーと部下の関係に基づくものではなく，部下の業績に基づくものであることを，リーダーはあらゆる手段を使って理解させなければならない．リーダーをある種のロール・モデルとして見ている部下を観察すると，確かに感情転移によってリーダーの権威を高めたり，愛社精神を高めるという効果がある．しかし，これらの効果とともに，負の効果があるのも確かである．そのため，リーダーは部下の感情転移に対処する必要がある．リーダーは自分の本当の姿を，感情転移した部下に理解してもらい，相互に理解しあうことが必要である．

(2) 変革型リーダー

「変革型リーダー」になるには，どのようにしたらよいのだろうか．どのような変革をしたらよいのだろうか．このような問いに答えを提供してくれるのが，ポジティブ・デビアンス（positive deviance：実用的な例外，参考にすべき逸脱者）である．「変革型リーダー」は，他社のベスト・プラクティスを導入するのではなく，社内のポジティブ・デビアンスを見つけて，この社員が実施して，成功を収めている異なったアプローチを社内に広めることが望ましい．ベスト・プラクティスとは，他の企業で実施されて成功したものを社内に導入することであるため，社員は外から持ち込まれたものが自社に当てはまらないのではないかと，その有効性に懐疑の目を向けがちである．しかし，社内のポジティブ・デビアンスは，自社で生まれたものなので，社員はそれを受け入れやすい．リーダーが上から社員に変革を押し付けるのではなく，社員自らそれを学習することが望ましい．そうすることによって，リーダーが変革を実行する際に，部下をその変革のパートナーにすることができる．リーダーの押し付けによる変革は，部下から変革に対する積極性や自主性を奪い取ってしまうことがある．問題点の把握，責任の分担，解決にいたるまで部下に委ねることが，部下を変革に巻き込むことにつながるし，かつ，変革への抵抗が少なくなる[13]．

もちろん，社内にポジティブ・デビアンスが存在しなければ，リーダーは他社のベスト・プラクティスを導入しなければならない．そのような場合，リーダーは社内の抵抗を少なくすることが重要な役目となろう．

変革型リーダーの行動は，以下の6つの過程から成り立っている．①組織変革のビジョンを明確にする．たとえば，ダイエーには「安さ」に代わる新たな会社のビジョンがなかった．そのため，リーダーは働く意味を社員に示すことができなかった．[14] ②変革の目標を設定する，③経営資源の配分を決定する，④メンバーに権限委譲する，⑤変革推進の人的ネットワークを創る，⑥メンバーの動機づけをする．[15]

変革型リーダーとして，2005年，千葉ロッテマリーンズを優勝に導いたバレンタイン監督の行動を考えてみよう．彼は，9年連続B級といわれてきた千葉ロッテ球団を，2年で日本一に変えた．その特異なリーダーシップ・スタイルは，問題を新しい視点で考えることにある．たとえば，打順と選手の適正は，従来のものとは異なっており，3番，6番，7番に長打力のある選手を起用した．この打順だと，4番から始まっても得点できる．これまでの伝統的な打順は初回しか機能しないが，ロッテの場合，どの選手から打順が始まっても点につなげることができ，打者一巡するほどの打撃力につながった．その結果，日本シリーズ4試合で33打点を獲得した．このように，バレンタイン監督は野球の常識を疑う．また，監督は各選手の統計データを採り，その分析を基に選手を起用したり，ゲームで指示を出した．監督は，同時に人間関係にも気を遣い，あらゆる場面で選手とのコミュニケーションを図って選手の状態を把握した．選手には常に監督に見られていると思わせ，それによって監督への信頼を高めようとした．次に，負けることに慣れすぎている選手の意識改革にも取り組んだ．ロッテの勝ち試合と見ると，試合を経験させるために多くの選手を交代させて使い，勝つ気分とはどのようなものかということを経験させて，選手のやる気を高めた．実際に，監督は126通りもの選手の組み合わせを作った．日本ではこれまで，選手交代は負け試

合に行うことが多かったが，これはバレンタイン監督にいわせると，失望を味わわせることにつながり，むしろマイナス効果となる．

リーダーが部下に高い期待を抱き，実際に部下がそれに高い業績で応える場合，「高い期待」と「高い業績」との間に有効な循環が生まれる．その反対に，低い期待しか抱かないリーダーには，部下は最小限の努力しかしなくなり，業績は低下する．つまり，「低い期待」と「低い業績」との間に非効果的な循環が生まれるのである．[16]

(3) 変革型リーダーの進化[17]

デイビッド・ルークらは，25年に渡って多くのマネジャーの行動論理を調査し，以下の7つに分類した．

① 他者利用型：どんな手を使ってでも勝とうとする．自分中心で，人を操りたがる（緊急事態に役立つ）．
② 利害調整型：衝突を避ける．集団の規範に従う．現状維持型（集団の一体感を強める）．
③ 専門家型：論理性と専門知識を重視．理性的．効率を追求（個人的貢献度が高い）．
④ 目標達成型：複数のチームをまとめて戦略目標を実現させる（行動志向型）．
⑤ 個人尊重型：個人と組織の行動論理を統合させることができる（起業やコンサルティングに向いている）．
⑥ 戦略家型：個人や組織の変革を生み出せる（変革リーダー型）．
⑦ 改革者型：物質的変革，精神的変革，社会的変革を生み出せる（社会の改革を指導できる）．

ここで重要なのは，リーダーが特定の行動論理に留まるのではなく，コーチングや研修によって，1から7へと，よりよい行動論理へとステップアップすることである．リーダーとしての特質を先天的にもっている人もいれ

ば，徐々に人格を変化させて成長するリーダーもいる．したがって，リーダーは自己の性格を自覚し，変革していけば，変革型リーダーになれるであろう．

9.11 おわりに

　リーダーシップの研究が偉大なリーダーといわれる人の資質や行動の傾向を調査することから始まったことは，これまで見てきたとおりである．しかし，あるリーダーが状況によって，よいリーダーにも悪いリーダーにもなりうることを勘案すると，リーダーの置かれている状況によって，有効なリーダーシップ・スタイルが異なるとするコンティンジェンシー理論が台頭してくるのは妥当であろう．状況要因を，部下の成熟度や，リーダーの権限の程度など，どのようなものにするかにより，異なったコンティンジェンシー理論が出現した．近年は，企業の業績を抜本的に立て直すために，変革型リーダーシップが求められている．変革型リーダーになるためには，リーダー自身も自己変革し進化していかなくてはならない．このようなリーダーこそが，組織の行動論理をも変えることができるのである．

注）
1) 野中郁次郎『経営管理』日本経済新聞社，1997年，85ページ
2) ブルナー・エーカー・フリーマン・スペックマン・タイスバーグ（1998）邦訳書，43ページ
3) 神戸大学経営学研究室編『経営学大辞典』中央経済社，1988年，937ページ
4) 同上書，55-56ページ
5) ハーシィ・ブランチャード・ジョンソン（2000）邦訳書，104-105ページ
6) 神戸大学経営学研究室編，前掲書，930ページ
7) 同上書，979ページ
8) 野中郁次郎，前掲書，129-132ページ
9) 同上書，132ページ
10) ハーシィ・ブランチャード・ジョンソン（2000）邦訳書，214-226ページ
11) 野中郁次郎，前掲書，134-139ページ

12) マイケル・マコビー著，鈴木泰雄訳「転移の力：フォロワーシップの心理学」『ダイヤモンド・ハーバードビジネス・レビュー』ダイヤモンド社，3月号，2005年，114-127ページ
13) パスカル R. T., スターニン J. 著，松本直子訳「ポジティブ・デビアンス：［片隅の成功者］から変革は始まる」『ダイヤモンド・ハーバードビジネス・レビュー』ダイヤモンド社，9月号，2005年，40-51ページ
14) 『日経ビジネス』4月4日号，2005年，30-33ページ
15) 佐久間賢・西藤輝『MBA エッセンシャル講座1　経営戦略』中央経済社，2003年，49ページ
16) ハーシィ・ブランチャード・ジョンソン（2000）邦訳書，258ページ
17) ルーク D., トーバート W. R. 著，西尚久訳「変革リーダーの進化」『ダイヤモンド・ハーバードビジネス・レビュー』ダイヤモンド社，9月号，2005年，90-103ページ

◆参考文献

佐久間賢・西藤輝『MBA エッセンシャル講座1　経営戦略』中央経済社，2003年

佐久間賢『問題解決型リーダーシップ』講談社，2003年

野中郁次郎『経営管理』日本経済新聞社，1997年

Hersey, P., Blanchard, B. and D. E. Johnson, *Management of Organizational Behavior : Utilizing Human Resources.*, Prentice-Hall, 1996. （山本成二・山本あづさ訳『(新版) 行動科学の展開　人的資源の活用』生産性出版，2000年）

Eaker, M. R., Freeman, R. E., Spekman, R. E., Teisberg, E. O., Venkataraman, S., Bruner, R., *The Portable MBA*, John Wiley & Sons Inc., 1997. （嶋口充輝・吉川明希訳『MBA 講座　経営』日本経済新聞社，1998年）

第 10 章

企業文化と経営

10.1 はじめに

　企業文化が特に脚光を浴びるようになったのは，これまで成功してきたアメリカの大企業が日本企業に敗れた時からである．その敗因の1つに，アメリカ企業が日本企業のような強固な企業文化をもっていなかったことがあげられる．さらに，トム・ピーターズおよびウォーターマンによる『エクセレント・カンパニー』やウィリアム・オオウチによる『セオリーZ』等の本が出版され，これにより企業文化に対する人びとの関心が高まってきた．

　企業文化とは，企業の組織メンバーに共有されている価値観であり，メンバーの行動パターンとなって具体的に現われる．企業文化は，組織メンバーによって学習され，継承されるものであるが，長期的には環境の変化によって変革されるものでもある．

　企業文化には価値観のように目に見えないものもあるが，行動パターンや企業のシンボル，企業の英雄，そして儀礼や儀式のように目に見えるものもある．たとえば，ソニーには金のモルモットの置物が飾られているが，これはソニーのパイオニア精神を表すシンボルとなっており，新しいものを創造しようとするソニーの企業文化を表している．企業文化をうまく言い表しているものに，「日立野武士」「東芝紳士」「三菱殿様」「松下商人」「ソニーモルモット」「石橋を叩いても渡らないトヨタ」「創造的なホンダ」などがある[1]．個々の企業間で企業文化が異なるが，産業によっても，企業文化に差異が生じる．化学，石油，鉄鋼といった装置型の産業では，一般的に官僚主義

的であり，製品のライフサイクルが短く市場のニーズの変化が激しい産業では活性化した文化が一般的に見られる[2]．

本章では，企業文化の役割を最初に考察し，次いで企業文化論の展開を「バーナードの道徳理論」「ディール＆ケネディの強い文化の研究」「シャインの企業文化の研究」の順に検討する．そして，「企業業績と企業文化」「企業文化による価値の創造」「国民文化と企業文化」「企業文化とパワー」といった視点で，より深く企業文化を見ていくことにする．

10.2 企業文化の役割

企業文化は，企業の価値観を組織メンバーで共有することにより，1）メンバー個人に対する役割，2）組織に対する役割，3）対外的役割の3つの役割が期待できる[3]．

1）メンバー個人に対する役割：①意思決定や行動の基準の設定，②情報共有によるコミュニケーションの円滑化，③自主的行動を促進させてモチベーションを高める．

従業員は雇用契約に沿って働く義務がある．しかし，形式的に契約に定めていないことが生じた場合，企業は企業文化によって従業員の行動の方向性を定めることができる．企業文化は，従業員が同じ目標に向かって働けるような雰囲気をつくる役割を果たす[4]．

たとえば，ディズニーランドの従業員はアルバイトも含めて，遊びに来た人の夢を壊さないように，入場者はゲスト，働く人はキャストとして考え振る舞うように教育されている．したがって，各場面に対する詳細な行動マニュアルがなくとも，このような価値理念を従業員に理解させることによって，各自にどのように接客対応させたらいいかを，任せることができるのである．

2）組織に対する役割：企業全体を統合させ，調整を容易にする．組織的意思決定がスピーディに行われるようになる．

3）対外的役割：企業の目的，価値観を外部に示すことによって，企業のイメージを高める．最初，顧客が品質や機能の優れた製品を購入すると，顧客満足につながる．その後で，顧客はその製品やサービスを提供している企業自体に関心がいくようになる．その際，顧客が企業のイメージや企業文化に良い感情を抱くと，引き続きその企業の顧客でいたいと考え，企業との安定的な関係へと発展していく．

企業の戦略が企業環境にうまく適合した時には，企業文化は企業の戦略の方向性を支え，企業活動の効率を高めることができる[5]．しかし，成功体験によって形成された文化が，環境が変わっても変容せず，業績に逆効果を及ぼすようになることがある．これは，「組織の慣性」[6]のために起きる．組織文化が変わりにくいのは，人事評価などの制度が変化しないために，組織メンバーが変化を認識していても行動の変化へと結びつかないことがあげられる．変わったことをして評価を下げられては困ると考えるからである．

近年，コリンズおよびポラスによる『ビジョナリー・カンパニー』が出版され，企業に多大な影響を及ぼした．ビジョナリー・カンパニーとは，「ビジョンを持っている企業，未来志向の企業，先見的な企業であり，業界で卓越した企業，同業他社の間で広く尊敬を集め，大きなインパクトを世界に与え続けてきた企業」である[7]．ビジョナリー・カンパニーでは，カリスマ的リーダーを必要とはせず，組織そのものがもっている優秀性を必要とする．したがって，ビジョナリー・カンパニーは，特定の製品のライフサイクルを越えて繁栄する企業である．企業目的は，「利潤の最大化」や「株主価値の最大化」といった，数値目標ではなく，基本的な価値観や理念を大切にすることにある．また，ビジョナリー・カンパニーは，「社運を賭けた大胆な目標」に挑み，進歩していく企業であり，企業の基本理念と高い要求に適合する社員のみにとって，働きやすい素晴らしい職場となる．ビジョナリー・カンパニーを見る限り，企業文化の役割がいかに大切であるかが理解できよう．

10.3 企業文化論の展開

(1) バーナードの道徳理論[8]

　バーナードは著書『経営者の役割』の中で，経営者は組織の戦略や技術を扱うだけでなく，組織の「道徳」(morals) も扱う必要があると述べている．道徳は個人の行動に影響を与えるものであり，個人の信念，価値観 倫理に関わる．組織の道徳は，メンバーの協働の過程において創発的に生まれ，各組織によって，道徳の内容が異なる．社会の道徳と企業の道徳との間に大きなギャップがある場合がある．たとえば，人を殺すことは道徳に反するが，死刑執行人や兵士が人を殺すことは組織の道徳には反していない．リーダーはメンバーのために適切な道徳を創造することが求められており，これはリーダーの創造的職能である．高い道徳を創造するほど，組織が永続することができる．

　バーナードの道徳理論では，組織メンバーの道徳や価値観，信念などを扱っており，今日の企業文化論の原点となっていると思われる．

(2) ディール＆ケネディの「強い文化」の研究[9]

　この研究は，アメリカの超一流企業に個別に見られる強い文化を分析したものである．強い文化をもつ企業は，好業績である傾向にある．強い文化の下では，社員は，熱心で創造的に，かつ楽しく仕事をするため，生産性が高まるからである．強い文化があれば，共通の哲学が広く浸透し，これが経営する上での信念や慣例となる．経営幹部は，企業の経営哲学や会社の本質を社員に熱心に伝えようとする．会社では人間は非常に重要な存在である．成功をもたらした英雄がおり，製品は社員の協働の結晶として扱われる．会社は中央集権化や形式的な手続きや厳格な階層に過度に依存せずに，自律と管理との調和がとれている．儀礼やセレモニーがあり，ビールパーティなどが開かれ，貴重なインフォーマルな交流の場となる．また，英雄視されている

経営者が，新入社員のオリエンテーションに顔を見せて，会社のミッションやビジョンを説いたりする．会社には，英雄がいて，物語があり，それを語る人がいるのである．このような強い文化が組織と組織メンバーの絆を強くし，生産性を高めることになる．反対に，弱い文化では，社員は何をどのように行ったらよいかを考えなければならず，生産性が低下する．

企業文化の要素として，① 企業環境，② 理念，③ 英雄，④ 儀礼や儀式，⑤ 文化のネットワークがあげられている．このような企業文化の5つの要素の内容は，次のとおりである．

① 企業環境：企業は，製品，競合企業，顧客，技術，政府の影響力などから構成されるさまざまな環境の中で活動している．

② 理念：企業文化の根底を成すのが，企業の価値理念である．社員は理念に沿って行動する．このような価値理念が企業独自の性格と態度を構築する．企業の価値理念は外部の人に，その企業から何を期待できるか伝える役割ももっている．しかし，文化が強すぎると，環境が変わった場合，時代に取り残される危険性がある．また，強すぎる文化の下では，経営者が企業の価値理念と矛盾する行動を採用する場合も，文化が根底から揺らいでしまうことがある．

③ 英雄：英雄は強い文化の中心人物である．英雄のとる行動は並外れてはいるが，人間の能力の範囲内であり，現実離れはしていない．管理者と英雄は異なる．管理者は，一定の手順を定めて会社を運営するが，英雄は実験者であり，会社を創造する．英雄は会社の外部に対して象徴的な存在となる．また，英雄は，会社を特別なものと社員に思わせ続ける．英雄は社員の行動基準を定め，行動意欲を促す．ヘンリー・フォードのように生まれながらにして英雄である人もおり，ビジョンをもって組織を作り，英雄の死後も彼の価値観を後世に伝え，何世代にもわたって影響力を持ち続ける．ビジョンをもった英雄は，成功を持続させることに責任感をもち，専心する．強い文化をもつ会社は，英雄を作り出す

ことができる．たとえば，有望な社員を指導的な地位や職務につける．会社が変化を必要としている時は，社外から有望な人を連れてきて英雄に仕立て上げる．これは羅針盤型英雄である．その他にねばり腰型英雄がおり，これは忍耐力のある英雄である．御神木型英雄は，文化の基準を象徴している．この手の英雄は，有能であるなしに関わらず，企業がその価値の真髄と考えるものを体現しているために，神聖視される．しかし，御神木型英雄は，積極的な行動をとることはほとんどなく，危機を察知できない恐れがある．英雄的な資質は，カリスマ的才能ではない．英雄は信念と価値を，社員に吹き込み組織メンバーを守る．QCや目標管理は有用ではあるが，英雄のように社員の行動パターンに影響を及ぼすことはない．企業文化は英雄によって作られるのである．

④ 儀礼や儀式：企業は価値理念を儀式化しなければ，組織的繁栄は期待できない．社員の採用，解雇，報酬の与え方，会議の形式，言葉遣い，礼儀作法，報告と形式などにおける儀礼は重要である．ビールパーティのような遊びは，人間関係を深めさせ，新しい文化理念を創造する．日常における決まりとなる儀礼は，企業生活における行動規範となり，基本的な文化理念を具現化してくれる．正式な会議では，その開かれる回数，会場，テーブルの形や席次などに，文化が反映されている．会議は，文化の価値や信念を表現する機会を管理者に与えてくれる．儀式は，儀礼と異なり特別なものであり，社員の記憶に残るような経験となる．儀式は，会社の英雄や神話などの象徴を社員に気づかせてくれる．表彰の儀式は，なぜ表彰されるかを社員全員に明確に理解させることができる．免職や退職の場合も儀式が必要であり，このような公的な儀式が行われないと，不安や混乱が生じる．儀式によって，不本意な人事を平穏に行うことができるのである．女性や少数民族など，なかなか組織に溶け込まず，文化を受け入れるのに障壁がある社員の場合は，その障壁を取り除いてあげなければならない．そのためには社員に文化的オリ

エンテーションを行い，異質な人に接するための明確なルールを作ることが必要となる．管理者自らが，接し方の手本を示す役割をすることが最良の戦略となる．このようにして，社員は，学習した企業文化の儀礼によって，特定の行動パターンを示すようになる．

⑤ 文化のネットワーク：企業の理念や英雄を語り伝えるインフォーマルな伝達手段である．強い文化では，情報ネットワークが企業文化の活力を維持し，企業の階層や部門を超えて社員全員に信念と価値理念を伝えることができる．管理者は，文化のネットワークを通じて，組織メンバーの本当の考えを，逆に知ることもできる．

ディール＆ケネディは企業文化を，「リスクをとる程度」と「意思決定を実施した結果が現われるスピード」の2つを軸にして，図表10-1に示されているように4つに分類した．すなわち，①「たくましい，男っぽい文化」，②「よく働き，よく遊ぶ文化」，③「会社を賭ける文化」，④「手続きの文化」の4タイプである．

① 「たくましい，男っぽい文化」：高いリスクを負い，意思決定の成果がすばやく現われる．成功と失敗がすぐに決まってしまうため，もっとも

図表10-1 企業文化のタイプ

リスク	速い ← 結果の出るスピード → 遅い	
大	たくましい，男っぽい文化 警察，スポーツ業界 映画業界	会社を賭ける文化 石油会社 投資銀行
小	よく働き，よく遊ぶ文化 不動産業者 販売業者	手続きの文化 保険会社 金融機関

出所）Deal, T. E. and A. A. Kennedy, *Corporate Cultures : The Rites and Rituals of Corporate Life,* Addison-Wesley, Reading, Mass., 1982. より作成

過酷な文化である．個人主義の文化であり，短期間で敗退する人が多いため，人事異動が激しい．まとまりのある文化を構築することが困難となる．

② 「よく働き，よく遊ぶ文化」：リスクが小さく，結果がすぐに現われる．社員は陽気で活動的である．物事を短期的に考える傾向があり，思慮や注意力を欠くと，企業の成長が一時的なものに終わることがある．

③ 「会社を賭ける文化」：リスクが高く，成果が現われるまで数年を要する．大金が獲得できるような正しい意思決定を重視するため，会社全体に慎重な企業風土をかもし出す．

④ 「手続きの文化」：リスクは小さいが，成果が現われるのが遅い．官僚主義的であり，意思決定に時間がかかる．社員は間違いを犯さないようにするため，些細なことにも慎重に正確に行おうとするが，革新性がない．

(3) シャインの企業文化の研究[10]

シャインは，企業文化を分析するための最良の方法は，図表10-2に示されているように，文化には3段階のレベルがあり，それは目に見えるものから，暗黙の目に見えないものまであることに気づくことであると述べている．

① レベル1：文物（人工物）

これは，企業の中に入り，もっとも容易に観察できるレベルである．たとえば，人びとは建築物，インテリア，雰囲気などの独特の物や行動が観察でき，それに対して好きとか嫌いとかのある特定の感情を抱くことになるだろう．しかし，このレベル1の表面的に観察できる範囲内では，その企業の文化を真に理解したことにはならない．なぜ，そのような行動がとられるのか理由を知るためには，次のレベルに進まなければならない．

② レベル2：標榜されている価値観

図表10-2　文化のレベル

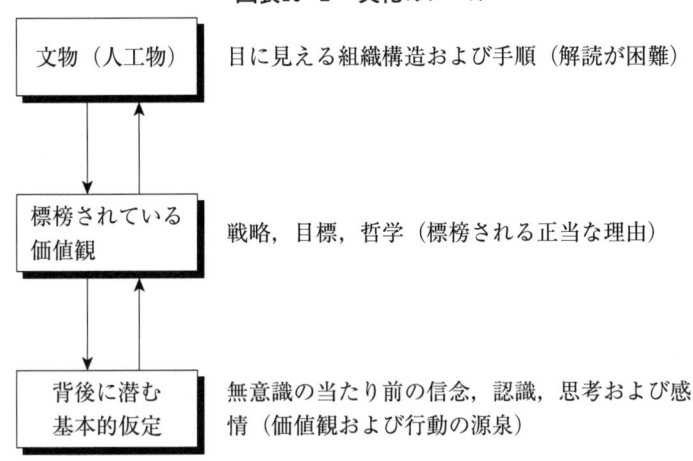

```
┌──────────────┐
│  文物（人工物）  │　目に見える組織構造および手順（解読が困難）
└──────────────┘
       ↕
┌──────────────┐
│  標榜されている  │　戦略，目標，哲学（標榜される正当な理由）
│    価値観      │
└──────────────┘
       ↕
┌──────────────┐
│  背後に潜む    │　無意識の当たり前の信念，認識，思考および感
│  基本的仮定    │　情（価値観および行動の源泉）
└──────────────┘
```

出所）E.H. シャイン著，金井壽宏監訳『企業文化 生き残りの指針』白桃書房，2004年，18ページ

　会社の基本的な価値観であり，たとえば，誠実，顧客本位，チームワークなどがあげられる．ある2社が同じ価値観を標榜していたとしても，まったく異なる物理的な建築物やインテリア，働くスタイルをとることもありえる．「標榜されている価値観」と「目に見える行動」とが一致していない場合は，より深いレベルの思考や認識で何が起こっているかを分析しなくてはならない．

③レベル3：背後に潜む基本的仮定

　企業文化とは，組織メンバーによって共有されている「基本的仮定（basic assumptions）」である．企業文化は，組織メンバーが外部や内部の諸問題を解決する際に，学習し，生み出されたもので，「学習の産物」である．問題解決の方法は，最初，試行錯誤的に考え出されるが，それが成功すると，次第にその方法が組織にとって「真理」となっていき，最後には基本的仮定となる．いったん，組織にとって特定のやり方が基本的仮定になってしまうと，普段は疑問も感ぜず，意識しないで行っている．社員に，同じような価値観でも異なったやり方で行っている会社があると説明したとしても，

社員はそのやり方は間違っているということだろう．

リーダーシップと企業文化はコインの表裏の関係にあるため，リーダーは企業文化を管理する義務がある．企業文化は，経営資源（モノ，カネ，ヒト）の管理よりも難しい．

10.4 企業業績と企業文化

コッターおよびヘスケットは，企業業績と企業文化の関連性を，実証研究から見出した[11]．強い文化が企業業績を高めることに影響を及ぼす．企業業績は，企業文化と企業環境と企業戦略の間の適応的状況から生まれてくる．企業業績が低迷してくるならば，環境に適応した企業戦略を構築し直し，企業文化を変革していく必要がある．図表10-3は，「環境適応的企業文化」と「環境に不適応な企業文化」を「共有された価値観」と「行動パターン」の側面から比較したものである．

企業の戦略が変わると，その戦略に適応する組織が必要となる．チャンドラーが「組織は戦略に従う」と述べたように，たとえば多角化戦略を推し進める企業では，職能別組織から事業部制組織への移行が見られる．したがって，企業環境，経営戦略，企業文化，組織構造の間には，図表10-4に示されているような関係が生じる．

高い業績をもたらす企業文化が，価値ある文化となろう．たとえば，ホン

図表10-3　企業文化と企業業績の関連性

	環境適応的企業文化	環境に不適応な企業文化
共有された価値観	顧客・株主・従業員への強い関心 変革を生み出す人材，プロセスの尊重	自分自身，自部門への強い関心 リスク回避，秩序重視
行動パターン	特に顧客に強い関心を持つ	官僚主義的，政治的行動をとる

出所）張虹・金雅美・吉村孝司・根本孝『テキスト企業文化』泉文堂，2004年，61ページより作成

第10章 企業文化と経営 185

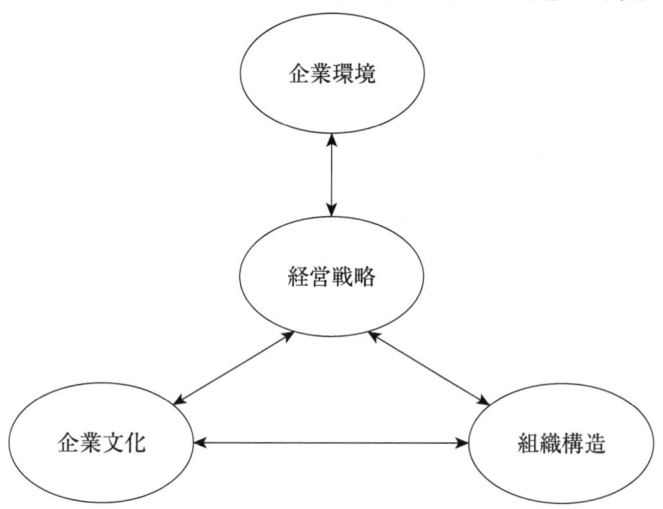

図表10-4 企業環境，経営戦略，企業文化，組織構造との関連

```
        企業環境
           ↕
        経営戦略
         ↙   ↘
    企業文化 ⟷ 組織構造
```

出所）張虹・金雅美・吉村孝司・根本孝『テキスト企業文化』泉文堂，2004年，62ページより作成

ダの「ワイガヤ」が，遊び心のあるワクワクするような製品開発につながり，その結果，業績向上へと結びついている．トヨタでは，2001年4月に，創業以来受け継がれてきた経営の価値観を明文化した「トヨタウェイ」を策定した．トヨタの企業文化は，ホンダと比較すると，より大人の文化であり，改善と人間と現場に重点が置かれており，トヨタ生産方式の鍵となっている．

バーニーは，企業文化を持続的競争優位の源泉になるべきだと主張している[12]．したがって，他社には模倣できない企業特有の文化をもたなければならない．たとえば，トヨタの企業文化を，"人間性尊重"と"知恵と改善"という2つの柱と，「チャレンジ」「改善」「現地現物」「チームワーク」「リスペクト」の5つの原則として，言葉で書き表せるが，実際にそれをトヨタと同様に実行に移すことは困難であり，暗黙知化している．つまり，これは，模倣困難な企業文化といえよう．

革新的な製品を次々と生み出す3Mは，イノベーションを起こすことを

奨励するような革新的な企業文化をもっている．3Mは，スコッチテープやポスト・イットなどの製品を次々と開発してきた企業である．この企業文化は，マネジャーが常に，イノベーションを促進し，リスクをとるものを擁護してきたところから生まれた．3Mでは，リスクを冒して新しいものに挑戦する者の評価基準の方が，リスクを回避する者よりも高い．また，成功した者は，全社的に認知されるようなシステムになっており，新規プロジェクトにも参加できる特典が与えられている．開発に従事したい者は，昇進しても管理職ではなく，継続して専門家としてキャリアアップできるようになった．マネジャーの目標は，5年後に事業部の売上の25％を新商品にすることが標準的になっている．このように3Mの企業文化は，革新的な製品を生み出す土壌を構築し，同時に業績も高めている．[13]

10.5 企業文化による価値の創造[14]

　企業文化は，以下の3つの形で企業の価値を創造する．
　(1) 従業員の情報処理の必要性を減らし，意思決定のコストを減らす．
　(2) 公式な管理システムを補完し，従業員を監視するコストを減らす．
　(3) 企業内の交渉コストを減らし，協力体制を強化する．

　① **企業文化は情報処理を簡単にする**：強い企業文化は，意思決定のコストを減らす．従業員は仕事に期待されていることが共有できているため，不確定要素が減り，意思決定をしなければならない機会が減少する．仕事を進める上で，行動様式に特定の傾向が現われる．たとえば，従業員，顧客，取引相手などの利害関係者間で，長期取引慣行などの特定のルールが存在するようになる．企業文化は，企業活動において代替的な活動の中から一定の方向性の活動を選択するように促進するため，企業の経営効率を高める．

　② **企業文化は公式な管理を補完する**：従業員は報酬や罰則，そして監視の下で働くが，それよりも企業に対する強い愛着心があれば，それが各従業員の行動をコントロールするようになる．その企業文化に自分が属している

ことに価値を見出す従業員は，企業に同化され，自分の目標と企業の目標が一致する．このような企業文化は，公式な管理システムよりも，従業員を効率的に管理できるし，従業員を監視するコストも減らすことができる．公式な管理システムでは，従業員が機会主義的な行動をとることを完全に防ぐことは困難であるが，従業員が企業文化に価値を見出すならば，より従順になりえる．オオウチは『セオリーZ』で，日本企業の企業文化による管理を強調し，西洋企業との相違を分析している．

③ **企業文化は協力を促進し，交渉コストを削減する**：囚人のジレンマにおける繰り返しゲームでは，複数のナッシュ均衡がありえる．協力は多くの均衡の中の1つにすぎない．また，協力を選択するにいたる過程での論争や交渉のコストも発生するが，強い企業文化は協力を促進させる．報酬や，契約，公式な管理によって従業員を協力させようとすると，多大な費用がかかるが，企業文化は，協力にいたる交渉コストを低減させる．協力的な企業文化の下では，従業員の期待や選好が修正され，組織メンバーからの協力が得られるようになる．

10.6 国民文化と企業文化

多国籍企業では，異文化コミュニケーションがうまくいかない場合が多い．この場合，本国の企業文化を現地に移植しても，国が違うためパーセプション・ギャップがあり，うまくコミュニケーションがとれないからである．たとえば，日本人は，海外子会社で雇用の安定，集団主義，平等の経営を推し進めていると考えている場合が多いが，現地の人は，情報共有が行われていないため，日本人は閉鎖的だと考えることが多い．また，現地で労働市場が存在する場合，雇用の安定よりも労働に見合った給与を望んでおり，現地従業員は現在の給与や地位に満足しないならば転職してしまう．

ホフステッドは，多国籍企業の企業文化を1970年前後に調査し，1980年に発表した．彼は40ヵ国のIBMの従業員を調査した結果，国民文化に4つの

次元があることが確認された．

① **権力格差**：上司と部下との間の権力格差がどの程度あるかが，国によって異なった．権力格差が大きいと，①部下が上司の言動に反対することが困難になる，②意思決定する前に，部下に相談するような上司の下で働きたいと部下は思わなくなる，③上司を独裁的で説得的であると部下が考えるようになる．

② **不確実性の回避**：部下が「不確実性の回避」をするようになると，①会社の規則を守ることが最善でないと考えても，規則に従う，②5年以上長く会社で働きたいと考える，③仕事上，ストレスを多く感じるようになる．これは，安全でいたいという欲求は，不安であるから願うのであり，不安の状態はストレスを引き起こすからである．

③ **個人主義化**：個人主義化とは，組織からの独立を意味している．挑戦的な目標をもち，それを達成することによって，個人的な満足感を得る．仕事を自由に行う裁量権が与えられており，私的生活も大事にする．

④ **男性化と女性化**：男性化とは，昇進や収入を重視する．女性化とは人間関係や生活重視をいう．

調査の結果，日本企業は，「男性化」と「不確実性の回避」の傾向が見られた．ホフステッドの研究は，国民文化の客観的な価値観の方向性を示した点で評価されよう．企業文化はその企業が属する国民文化の影響を少なからず受けている．[15]

オオウチは日米企業を比較研究した『セオリーZ』を出版した．日本企業は日本の文化の影響を受け，日本的経営が行われる．そこでは，現象として現われるパターンとして，コンセンサスに基づいた効果的な意思決定，終身雇用，高い生産性，若手管理者の育成，年功序列，企業内組合が上げられる．日本企業の典型的なタイプをタイプJとし，アメリカ企業をタイプAとした．アメリカ企業は短期雇用，早い昇進，専門化された職種，個人責任などの特徴をもつが，アメリカ企業の中にも，日本企業の特徴をもつIBM

のような企業が見られた．オオウチはそのような企業をタイプZとよんだ．日本的経営は，アメリカ企業が学習すべき長所をもっており，それはアメリカ企業が国民文化の障壁を超えて学習し導入できるものである．しかし，この時期，日本企業が注目を浴びたのは，企業文化自体というよりも，高い生産性を生み出す生産システムにあったように思われる．[16]

10.7 企業文化とパワー[17]

　企業文化や制度は，組織メンバーに一体感を与え，組織を統一し，安定をもたらす機能がある．逆作用として，環境に合わせて企業を変革しようとする時，企業文化は組織の慣性となり，変革を妨げる．企業文化は，組織の発展に貢献してきたパワーをもつ個人や集団の影響を受け，形成される．つまり，企業文化は，組織メンバー間のポリティカルな行動の結果である．企業文化が定着するかどうかは，定着を支持するメンバーのパワーが，支持しないメンバーのパワーよりも大きい時である．[18] 組織の意思決定は，集団によって行われるが，個々人の目的，利害が異なることによってコンフリクトが生じる．各メンバーが協力して目標を達成する時，相互に依存しあうことになるが，それが同様にコンフリクトの基となる．その他に，組織の希少な資源を求めてコンフリクトが起きたり，組織の分化によって部門ごとに目的や考え方に差異が生じることによっても，コンフリクトが起きる．

　サイアート＆マーチの『企業の行動理論』[19]では，企業目標は，組織メンバー間の交渉を経て形成されるものとした．コンフリクトの解決方法として以下の3つをあげている．

- ① 局部的合理性：組織の目標を，下位の部門に割り当てる．各部門は限定された目標に対処する．各部門の局部合理性を積み上げると，全体の合理性となる．
- ② 許容水準意思決定ルール：組織メンバーが，それぞれ満足するような目標達成の程度を設定しておく．そうすることによって，他のメンバー

との交渉の余地を残しておくことができる．

③目標に対する逐次的注意：組織がある集団の目標を処理し，次に他の集団の目標を処理するというように，逐次的に目標を実現していく．その優先順位は，組織メンバーのバーゲニング・パワーの強さに依存する．

エマーソンは，AがBに対してパワーをもつのは，AがBに依存するよりも，BがAに依存する方がより大きいからであると主張した．これは不均衡パワー関係とよばれる[20]．

フェファー&サランシックは，資源依存パースペクティブ[21]を提唱している．組織の存続は，資源に依存している利害集団の要求をいかに管理するかといった組織の有効性にかかっている．組織の必要とする資源を自分で調達することができるならば問題はないが，そのような自己完結的な組織は存在しない．他の組織に資源を依存していても，安定した供給ができるならばよいが，不安定になり調達できなくなることが問題となる．組織の中でもっともパワーをもつ者は，組織にとってもっとも重要で，獲得するのが難しい資源を獲得できる者である．経営者の選抜においても，組織が直面する問題や不確実性に旨く対処できる者がパワーをもち，選抜される．アメリカの企業では財務部門がもっともパワーをもち，その部門から経営者が選抜されやすい．

企業文化は，環境の変化に応じて変化すればよいが，「組織の慣性」によって変化するのが難しくなる．パワー構造も，環境の変化によって変化するのが望ましいが，これもなかなか変化せず，制度化する傾向にある．フェファーは，パワー構造の制度化がもたらされる要因として，以下の4つをあげている[22]．

①コミットメント：特定の行動様式が有効でなくなっても，そのことを認めることが難しくなり，さらに多くの経営資源が，その行動を遂行するパワーをもった人に与えられる．

② 組織文化の制度化：組織文化の慣性が起こり，環境に適応しなくとも変わらない．また，そのような組織文化を生み出したパワー構造に対しても，メンバーは抵抗をしなくなる．

③ パワーの自己永続化：パワーを使うことによって，パワーを行使する人を覆そうとする人を遠ざけることができる．パワーをもつ人を支持する人に，より多くの報酬や昇進を与え，優秀な人材を引き付けることができる．パワーをもつことによって，パワーをさらに拡大し，永続化することができる．

④ 環境的脅威の逆機能：環境からの脅威が，組織のパワー構造を変革するのではなく，かえって組織の凝集性を高め，既存のパワー構造を強化してしまう．

以上のように，企業文化は，組織のパワー構造の影響を受け，形成される．企業文化が定着するかどうかも，組織のパワー構造の影響を受ける．組織変革をする際も，既存の企業文化においてパワーを保持している者が，既得権益を守るために，組織変革を拒もうとする．このような企業文化に対するポリティカル・アプローチは，企業文化を新しい視点から捉えているといえよう．

10.8 おわりに

企業文化は，漠然とした曖昧なものと考えがちであるが，ディール＆ケネディにより，企業文化の5要素として，① 企業環境，② 理念，③ 英雄，④ 儀礼や儀式，⑤ 文化のネットワークが明確にされた．また，シャインによって，文化には3段階のレベルがあり，それは目に見えるものから，暗黙の目に見えないものまであることが把握された．そして，強い文化が企業業績を高めることに影響を及ぼすことがわかってくると，企業は企業文化をもはや無視できなくなる．イノベーションを促進する革新的な企業文化においては，製品やサービスの売上高が伸びるであろう．また，企業内においては，

従業員の情報処理の必要性を減らし，意思決定のコストを削減する。同時に，従業員を監視するコストも減らし，企業内の交渉コストをも低減してくれる。企業文化は，実際にさまざまなコストを低減するという合理的な面も備えているのである。

高業績企業の中には，国民文化の障壁を越えて，他国の優れた企業文化を学習し導入している企業もある。しかし，企業文化は，組織にとって良い面をもつだけではなく，環境の変化に対応できずに逆機能を露呈するという負の側面もある。特に，企業内でパワーをもっている人は，既得権益を守るために企業文化の変革を阻止する傾向にある。このような企業文化のメリット，デメリットを把握できているならば，企業文化を上手に経営に活用していくことが可能となろう。

注）
1) Kono, T., and S. R. Clegg, *Transformations of Corporate Culture*, Walter De Gruyter Inc., 1998.（吉村典久・北居明・出口将人・松岡久美訳『経営戦略と企業文化』白桃書房，1999年，34ページ）
2) 同上訳書，52ページ
3) 張虹・金雅美・吉村孝司・根本孝『テキスト企業文化』泉文堂，2004年，35-37ページ
4) Besanko, D., Dranova, D., Shanley, M., Schaefer, S., *Economics of Strategy*, John Wiley & Sons Inc. 2003.（奥村昭博・大林厚臣監訳『戦略の経済学』ダイヤモンド社，2003年，629ページ）
5) 同上書，653ページ
6) 伊丹敬之・加護野忠男『ゼミナール経営学入門』日本経済新聞社，1993年，135-136ページ
7) Collins, J. C. and J. I. Porras, *Build to Last*, Curtis Brown Ltd., 1994.（山崎洋一訳『ビジョナリーカンパニー』日経BP出版センター，1999年，3ページ）
8) 高橋伸夫編著『組織文化の経営学』中央経済社，1997年，33-36ページ
9) Deal, T. E. and A. A. Kennedy, *Corporate Cultures : The Rites and Rituals of Corporate Life*, Addison-Wesley, Reading, Mass., 1982.（城山三郎訳『シンボリック・マネジャー』新潮社，1983年）

10) Schein, E. H., *The Corporate Culture Survival Guide*, Jossey-Bass Inc., 1999.（金井壽宏監訳『企業文化　生き残りの指針』白桃書房，2004年）
11) Kotter, J. P. and J. L. Heskett, *Corporate Culture and Performance*, Free Press, New York, 1992.（梅津祐良訳『企業文化が好業績を生む』ダイヤモンド社，1994年）
12) Barney, J., Firm Resources and Sustained Competitive Advantage, *Journal of Management*, 17, 1991, pp. 99-120.
13) デイビッド・ベサンコ，デイビッド・ドラノブ，マーク・シャンリー著，奥村昭博・大林厚臣監訳，前掲訳書，652ページ
14) 同上訳書，648-651ページ
15) 高橋伸夫編著，前掲書，4-7ページ
16) Ouchi, W.G., *Theory Z*, Reading, MA : Addison-Wesley, 1981.（徳山二郎監訳『セオリーZ』ソニー・マガジンズ，1981年）
17) 高橋伸夫編著，前掲書，111-124ページ
18) Dimaggio, P., Interest and Agency in Institutional Theory, In Lynne G. Zucker（ed.）, *Institutional Patterns and Organizations : Culture and Environment*, Ballinger, Cambridge, Mass., 1988.
19) Cyert, R. M. and J. G. March, *A Behavioral Theory of the Firm*, Prentice-Hall, Englewood Cliffs, New Jersey, 1963.（松田武彦・井上恒夫訳『企業の行動理論』ダイヤモンド社，1967年）
20) Emerson, R. M., Power Dependence Relations, *American Sociological Review*, 27, 1962, pp. 31-41.
21) Pfeffer, J. and G. R. Salancik, *The External Control of Organizations : A Resource Dependence Perspective*, Harper & Row, New York, 1978.
22) Pfeffer, J., *Power in Organization*, Pitman, Marshfield, Mass., 1981.

◆参考文献

Barnard, C. I., *The Functions of the Executive*, Harvard University Press, Cambridge, Mass., 1938.（山本安次郎・田杉競・飯野春樹訳『経営者の役割』ダイヤモンド社，1968年）
Kanter, R. M., *EVOLVE! : Succeeding in the Digital Culture of Tomorrow*, Harvard Business School Press, 2001.
梅澤正『組織文化　経営文化　企業文化』同文舘出版，2003年
佐藤郁哉・山田真茂留『制度と文化　組織を動かす見えない力』日本経済新聞社，2004年
遠山正朗編著『ケースに学ぶ企業の文化』白桃書房，2004年

第11章

コントロールと業績評価

11.1 コントロール (control) の意義

　経営管理活動は，企業目的を達成するために，構成員に影響を与えて，その目的達成へ向かわせる行為であると，広義には理解されている．そのために組織的な活動が計画され，実施されることになる．その実施される企業活動が，計画通りになる保証はなく，環境の変化，構成員の努力不足，構成員の能力不足が原因で，実際には思うとおりにならないことがある．その計画と乖離した企業活動の結果を，計画と比較して，修正する行為がコントロール活動である．

　コントロールは，個人で行う場合と，企業を含む組織体で行われるものもある．個人で行う場合には，自身の行為の結果を，当初の予定していた結果と比較・判断して，その行為を修正することになる．作業を行う工場の現場では，個人が自身の仕事をコントロールする状況がよくみられる．作業の過程で，自身でその結果を測定器で測り，その結果を判断して作業を修正することは，日常的によく見受けられる行為である．製品の加工を行う場合には，製品精度が重要な要件になることがある．精密機械，金型の制作作業では，測定器で測りながら，その修正作業が行われる．1ミリ以下の精度を出すためには，絶えず作業の修正を繰り返すことが求められる．このような，個人レベルで行為の修正を行うことは，企業活動の多くの場面に存在している．この個人的なレベルのコントロールは，個人のモラールによっても大きく影響を受けている．組織体においては，個人が適切に自身の行動をコント

ロールすることを確実なものにするために，別の新たなコントロールが必要とされるようになる．次にこの2つ目のコントロールについて考えてみよう．

組織レベルでは，管理者と部下との関係でコントロールが行われることになる．部下が，計画通りにその行為を実施する場合には，問題はないが，実行段階で，大きく計画上の予測値からずれる場合には，修正行動が必要になる．計画の対象とする期間中において，行動の修正を行わせることがある．これが，管理者のリーダーシップによるコントロール活動である．これは期間中に，直接担当する個人，もしくはその部門へ影響を与えることによって修正を促すものである．直接に仕事の現場で，管理者が行うコントロールによって，自身の仕事内容を修正するという状況は，工場などの作業現場でよくあるといえるだろう．このような現場で，管理者は直接に作業者の行為を監視することが可能で，さまざまな修正行為を指示することができる．しかし，このように直接コントロールを行うことは，企業の規模の拡大とともに減少することになる．企業規模が拡大し，組織の階層が高くなるのに伴って，分権的な組織体制が生まれることになる．トップ経営者の権限は委譲され，分権化した組織の管理者には大きな権限が与えられる．それに伴い，コントロールの形態も変化するようになっている．

分権化した企業組織では，トップ経営者による各下位組織のコントロールは，直接的に行うことはできなくなる．トップ経営陣が，絶えず現場で監視を行って，修正を指示することは物理的に不可能になる．そのために，従来とは異なるコントロールの形態が生まれることになる．[1]

企業のトップ経営陣は，直接に各下位部門の管理者のコントロールを行うかわりに，いわば間接的にコントロールを行うことになる．それは，その企業が作る計画の対象期間中に行うものと，終了後に行われるものに分けて考えることができる．

トップ経営陣が，権限を委譲して職務を委任していることは，その職務を

担当する人の意思・考えを尊重することを意味している．その担当者が自身の考えにより，職務を行うための権限と責任をもつことを求めることになる．頻繁に直接影響力を行使することは，この前提を否定することを意味する．そのため，期間中もしくは期末に時間を置いて，間接的にコントロールを行うことが必要になる．そうしなければ，担当者のモラールの低下が生まれることになるからである．

11.2 企業活動におけるコントロールの必要性

実際の企業では，計画の対象とする期間中もしくは期末に，計画と実績との差を判断してコントロールが行われることになる．影響力を行使する際に，直接的に修正行動を行わせることを避けて，別の方法によって修正行動を担当者に行わせることがコントロールとして行われている．このような間接的なコントロールは，マネジメント・コントロール（management control）とよばれている．間接的なコントロールを行う上で具体的に，どの要因に働きかける必要性があるのかを確認しておこう．

企業の計画対象期間とその期末の業績は，以下のような等式によって，その規定要因を理解することができる．[2]

業績＝環境×経営計画（経営戦略）×個人の努力×個人の能力

業績を規定する要因としてこの4つをあげることができる．4つの要因はそれぞれが相乗的な関係にあると考えられる．これらの要因がうまく適合していると，大きな業績に結びつくことになるが，この中の1つの要因が原因で，逆に業績がマイナスになることもある．その意味からも，これらの要因を，適切な状態にすることが重要と考えられる．要因間の関係は相乗関係にあると理解できるが，この中で間接的なコントロールの対象になるのは，短期的には個人の努力という要因であると考えられる．

環境について，短期的には所与の前提として理解しておく必要がある．企業を取り巻く環境が変化することは，短期的にはどうしようもないことであ

る．環境が変化したことを情報として収集し，その情報をできるだけ速く，関係部署へ伝達することが必要になる．そのための情報システムを準備することが必要になるだろう．この環境の中でも，顧客のニーズの変化が重要な要因と考えられる．

次に，経営計画の内容が適切かどうかを点検する必要性がある．その計画の内容が，適切に環境変化に対応しているのかどうかを，絶えず検討することが重要である．経営計画の内容が環境に対応した，適切なものでなければ，その内容を修正することが必要になる．経営計画は近年，戦略性をもつ内容になってきている．企業は，戦略的に環境に対応した行動パターンを形成する必要がある．特に，戦略の具体的な内容を形成する，業務プロセスを工夫することが重要なテーマになっている．

個人の努力の程度は直接，担当者の個人的意欲の問題であるといえる．前の2つの要因を修正するのも，その担当する個人であるといえる．その担当者個人が，意欲をもって修正することができるのかどうかが，コントロールを行う上でもっとも重要な要因といえる．

最後の，個人の能力は，絶えず学習して形成されなければならない要因になっている．企業環境の変化に対応して，個人の能力を転換することが必要で，それがまた業績に大きく影響するようになっている．しかし，短期的に修正することは不可能である．個人の能力の問題は，長期的なコントロールの対象になると考えられる．

以上のように，コントロールは4つの要因に対して行わなければならない．まず環境については，顧客ニーズの変化を理解する必要がある．経営計画については，どれだけ優れた業務のシステムを実現できるのかという問題として理解できる．この業務の仕組みを，どうするのかという点は重要な要因として理解できる．

4つの要因の中でも，個人の努力の程度がもっとも重要な要因と考えられる．環境変化も，経営計画の変更も，能力の形成も，そのすべてが構成メン

バーの努力いかんに左右されることになる．言い換えると，個人が環境を理解・認識する主体であり，また経営計画の内容を修正する主体でもある．また，それを行える能力をもつことも重要になるといえる．担当する個人が意欲をもって，これらの修正を行い，意欲をもってその職務に取り組むようにすることが，コントロールの目的になるといえるだろう．

11.3 業績評価制度の機能

　企業におけるコントロールの対象は，大きくは4つの要因を修正することであった．そのためには，特に個人の努力をどのようにコントロールするかが重要な課題になると考えられる．

　特に，個人の努力を効果的にコントロールする方法が，考えられなければならないといえる．そのためにはまず，4つの要因に関する情報を適切，適時に個人が掌握する必要がある．それを可能にするような指標を検討しなければならない．適切な指標によって，コントロールに必要な情報を担当者，もしくは担当部門へ提供することが可能になる．

　企業活動に関連する，4つの要因に関する情報は，多く存在するが，その効率性を具体的に表示する，適切な情報を提供することが，コントロールのためには必要である．その適切な情報を提供する制度が，業績評価制度といわれるものである．その情報に基づいて，企業活動についての効率性の評価が行われることになる．[3] 効率性の評価を行い，計画値と実績との差が確認されて，コントロールがはじめて可能になる．

　業績の中には，数字で示すことができないものもある．その中には，環境要因，経営計画の適切性，そして個人の努力の程度や能力が含まれる．

　担当者は，提供された業績に関する情報を認識し，環境の変化等が当初の予測と異なることを認識することが可能になる．環境の変化等に対応するためには，当初の経営計画を修正して，業務の仕組みを変更することが必要になる．そして，それを行う能力と努力を行うことが担当する個人，もしくは

部門に求められることになる．さらに，その努力が報奨にプラスの影響を与えることを保証することが必要である．その際に注意しなければならないのは，その個人もしくは部門の努力の程度を示す指標は，人事評価にも利用されるという点である．

　個人の努力の程度を評価することは，人事上の評価に反映されることになる．業績評価上で，高い評価を得ることが，担当する個人もしくは部門のモラールに結びつくことになる．つまり，業績評価の結果は，個人のモラールに影響を与えている．環境の変化に対応する，経営計画の内容や能力，さらには顧客のニーズへの対応のため，個人の努力を高める必要がある．そのためには，業績評価に際して，個人のモラールを引き上げる評価指標の設定をすることが必要になる．

11.4 企業内における業績評価のプロセス

　企業活動の中で，各個人の職務に関して，管理者が直接コントロールすることは，企業規模の小さな場合，また職務が比較的単純な場合に，可能であるといえる．その場合には，業績評価のための情報は直接，管理者によって集められ，利用されることになる．たとえば，単純な作業を行う工場の場合には，その業績評価の制度は比較的単純で，出来高を測定しそれが業績を示す情報として利用されることになる．さらに現場の管理者は，それ以外の作業者の作業態度によっても，職務への努力を判断することができる．このような直接的な業績評価は，現場レベルでは可能だろうが，企業全体としては少なくなっている．

　企業規模の拡大によって，分権化された組織になると，本社が各事業分野の業績を評価することになる．そのためには，情報の収集と提供のための特別の制度を作る必要がある．間接的に業績を測定するためには，財務的な指標を多く利用して，その個人もしくは，事業部の業績を測定することが行われている．予算や利益に関連して，多くの指標を，企業活動のどの部分で情

図表11-1　簡単なプロセス・モデル

```
インプット ──→ プロセス ──→ アウトプット
```

出所）サイモンズ，邦訳書，2000年，76ページ．

報として集めるべきなのか，という点について，サイモンズ（Simons, 2000）は簡単なプロセスモデルを示している．

このプロセスで，インプット，プロセス，そしてアウトプットごとにその指標が考えられている．図表11-1は1つの例であるが，このプロセスの各段階で，具体的な指標が利用されている．管理者は，それぞれのプロセスが確実に展開していることを，これらの指標を認識することで理解することになる．具体的にはこの指標を通じて，①インプットの種類，質と量が適切であること，②プロセスが効率的に展開していること，③アウトプットが仕様書どおりか，という点を確認することができるようになる．こうして，財務的・非財務的な指標を測定し，監視することが可能になっている．

適切に，本社が各事業部門のコントロールを行うためには，業績評価の指標の設定を適切に行うことが必要になる．そのためには，本社経営陣が，各事業部門の業務内容に関する十分な知識をもつことが必要になる．この知識をもつことは，それぞれの指標に関して，よいのか悪いのかを判断するためだけではなく，その知識に基づいた新たな事業の可能性を，現場とともに生み出していくためにも必要と考えられる．その知識がなければ，業績判断をすることはできない．知識をもたない場合，それを回避するための，一連の手続きが行われるようになっている．具体的には，業績評価の指標を決定するための，以下のようなプロセスが行われている．

① 職務上の目標となる変数の決定

② その変数の事前目標水準の決定

③ 実績の測定

④ 評価基準の設定

⑤ 実績と評価基準との差についての原因分析
⑥ 実績と評価基準との差の修正を行うのに必要な行動の立案と選択

　以上の6つの手順の順番が，相前後することはある．この6つの手順のプロセスでは，さらにその個々の事項については，管理者と担当者間での話し合いで決定されることになる．

　①の職務上の目標となる変数を決定する場合，担当者と管理者との話し合いの中で，決定されることになるが，変数に関してはすでに計画を策定する段階で決定されており，職務を担当する個人，もしくは部門には発言する機会は，あまりないといえる．多くの場合には，管理者によって計画に基づいて提示されることになる．経営計画の内容から，具体的な職務内容が限定されるからである．変数に関しては，複数の変数が決定されることになる．そうでなければ，経営計画の妥当性や環境の変化を捉えることはできないといえる．変数としては，あいまいな内容ではなく，具体的な数字で示す必要がある．数字で示すことによって，あいまいでない明確な変数にすることができる．

　目標管理制度を導入している場合には，管理者と担当者の間で話し合いが行われることになる．その場合には，業績を測定するための変数と，自己啓発のレベルを測定する変数も選択されることになる．

　事前目標水準を決定する場合に，管理者はその仕事に関する詳細な情報を認識することはできない．また担当する個人のモラールを高くするためにも，その考えも反映した決定を行う必要がある．そうすることによって，担当者の能力，そして担当者の努力も反映した決定を行うことが可能になる．この段階で，管理者が目標水準を一方的に決定することは，担当者のモラールを大きく低下させる可能性がある．担当者個人に，仕事の達成による満足感をもってもらうためには，その個人もしくは部門の考えを取り入れた目標水準を決定する必要があるといえる．

　目標水準を決定する際には，個人の努力の程度が大きな問題になる．効率

的な企業活動を実現するためには，その事前目標水準決定のプロセスで，担当者もしくは部門の考えを取り入れた，目標水準の決定が行われる必要がある．

　実績の測定は，特に問題となる点は存在しないといえる．

　評価基準の設定について，注意しなければならないのは，事前目標水準と異なることがある点である．この基準を，管理者が一方的に設定することは困難といえる．それは，さまざまな状況の変化によって企業活動が影響を受ける可能性があるからである．一般的には，担当者の職務の効率性を測定する基準について，便宜的に代用となる基準を利用することが多い．類似した職務の基準を適応することや，過去の基準を適用することが行われている．その場合，管理者と担当者の間では，その基準を決定する前の段階で，担当者から，簡潔な職務に関する報告書を求めることが行われたりしている．これによって，担当職務に関する情報を継続的に蓄積し，それを基準設定に利用することが行われている．

　この基準の設定は，担当者に十分に理解されるものでなければならない．理解されなければ，職務遂行へのモラールを大きく低下させることになるからである．そのための説明に，管理者は注意することが必要である．

　事後的な評価基準と，実績との差異の原因分析については，環境変化によるものか，経営計画の内容によるものか，個人の能力によるものか，あるいは個人の努力によるものかが明確に分析されなければならない．しかし多くの場合，その複合的な原因による場合が多いと考えられる．そのために，業績評価の指標では，それぞれについての指標が考えられる必要がある．決定された評価基準を，それぞれ実績値と比較することで，どの要因に原因があるのかを分析できるようになる．その結果は，担当する個人，もしくは部門へ詳しく説明することが必要である．

　実績と基準の差異は，それを放置するのでは意味がない．最終段階では，それが修正されなければならないといえる．これは，担当する個人の努力，

もしくは能力に依存すると考えられる．この段階では，管理者もしくは本社による命令は，行われるべきではない．担当する個人，部門によって十分に理解された上で，自律的に修正行動が行われる必要がある．

以上の6つの業績評価のプロセスでは，そのプロセスにおける管理者と担当者，部門との間で，積極的な対話が行われることが必要である．業績評価の指標は，一方的に管理者によって決定するのは不可能であった．また担当する個人・部門のモラールを高くするということも重要であった．これらのことを考えて，さらに以上のプロセスを効率化することが，重要な課題になると考えられる．

11.5 業績評価プロセスを効率的にする方法

業績評価のプロセスを効率化するために，さまざまな財務上の指標が利用されてきた．従来から利用されてきた財務上の代表的指標と，業績評価の方法として近年，利用されるようになっているバランスト・スコアカード（Balanced Scorecards）について，その基本的内容を説明することにしよう．

(1) 財務上の指標

企業活動の効率性を測定し，評価するためには，財務的指標，非財務的指標が相互補完的に利用されている．しかし，簡潔さと明確性を確保し，共通する評価指標としては，財務的指標を優先して利用することが必要と考えられている．

現在，事業部制組織を採用している多くの日本企業では，事業部および事業部長の業績評価をする際，重視する指標は純利益額，売上利益率がよく取り上げられている[4]．これらの指標は，一定期間にその事業部がどれくらいの利益を得ることができたのかを示すものである．しかし，利益を得るのに使用された資産との関係について示すものではない．資産は，その事業部が所有する有形・無形の財産を示すものである．資産との関係を示すためには，

図表11-2　非財務的指標と財務的指標

	インプット	プロセス	アウトプット
非財務的指標			
(a)新製品開発	製造時間	出荷目標達成度	新製品売出し
(b)注文処理	電話受付スタッフ数	注文受け時間	注文処理数
(c)部品製造	部品の仕様書	組立時間	正品率
財務的指標			
(a)新製品開発	人件費と原材料費	試作品製造コスト	新製品の売上げ
(b)注文処理	事務員の報酬	注文処理コスト	注文単位当たりコスト
(c)部品製造	材料コスト	組立コスト，修繕費	単位当たりコスト

出所）サイモンズ著，伊藤邦雄訳『戦略評価の経営学』ダイヤモンド社，2003年，77ページより

以上の指標とは異なるものが必要になると考えられる．

企業の所有する資産の使用額が異なれば，獲得しなければならない利益額も変わることになる．言い換えると，事業部の評価で利益額を評価するのでは，効率的に事業経営が行われているのかを判断することはできない．使用される資産と，利益との関係を指標化することが必要になる．

このような目的のために，多くの企業で利用されている指標には，以下のようなものがある．指標としては，総資本利益率のROA（Return On Assets），投下資本利益率のROI（Return On Investment）がある．この2つの指標は，一定の利益獲得のために使用された資本，もしくは資産の効率性を示すものである．

この2つの指標の他に，残余利益のRI（Residual Income）や経済付加価値であるEVA（Economic Value Added）という指標がある．残余利益は，会計上の純利益から計算上の支払利息を控除して計算される利益額である．EVAはその変形した指標である．以下では，これらの指標の内容についてみておくことにしよう．

① 従来の指標

従来から多くの企業で，効率性の指標として利用されてきた指標が，最初

の2つの指標である．まず，投下資本利益率は，損益計算書上の指標を利用するもので，利益額を使用された資本金額で割り，百分比で示したものである．

| ROI＝利益／投下資本金×100 |

この等式では，投下された資本金の利益獲得力を判断することができる．たとえば，2つの事業部AとBがあると想定しよう．A事業部は5,000万円の設備を購入して，それを稼動させて500万円の利益を上げているとしよう．B事業部は1,000万円の設備を購入して，200万円の利益を上げているとしよう．その場合，A事業部のROIは10％になる．B事業部のROIは，20％になる．2つの事業部の収益性の違いは明確に示すことができ，B事業部では効率的な事業部経営が行われていることが確認できる．

次に，ROAという指標は，貸借対照表上の情報を利用して資本効率を測るもので，以下の等式で示される．

| ROA＝純利益/総資本×100 |

この指標からは，同じ利益に対して使用された総資本が，少なければ，効率的といえることになる．

この2つの指標が，総合的に企業活動の効率性を示すものであるといえるが，問題点もあります．

これらの指標は，事業部の効率性を比較評価する場合に，利益獲得に資本が，どれだけ使用されたのかを明示しているが，逆にその資本を利用した場合の期待される利益額を示すことはできない．言い換えると，2つの指標は資本の出資者が期待する利益額を示すことができない，といえる．過去の結果についての効率性を測定するためには有効だが，未来の投資家の期待する利益を考慮した指標も，必要とされるといえる．以下ではその代表的指標をみることにしよう．

② EVA[5] (Economic Value Added)

このEVA（経済的付加価値率）という指標は，事業活動における利益から

投資にかかった資本費用を差し引いたものとされている．つまり，調達される資本に関わる費用を考慮した利益の指標とされている．

これは，以下のような等式によって示すことができる．

EVA＝調整された会計上の利益－（資本コスト率×投下資本）

調整された会計上の利益は，売上高から事業活動に関わる費用や税金を引いた額になる．具体的には，費用としては多くの場合，研究開発費が考えられる．研究開発は，中長期的にその成果が利用される．そのために，複数年にわたって費用を配分する必要が生まれることになる．このような調整をした利益額が，調整された会計上の利益である．

資本コスト率は，資本を利用することに対する使用料の比率とされている．どれだけの使用料を，株主や債券者に支払うのかを示すものである．具体的には，投下された資本の何％がコストになるかが計算されることになる．

EVAという指標では，製品・サービスを生み出すために，支払われた原料費，人件費，支払利息の他に，使用されたすべての資産に係わる費用が計算され，利益額が厳密に計算される．それが調整された会計上の利益である．さらに，資本のコストという考え方が導入されており，使用された資本に対する投資家にとっての期待利益が計算されている．そのために，上記の式でEVAが黒字になることは，期待利益が資本コストを十分に負担して，企業価値を生み出していることを示すことになる．逆に，マイナスになると，企業価値を破壊していることを示すことになる．

従来の指標は，資本提供者の要求を考慮しておらず，資本コストを考えることがなかった．そのために，複数の事業をもつ企業の場合，1つの事業の総合的な効率性だけを評価することができなかった．そうではなく，複数の事業部を比較することでしか，業績評価できなかったといえる．それに対して，EVAは各事業の効率性を資本コストも含めて，総合的に金額で示すことで，事業を単独で評価することができる．この点が優れた点といえる．

EVAを利用して,事業部・事業部長の業績評価を行う企業が多くなっている.成果を報酬に結びつけることができることが理由と考えられる.日本企業の場合には,事業部の資本の利用に関する決定権がその事業部にある場合が,2001年の調査によると10%程度とされている[6].多くの企業では,事業部が資本投資の決定権をもたないために,事業部の業績と事業部長の業績を結びつけることはできない場合が多いと考えられてきた.

EVA指標を利用している日本の企業では,事業部に対する自律性を高めて,資本金の貸付を本社が行う制度を導入し,カンパニー制への移行を行っている.こうして,事業部の業績と担当者の業績評価を結び付けることで,効率的な企業活動を実現しようと,考えられている.しかし,逆に問題も多くある.企業内における,報酬の事業部間格差の存在が,日本企業で,必ずしも受け入れられていない事実がある.そのために,従来の指標を併用することで,事業部と担当者の評価を結びつけることを行う必要がある.そうしなければ,担当者のモラールが大きく低下する事態が予想される.

11.6 バランスト・スコアカードによる業績評価プロセスの促進

バランスト・スコアカード(以降,BSCと記す)は,企業が置かれた状況を把握しながら,財務的な指標だけではなく,非財務的な指標も組み合わせて業績評価の指標として利用し,担当者のモラールを高めて,コントロールを行う手段である.1990年代に,キャプラン(Kaplan, R.S.)とノートン(Norton, D.P.)によって提唱されたもので,現在多くの企業で利用されるようになっている.飛行機の操縦では,コックピットの計器を見ながら操縦することになるが,その計器の役割を果たすのがBSCであり,操縦士が担当者になる.そして,操縦桿でコントロールが行われることになる.

計器を見て目的地,高度,スピード,方位,燃料を確認することになる.このような情報を,絶えず担当者は確認しながら,飛行機をコントロールす

図表11-3　バランスト・スコアカードの4つの視点

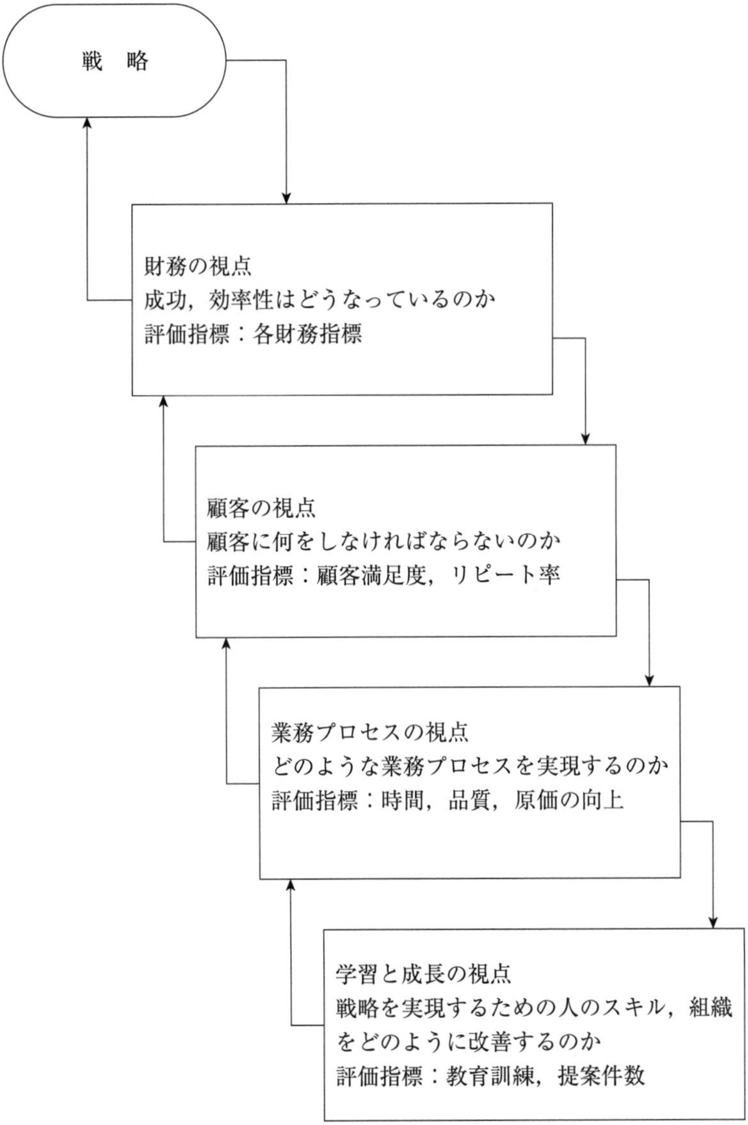

```
    ┌─────────┐
    │  戦　略  │
    └─────────┘
         │
    ┌────────────────────────────┐
    │ 財務の視点                  │
    │ 成功，効率性はどうなっているのか │
    │ 評価指標：各財務指標         │
    └────────────────────────────┘
         │
    ┌────────────────────────────┐
    │ 顧客の視点                  │
    │ 顧客に何をしなければならないのか │
    │ 評価指標：顧客満足度，リピート率 │
    └────────────────────────────┘
         │
    ┌────────────────────────────┐
    │ 業務プロセスの視点           │
    │ どのような業務プロセスを実現するのか │
    │ 評価指標：時間，品質，原価の向上 │
    └────────────────────────────┘
         │
    ┌────────────────────────────┐
    │ 学習と成長の視点             │
    │ 戦略を実現するための人のスキル，組織 │
    │ をどのように改善するのか     │
    │ 評価指標：教育訓練，提案件数   │
    └────────────────────────────┘
```

出所）『週刊東洋経済』2003年9月6日号，36ページを一部変更して引用

ることになる．飛行士は，自らが確認しながら飛行機を操ることで，飛行の達成感を得ることができるといえる．このような飛行機の操縦に必要な計器類の役割をするのが，BSCといえる．企業を取り巻く競争環境も，変化が激しい．そのために，できるだけ多くの情報を，正確に把握しながら，自身がコントロールすることが必要になっているといえる．

　BSCは，4つの視点から企業活動の情報を示すことを提案している．それは財務，顧客，業務プロセス，そして学習と成長という視点である．財務的な指標については，すでに述べたROIやROA，EVAがあるが，財務以外の指標も明確にすることで，企業活動全体の効率性を多面的に確認することを目的にしている．財務指標は，過去の活動のデータを数字として示すものであり，将来に関して考えるための指標ではないといえる．しかし財務的なデータに基づいて，将来の成長を考えることが企業活動に求められているのが実情である．その問題点を克服して，将来の成長の可能性についての因果関係を考えるための手段がBSCである．したがって，戦略やビジョンを考えるための手段ではない．その戦略やビジョンを前提にして，その実施上の展開状況を把握し，コントロールする手段といえるだろう．

　その因果関係を理解する鍵として，重視されるのが，重要な成功要因 (key factors for success) といわれるものである．戦略は，企業と環境との間における独自の適応パターンを意味していた．企業を取り巻く環境の中で，どの要因に働きかけることが有効かどうかは状況によって変化する．たとえば，パーソナルコンピュータは，市場が成長期の時には，その機能性が重要な成功要因であったといえる．しかし市場が成熟化すると，機能ではなく，価格が重要な成功要因になってくるといえる．このように，重要な成功要因が変化するために，絶えず再検討を繰り返す必要がある．BSCは，この重要な成功要因を指標化して，非財務的な要因を経由して財務指標と結びつける枠組みで，戦略実行のプロセスをコントロール可能にしようとするものになる．

この重要な成功要因は，産業ごとに異なり，また企業ごとにも異なる．そのために，企業ごとに4つの視点の具体的な指標の中身は異なることになる．このBSCを導入することによって，第1に，素早く業績評価を行いコントロールすることが可能になる．重要な成功要因をうまく指標化できれば，戦略の実行状況についての正確な情報をすばやく把握して，コントロールをすることができるようになるからである．

　第2に，戦略の内容をさらに優れたものにできる点が指摘できる．4つの視点の具体的な指標を考えることは，論理的に戦略の論理を考えることでもある．重要な成功要因を，それぞれ考えるための枠組みを示しているといってもよい．財務，顧客，業務プロセス，そして学習と成長という視点は，先に示した，業績を規定する4つの要因に対応しているともいえる．これらの要因の中でも，最終的な企業目標を示す財務の視点が業績指標上は重視されるといえる．この財務上の指標を達成するために，顧客に何を提供するのかが，考えられなければならない．次に，顧客に対して何を，どのように，どこで提供しなければならないかという業務プロセスの視点から検討されなければならない．この業務プロセスを実現するためには，最終的には組織や人材の能力をどのようにするべきなのかを，論理的に考えることが必要になる．

　企業の戦略を計画的に実現していくための指標の枠組みが，示されるとも理解できる．戦略とそれを実現するための要因との因果関係を示すのが，戦略マップとよばれているものである．

　第3のBSCの機能は，コミュニケーション機能である．戦略を展開する担当者が，その議論をするための道具立てとしてBSCを利用できるといえる．このBSCによって，戦略を具体的に理解することが可能になり，担当者が，自身の仕事と戦略や計画達成度にどのように結びついているのかを確認できる．また達成感をもつことが可能になり，モラールを高くすることができる．

以上のように，BSC は，業績評価とコントロールを行うための手段であって，決して戦略や計画そのものではない．戦略や計画の中身が，論理的に考えられていなければ，有効な利用はできないといえる．特に，論理的に4つの視点を結びつけて因果関係を考えるための枠組みを提供してくれているといえる．それは，戦略や計画の策定プロセスの問題といえる．つまり，業績評価とコントロールは，戦略策定や計画づくりと密接に結びついた問題として，考えなければならないといえるだろう．

注)
1) 分権化した企業組織におけるコントロールについて，アンソニー（Anthony and et al., 1995）はコントロールの階層性を指摘している．
2) 業績とそれを規定する要因については，伊丹敬之（1986）を参照している．
3) 業績評価制度の機能について異なった考え方もあるが，サイモンズ（Simons, R. 1995, 2000）の定義を参照している．
4) 門田泰弘『管理会計学テキスト（第3版）』税務経理協会，2003年，131ページ
5) EVA はスターンスチュアート社の登録商標になっている．
6) 門田泰弘，前掲書，142-143ページ

◆参考文献

Anthony, R.N. and V.Govindarajan, *Management Control Systems*, 8 edition, Irwin, 1995.

伊丹敬之『マネジメント・コントロールの理論』岩波書店，1986年

伏見多美雄編著『日本企業の戦略管理システム』白桃書房，1997年

Kaplan, R.S. and D.P. Norton, *The Strategy-Focused Organization*, Harvard Business School Press, 2001. （櫻井通晴監訳『キャプランとノートンの戦略バランスト・スコアカード』東洋経済新報社，2001年）

Simons, R. , *Levers of Control*, Pretice-Hall, Inc., 1995. （中村元一・黒田哲彦・浦島史恵訳『ハーバード流「21世紀経営」4つのコントロールレバー』産能大学出版部，1998年）

Simons, R., *Performance Measurement and Control Systems for Implementating Strategy*, First Edition, Pretice-Hall, Inc., 2000. （伊藤邦雄監訳『戦略評価の経営学』ダイヤモンド社，2003年）

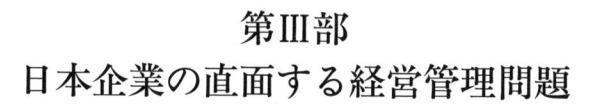

第Ⅲ部
日本企業の直面する経営管理問題

第 12 章

CSR 経営とステイクホルダー・マネジメント

12.1 CSR 経営の意義と動向

近年の経営行動における新たな潮流の1つに，CSR（Corporate Social Responsibility：企業の社会的責任）への関心の高まりがあげられる．それはCSR 推進についての世界的関心の拡大傾向とともに，CSR 問題自体のこれまでの規範（論）的な思潮から実践的なそれへの段階的進化の要請である．前者は，経営のグローバル化の進展や IT 化の急速な発展などに伴い，持続可能な発展（sustainable development）を求める動向をはじめ，CSR に関するグローバルな行動基準や評価基準の構築，NGO の影響力の拡大，企業を取り巻く諸種のステイクホルダー（利害関係者：stakeholders）の期待や要求の高度化，などによる CSR に対する積極的・自主的取り組みへの要請である．また，後者については理念としての CSR から実践としてのステイクホルダー・マネジメントの展開についての要請である．こうした CSR の今日的動向は，これまでの企業の社会的責任についてのパラダイム・シフトを示唆するものでもある．

近時盛んに議論されている CSR についての概念規定や見解は，この点を如実に示している．その一端をあげれば，次のとおりである．
・CSR とは，「責任ある行動が持続可能な事業の成功につながるという認識を，企業が深め，社会・環境問題を自発的に，その事業活動及びステイクホルダーとの相互関係に取り入れるための概念」である[1]．
・CSR とは，「今日経済・社会の重要な構成要素となった企業が，自ら確立

した経営理念に基づいて，企業を取り巻くステイクホルダーとの間の積極的な交流を通じて事業の実施に努め，またその成果の拡大を図ることにより，企業の持続的発展をより確かなものとするとともに，社会の健全な発展に寄与することを規定する概念であるが，同時に，単なる理念にとどまらず，これを実現するための組織作りを含めた活動の実践，ステイクホルダーとのコミュニケーション等の企業行動を意味するものである」[2]．

・「『社会的責任経営』とは，様々なステイクホルダーを視野に入れながら，企業と社会の利益を高い次元で調和させ，企業と社会の相乗発展を図る経営のあり方である」[3]．

・「CSRとは，企業が地球環境を含む自己の利害関係者の諸種の期待に主体的に応えるとともに，行動の内容と結果について積極的に情報を開示することによって，利害関係者と社会全般の支持を獲得し，それによって社会経済的制度としての自己の存続を全うすること」である[4]．

・「CSRの本質は，新しい市場社会の潮流を見据え，社会的公正性や環境・人権などの配慮を踏まえた基本的な価値観（コア・バリュー）をベースに事業を展開していくことである」[5]．

このように，CSRについての定義や見解は多様であり，統一的とは言い難いのが実情である．とはいえ，そこには一定の共通点が見出される．すなわち，それは上述の社会経済システムの持続可能な発展を基底にすえて，社会・環境・経済的側面の3つの価値基軸（トリプル・ボトムライン）を配慮した経営行動の推進を図ることである．これに加えて，企業自体が経営理念主導のCSR経営を主体的に推進すること，ならびにこれに基づくステイクホルダー・マネジメントの構想とその実践によって，企業と諸種のステイクホルダーとの相互信頼関係を構築することである．

12.2 理念主導型 CSR 経営の推進とグローバル行動基準の構築

(1) 理念主導型 CSR 経営の必要性

　CSR の本質は，先の定義が示唆するように，当該企業の基本的価値観 (core values)，すなわち経営理念 (business philosophy) に裏打ちされた CSR の推進に求められる．経営理念は，それが経営トップや創業者の強烈な個人的動機や信念を基礎にして，企業内外の人びとの共感を伴って，自らの事業活動を一定の目的に向けて推進する起動力ないし原動力としての特性をもつものである．言い換えれば，経営理念とは，経営者が事業活動を展開する際に拠りどころとなる行動規範や行動指針，事業観，およびエートス (ethos：行為への実践的起動力) である．それはまた，事業推進上でのドメイン (domain：事業領域) やミッション (mission：使命感) を示す戦略的な価値から，事業遂行上の成功要因や日常の行動規範などといったより具体的なものまで多様に存在している．

　企業の経営行動の基本方向は，こうした理念の内容いかんによって規定され，理念が創造されている場合とそうでない場合ではその軌道形成に重大な影響を与える．

　この意味で，企業ならびにその経営者は，経営理念との関わりにおいて自らの行動の方向づけや軌道形成の手がかりをつかみ，これに関連づけて事業を推進しなければならない．したがって，ここに経営理念主導のビジネス展開の重要性が指摘されるとともに，CSR の推進に際しても，こうした理念主導型の CSR 経営が要請される（図表12-1参照）．

(2) グローバル行動基準の構築

　経営理念は，企業がビジネス展開を図るうえでのいわば「タテマエ」としての指針を形成するものであり，「ホンネ」としての経営行動に少なからず

図表12-1　CSR経営の基本的枠組み

```
┌─────────────────────────┐
│　経営理念（理念主導型 CSR）　│
└─────────────────────────┘
            ⇩ （具体化）
┌─────────────────────────┐
│　企業行動基準（グローバル）　│
└─────────────────────────┘
            ⇩ （連動）
┌─────────────────────────┐
│　ステイクホルダー・マネジメント　│
└─────────────────────────┘
            ⇕ （対話と関与）
┌─────────────────────────┐
│《ステイクホルダー・エンゲージメント》│
└─────────────────────────┘
```

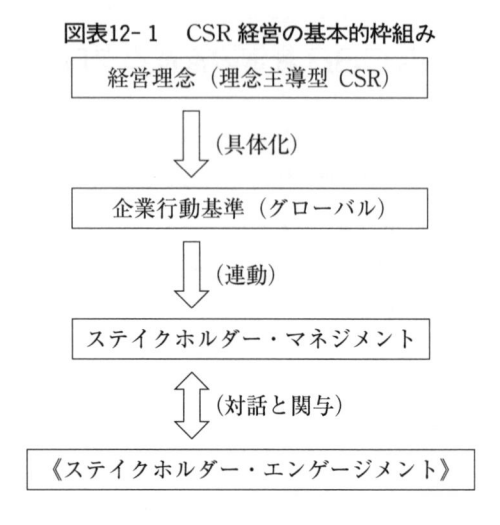

乖離が生ずる．こうした乖離を解消し，理念の現実的な実現を図るための第1ステップとして，また企業の倫理水準向上のための手段の1つとして，企業行動基準（corporate code of conduct）の構築が必要になる．企業行動基準とは，経営理念を具体化し，経営行動に倫理性を注入する変換プログラムである．ことに，企業行動基準に不可欠な要件は，理念の積極面（○○をしたい）だけではなく，消極面（○○はしない）を明示することと，可能なかぎりの実現への希求基準とその結果の評価方法を提示すること，である．[6]

こうした企業行動基準の構築についてのグローバルな潮流は，OECD（経済協力開発機構）による「多国籍企業ガイドライン」(OECD Multinational Enterprise Guidelines)（1976年制定，79年，84年，91年，2000年6月改定）の発行を皮切りに，「コー円卓会議・企業行動指針」(Caux Roundtable: Principles for Business)（1994年）や「国連グローバル・コンパクト」(United Nations Global Compact)（2000年），「持続可能性報告ガイドライン」(Sustainability Reporting Guidelines)（「GRIガイドライン」）（2000年）など，数多くの行動基準や原則が提示されている．

たとえば，「OECD多国籍企業ガイドライン」は，世界初の多国籍企業の

ための行動規範であり，その主要な目的は，多国籍企業が経済的・環境的・社会的進歩の積極的な促進を図り，しかもその管理上の諸問題や困難性を克服・解消することにおかれている．[7] このガイドラインの構成は，「序文」に続いて，「第1章　概念と原則」「第2章　一般方針」「第3章　ディスクロージャー」「第4章　雇用および労使関係」「第5章　環境」「第6章　贈賄の防止」「第7章　消費者利益」「第8章　科学および技術」「第9章　競争」「第10章　課税」から構成されている．ことに，このガイドラインは，OECD加盟国の多国籍企業への勧告であり，多国籍企業に対する自主原則や標準を提示したものであり，その推進は企業自体の自由裁量に委ねているところが特徴である．

　また，国際連合（UN: United Nations）が提唱した企業行動原則としての「国連グローバル・コンパクト」は，世界人権宣言をはじめ，国際労働機関の労働権基本原則，環境開発リオ宣言，贈収賄防止国連代表者会議などの諸提案に基づいて，次のような前文に次いで，普遍的な10原則から構成されている．[8] すなわち，「グローバル・コンパクト」は各企業に対して，それぞれの影響力の及ぶ範囲内で，人権，労働基準，環境について国際的に認められた規範を支持し実践することを要請している．

　《人権》原則1：その影響力がおよぶ範囲において国際的な人権の保護を支援すべきである．原則2：人権侵害に関わらないこと．《労働》原則3：結社の自由を支持し，団体交渉権の効果的な承認を行うこと．原則4：あらゆる形態の強制労働の撤廃を促進すること．原則5：児童労働の廃止を効果的に推進すること．原則6：雇用および職業差別を撤廃すること．《環境》原則7：環境問題に対する予防的なアプローチを支援すること．原則8：より大きな環境的責任を促進するための主導的行動を取ること．原則9：環境上好ましい技術の開発と普及を奨励すること．《反贈収賄》原則10：不当取得や収賄行為など，あらゆる形態における贈収賄行為を回避すること．

　こうした「国連グローバル・コンパクト」は，2002年に開催された世界首

脳会議，ヨハネスブルク・サミットで合意された「ヨハネスブルク宣言」（環境保護と貧困，人権問題の2本柱に加えて，企業の社会的責任の実現や持続可能な発展の実現に向けた民間部門の貢献など）を目前にした国連の問題意識を明示したものでもある．2005年1月現在での参加企業は，世界77ヵ国1,874社を数え，日本企業の参加数は28社を数えるに至っている．[9]

さらには，グローバル・リポーティング・イニシアティブ（GRI：Global Reporting Initiative）によるガイドラインである「持続可能性報告ガイドライン」（Sustainability Reporting Guidelines）（2002年8月改定）は，次の3つの指標を総称し，企業活動の成果を，①経済的（economic）業績，②環境的（environmental）業績，③社会的（social）業績，すなわち「トリプル・ボトムライン（triple bottom line）」に応じた報告書の作成の必要性を提唱している．[10] ここでの「トリプル・ボトムライン」が意味するより具体的な内容は，①経済的業績；給与，労働生産性，雇用創出，外部委託費，研究開発費，訓練などの人的資本への投資，などを含む，②環境的業績；プロセス，製品およびサービスが大気，水，土壌，生物の多様性，人間の健康に及ぼす影響などを含む，③社会的業績；職場の安全性，従業員の確保，労働権，人権，賃金，外部委託事業における労働条件などを含む，というものである．

こうした行動基準の構築は，それ自体が法的拘束力をもたないものの，これに基づいて事業展開を図ることによって，責任ある経営行動の決意を内外のステイクホルダーに明示しうるとともに，自社が危機的状況に当面した際にも，自らの意思決定の基準として迅速に組織的対応が可能になるというメリットがある．[11] しかも，グローバル企業は，こうしたメリットを生かし，次の基本原則に基づいて自社の行動基準を構築することが求められる．[12]

①受託者義務の原則（Fiduciary Principle）：企業とその受託者として行動する．誠実さを失うことなく，しかるべき注意を払いつつ，その業務を忠実に遂行する．

② 財産権の原則（Property Principle）：株主の財産とその所有権を尊重する．窃盗や不正使用，毀損，浪費を厳禁とし，受託財産を保護する．

③ 信頼性の原則（Reliability Principle）：誓約を守る．有言実行を旨に，法的効力を有する契約の規定にかかわらず，約束や合意など自ら認めた義務を最後まで果たす．

④ 透明性の原則（Transparency Principle）：真実を尊重し，オープンに事業を運営する．詐欺行為を厳禁とし，正確に記録した情報を公開するとともに，守秘義務とプライバシー保護を厳守する．重要な情報は迅速に開示する．

⑤ 尊厳の原則（Dignity Principle）：すべてのステイクホルダーの人権を尊重する．他者の健康や安全，プライバシー，人権を保護し，けっして強制はしてはならない．職場や市場，地域において人権を尊重する業務手法を推進する．

⑥ 公平性の原則（Fairness Principle）：自由かつ公正な競争を推し進め，すべてのステイクホルダーを公正かつ公平に扱うと同時に，雇用と契約において差別しない．

⑦ 市民性の原則（Citizenship Principle）：責任ある市民として行動する．法を尊重し，公共財産を保護し，公共機関に協力する．政治と政府に不当に介入せず，地域の発展に貢献する．

⑧ 応答性の原則（Responsiveness Principle）：自社の活動に関する法的な請求と懸念について，誠意をもってステイクホルダーと協議する．公共の利益に関する政府の役割と権限を認め，公の要請には誠実に対応する．

12.3 CSR経営実践としてのステイクホルダー・マネジメント

(1) ステイクホルダー・マネジメントの基本構想

　前節では，CSRの推進に際して，理念主導型CSR経営を基軸として，その抽象性を具体化する変換プログラムとしての企業行動基準について言及してきた．こうした理念主導型CSR経営の推進や行動基準の構築は，さらにCSR経営の実現に向けて，企業を取り巻く諸種のステイクホルダーの期待や要求を認識し，これを内包したマネジメント・プロセスないしスタイルとしてのステイクホルダー・マネジメント（stakeholder management）に連動されねばならない．

　ここでいうステイクホルダー（stakeholder：利害関係者）とは，「広義には，ある特定の企業の活動によって利益を得たり害を受けたり，あるいはその権利が妨害されたり尊敬されたりする集団や個人を指し，狭義には，その企業の存続と成功に不可欠な集団」[13]を意味している．こうしたステイクホルダー概念は，より具体的には，株主・所有者をはじめ，経営者，従業員，顧客，サプライヤー，地域社会などがその中核主体である（図表12-2参照）．

　ステイクホルダー・マネジメントは，先にも触れたように，諸種のステイクホルダーの期待や要求を認識し，これを内包したマネジメント・プロセスないしスタイルである．多大な影響力をもつ現代の企業は，こうした諸種のステイクホルダーの利害（stake）を無視しえなく，同時にそれらとの相互作用を図りながら自らの経営行動を推進しなければならない．そのための基本構想として，次の7つの原則から構成される「ステイクホルダー・マネジメントの原則（Principles of Stakeholder Management）」（「クラークソン原則」"Clarkson Principles"）に留意し，これを推進すべきである[14]．

　原則1：経営者は，あらゆる正当なステイクホルダーの関心事を認識し，積極的にモニターすべきであり，しかもその意思決定と業務活動においてス

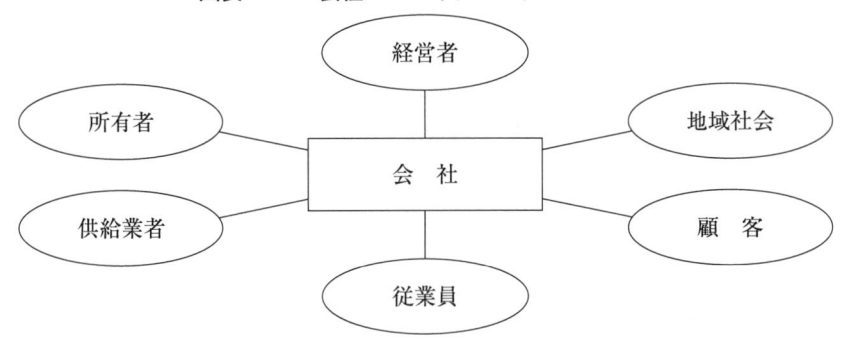

図表12-2　会社のステイクホルダー・モデル

```
         経営者
  所有者        地域社会
        会 社
  供給業者       顧 客
         従業員
```

出所）Evan, W.M. and R.E. Freeman, A Stakeholder Theory of Corporation: Kantian Capitalism, T.L. Beauchamp and N.E. Bowie, *Ethical Theory and Business,* Fourth Edition, Prentice-Hall, 1993, p. 80.

テイクホルダーの利害を考慮すべきである．

　原則2：経営者は，ステイクホルダーの期待する関心事や貢献度，ならびに企業との関わりから生ずるリスクについて，耳を傾けオープンなコミュニケーションを図るべきである．

　原則3：経営者は，諸種のステイクホルダーの関心事や能力に感応し，その行動過程や行動様式を採択すべきである．

　原則4：経営者は，各ステイクホルダー間における努力と報奨についての相互依存関係を認識すべきであり，各ステイクホルダーのリスクと損失に考慮を払い，企業行動から生じた便益と負担を公正に配分すべきである．

　原則5：経営者は，公的ならびに私的機関の双方において協調を図り，企業行動から生ずるリスクと損失を最小化することに心がけるべきであり，そのリスクと損失の発生を極力回避するとともに適切に対処すべきである．

　原則6：経営者は，譲渡不能な人権（たとえば，生存権）を脅かす活動全般を回避すべきであり，それが明らかに判断できる場合，ステイクホルダーの容認不可能なリスクが生じる活動を回避すべきである．

　原則7：経営者は，(a)企業ステイクホルダーとしての自らの役割と，

(b) 諸種のステイクホルダーの利害に対する自らの法的・道徳的責任，との間の潜在的なコンフリクトを認識すべきであり，またこうしたコンフリクトの解消のために，オープンなコミュニケーションや通報奨励制度，必要に応じて第三者評価を採用すべきである．

(2) ステイクホルダー・エンゲージメントの実践

企業，とりわけその経営者は，こうした「ステイクホルダー・マネジメントの原則」を基底にすえて，ステイクホルダーとの相互信頼関係の確立を目指すことが肝要になる．ことに，ステイクホルダー・マネジメントを現実化するための重要かつ中核的な方途として指摘されるのが，ステイクホルダー・エンゲージメント (stakeholder engagement) の実践である．ステイクホルダー・エンゲージメントとは，「企業がステイクホルダーと建設的な対話を行い，そこでの議論や提案を受けて，経営活動に反映させていくこと」[15]であり，その基本コンセプトは企業とステイクホルダーとの双方向の対話（ダイアローグ）と積極的な関与（コミットメント）にある．

こうしたステイクホルダー・エンゲージメントの実践のための手順は，次の5つのステージを踏まえることである[16]（図表12-3参照）．すなわち，①戦略的に考える（Think Strategically）：「ステイクホルダーをマッピングする」「課題を特定する」「戦略目標を設定する」「優先順位を決定する」，②分析し，計画を立てる（Analyze & Plan）：「進捗状況をレビューする」「他社から学び，パートナーを特定する」「ステイクホルダーについて学ぶ」「ステイクホルダー目標を設定する」「可動範囲を明確にする」，③エンゲージメント能力を強化する（Strengthen Engagement Capacities）：「問題に対処する能力を強化する」「社内のスキルを発達させる」「エンゲージメントを行うためのステイクホルダーの能力を構築する」，④プロセスを設計し，エンゲージメントを行う（Design the Process & Engage）：「最も効果的なエンゲージメントの手法を特定する」「プロセスを設計する」，⑤行動を起こし，レ

第12章　CSR経営とステイクホルダー・マネジメント　225

図表12-3　ステイクホルダー・エンゲージメント・フレームワークの5つのステージ

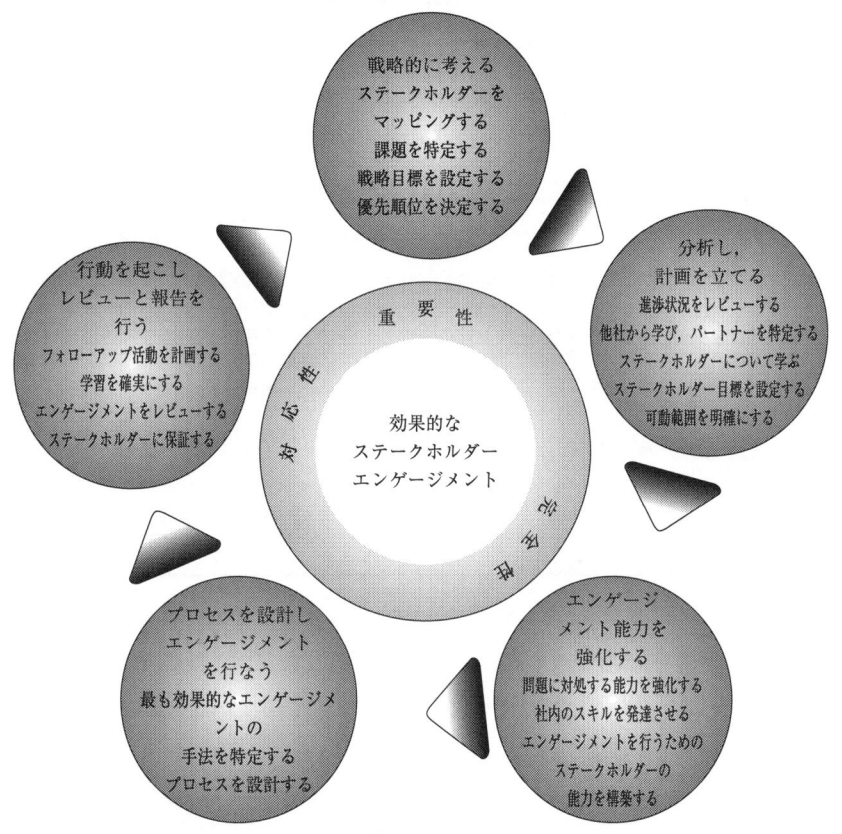

中央：効果的なステークホルダーエンゲージメント
内円：重要性／対応性／完全性

- 戦略的に考える
  - ステークホルダーをマッピングする
  - 課題を特定する
  - 戦略目標を設定する
  - 優先順位を決定する

- 分析し，計画を立てる
  - 進捗状況をレビューする
  - 他社から学び，パートナーを特定する
  - ステークホルダーについて学ぶ
  - ステークホルダー目標を設定する
  - 可動範囲を明確にする

- エンゲージメント能力を強化する
  - 問題に対処する能力を強化する
  - 社内のスキルを発達させる
  - エンゲージメントを行うためのステークホルダーの能力を構築する

- プロセスを設計しエンゲージメントを行なう
  - 最も効果的なエンゲージメントの手法を特定する
  - プロセスを設計する

- 行動を起こしレビューと報告を行う
  - フォローアップ活動を計画する
  - 学習を確実にする
  - エンゲージメントをレビューする
  - ステークホルダーに保証する

出所）社会倫理カウンタビリティ研究所『ステイクホルダーエンゲージメント・マニュアル　第2巻：実務者のためのステイクホルダーエンゲージメント・ハンドブック（日本語翻訳版）』2005年，11ページ

ビューと報告を行う（Act, Review & Report）：「フォローアップ活動を計画する」「学習を確実にする」「エンゲージメントをレビューする」「ステイクホルダーを保証する」．

　しかも，こうしたステイクホルダー・エンゲージメントの実践によるメリットとして，次の諸点が指摘されている[17]．すなわち，①意見が聞き届けら

れる権利をもつ人びとに意思決定プロセスで考慮される機会を与えることにより，より公平かつ持続可能な社会的発展をもたらす．②リスク管理とレピュテーション（評判）管理が向上する．③問題解決や単独組織では，実現可能な目標の達成に役立つ経営資源（知識，人材，資金，技術など）を共同でプールできる．④市場開拓や新たな戦略的好機の特定など，複雑な事業環境を理解できる．⑤企業がステイクホルダーから学ぶことができ，その結果として製品・プロセスが改良される．⑥企業と社会に影響を与えるようなステイクホルダーと事業環境に対し，その意思決定と行動を改善するために，情報や教育，影響を与える．⑦企業とステイクホルダーの間に信頼が構築される．

12.4 ステイクホルダー・マネジメントの課題

　ステイクホルダー・マネジメントの基本目的は，前節でも触れたように，ステイクホルダー・エンゲージメントの実践をとおして，企業を取り巻く諸種のステイクホルダーとの信頼関係を確立することである．換言すれば，こうしたステイクホルダーとの信頼関係の確立は，企業がステイクホルダー・マネジメントを効果的に推進すること，とりわけ諸種のステイクホルダーに対して高度なマネジメント能力を発揮することによって実現されよう．これを実現するための一方途として，次の諸点に留意することが重要である[18]．すなわち，①諸種のステイクホルダーとのコミュニケーション・プロセスを作成し実行すること，②重要な問題について，ステイクホルダーと積極的に交渉し，自発的な同意を追求すること，③諸種のステイクホルダーに対して，有益なマーケティング・アプローチを取ること，④戦略策定に際して，ステイクホルダーについて熟知している組織メンバーを取り込むこと，⑤プロアクティブな立場から，ステイクホルダーの関心を予想し，その環境に影響を与えるよう心がけること，⑥ステイクホルダー分析に合致した方法で資源配分を行うこと，⑦経営者は「ステイクホルダーへの奉仕（stakeholder-serving)」を志向すること，である．

　企業，とりわけその経営者は，こうしたマネジメント能力を考慮に入れるとともに，諸種のステイクホルダーの期待や要求に適切に対処し，相互信頼関係の確立を目指さなければならない．

注）

1) 高巌ほか『企業の社会的責任：求められる新たな経営観』日本規格協会，2003年，82ページ
2) 経済産業省『企業の社会的責任（CSR）に関する懇談会・中間報告書』2004年，27ページ
3) 経済同友会『日本企業のCSR：現状と課題―自己評価レポート2003―』2004年，4ページ
4) 社会経済生産性本部コンサルティング部CSR指標化委員会『企業の社会的責任（CSR）指標化に関する調査：調査報告書』2005年，5ページ
5) 谷本寛治『CSR経営：企業の社会的責任とステイクホルダー』中央経済社，2004年，259-260ページ
6) 森本三男『経営学入門（三訂版）』同文館，1995年，100ページ，および同「国際化と企業倫理行動基準」柴川林也編著『企業行動の国際比較』中央経済社，1997年，14ページ
7) 高巌ほか，前掲書，2003年，25-27ページ
8) 高巌ほか，同上書，30-32ページ
9) 藤井敏彦『ヨーロッパのCSRと日本のCSR』日科技連出版社，2005年，93-94ページ
10) 高巌ほか，前掲書，2003年，32-35ページ
11) Paine, L., Deshpande, R., Margolis, J.D. and K.E. Bettcher, Up to Code : Does Your Company's Conduct Meet World-Class Standards?, *Harvard Business Review*, December, 2005, p. 123.（山本冬彦訳「GBSC：企業行動規範の世界標準」『ダイヤモンド・ハーバードビジネスレビュー』3月号，2006年，127ページ）
12) Ibid., pp. 125-133.（山本冬彦訳，131-137ページ）
13) Freeman, R.E., Stockholders and Stakeholders : A New Perspective on Corporate Governance, *California Management Review*, 25-3, 1983, p. 91.
14) Business Ethics Quarterly, Appendix : Principles of Stakeholder Management, *Business Ethics Quarterly*, 12, 2002, p. 260.
15) 谷本寛治『CSR：企業と社会を考える』NTT出版，2006年，109ページ

16) 社会倫理アカウンタビリティ研究所『ステイクホルダーエンゲージメント・マニュアル　第2巻：実務者のためのステイクホルダーエンゲージメント・ハンドブック（日本語翻訳版）』2005年，11ページ
17) 同上書，9ページ
18) Freeman, R.E., *Strategic Management : A Stakeholder Approach*, Pitman Publishing, 1984, pp. 78-80. Sturdivant F.D. and H.Vernon-Wortzel, *Business and Society : A Managerial Approach,* Fourth Edition, Irwin, 1990, p. 71.

◆参考文献

高巖ほか『企業の社会的責任：求められる新たな経営観』日本規格協会，2003年
高巖『「誠実さ」（インテグリティ）を貫く経営』日本経済新聞社，2006年
水村典弘『現代企業とステークホルダー：ステークホルダー型企業モデルの新構想』文眞堂，2004年
水谷内徹也『日本企業の経営理念：社会貢献志向の経営ビジョン』同文館，1992年
宮坂純一『企業は倫理的になれるのか』晃洋書房，2003年
森本三男『企業社会責任の経営学的研究』白桃書房，1994年
野村総合研究所『2010年日本の経営：ビジョナリー・エクセレンスへの地図』東洋経済新報社，2006年
谷本寛治編著『CSR経営：企業の社会的責任とステイクホルダー』中央経済社，2004年
谷本寛治『CSR：企業と社会を考える』NTT出版，2006年

第13章

国際的な競争力の維持強化

13.1 日本企業の競争力強化の現状と特徴

　1990年代，日本経済は「失われた10年」と称されたように，成長から見放された厳しい時代をすごした．バブル経済後の長期不況のなかで，日本企業は収益低迷に悩まされた．しかし，2003年度以降，収益は回復傾向にあり，連続して上場企業の収益が史上最高値を記録した．

　日本経済の復活のきっかけは，アメリカや中国への輸出が伸びたことにある．何より，中国経済の成長はいちじるしい．工業製品を中心に生産を拡大しており，先進国を含む海外への輸出を急速に増加させている．特にエアコンやテレビなどの家電製品では，今や世界のシェアを20%以上占めるほどの工業大国に成長した．

　こうした活発な中国経済の動きを受け，日本の製造業企業は，中国向けに製品や機械，部品，材料などを輸出し，収益を改善させた．収益は銀行の借入金の返済に充てられたため，問題視されてきた銀行の経営体質も健全性を取り戻した．企業は国内での設備投資を開始し，その結果，雇用が拡大し，賃金も上昇傾向に向かっている．長期的にみれば少子化，高齢化という深刻な問題を抱えていることに変わりはないが，日本経済は持続的な成長路線に入った．

　日本から中国への輸出を増加させた牽引役となった品目は，第1に，中国の高所得者の消費欲求を満たすための，デジタル家電や高級乗用車などの完成品である．これらは最新技術を取り入れた高品質な製品であり，日本企業

が日本国内の工場で生産しているものである。第2に，中国の工場で使われる機械や部品，材料などである。中国では日本のような下請け工業の裾野が育っていないため，国内だけで生産に必要な機械や部品，材料を賄うことはできない。中国から家電製品の完成品が大量に輸出されているとはいえ，工場での生産に不可欠な高度な工作機械や基幹部品，材料などは，輸入されたものに大きく依存している。中国の工業大国化は，こうした日本などからの輸入により支えられている。

　日本企業の輸出が拡大するなかで，日本のものづくり，つまり製造業の圧倒的な国際競争力の高さが，改めて明らかになった。日本企業が強みをもつ完成品や機械，部品は，「擦り合わせ型」という技術的特性をもつ傾向があることが指摘されている。[1]

　「擦り合わせ型」製品の代表例は，乗用車である。日本製の乗用車は，静粛性が高く，乗り心地がよい。これはエンジン，ボディ，サスペンション，トランスミッションなどの部品を絶妙な調和を考えながら調整した結果，実現できた高度な機能である。単純に1つの部品だけを改善しても，静粛性という機能を実現することはできない。機能を実現できるのは，あらかじめ自動車メーカーが部品間の調整を考えながら設計していること，さらに，その設計・生産のプロセスにおいて自動車メーカーと部品メーカーとが長期継続的な取引のもとで連携しているということが大きい。日本の自動車メーカーと部品メーカーとは，技術情報を交換しながら，お互いのノウハウを部品や材料の改善に生かしている。日本製の乗用車は，静粛性が高いばかりでなく，操舵性，走行安定性が高く，また故障も少なく，コストも相対的に低い。これらの優位性を実現できている背景には，こうした部品間の調整を考慮した設計，それを可能にする自動車メーカーと部品メーカーとの連携がある。

　つまり，「擦り合わせ型」の場合，完成品メーカーや部品メーカー，材料メーカーが，連携を取り合いながら，数多くの部品を，その製品だけのため

に最適設計することにより，初めて製品ができあがるという特性をもつ．こうした製品には，乗用車のほか，高級オートバイ，薄型 TV などの軽薄短小のデジタル家電，精密機械などがあるといわれている．また，完成品だけでなく，工程において擦り合わせが必要な金型，自動車ボディ用の鋼板や液晶用のガラス，半導体材料のような部品や材料も，こうした特性をもつとされる．これらは，まさに中国向けに日本企業が輸出を拡大させたものに合致しており，日本企業が強みをもつものである．

他方，「擦り合わせ型」と異なる特性に，「組み合わせ型」がある．この場合，機能と部品との関係は1対1なため，あらかじめ別々に作った部品を集めてきただけで，製品を作ることができるというものである．この特性をもつ製品の代表例は，パソコンであって，こうした製品ではアメリカや中国の企業が強みをもつ．インターネットによる入札で最低価格の部品を調達し，部品と部品とを水平的に組み合わせることが可能であり，部品の組み合わせを変えるだけで，何通りもの製品を作り出すこともできる．

日本が不況に陥った1990年代は，「IT（情報技術）革命」が進展するなかで，まさにこの「組み合わせ型」の製品が世界経済を牽引した時代であった．アメリカ企業が復活し，日本企業の競争力低下が指摘された陰には，こうした時代の「主役」となった製品の特性が変化した影響が大きかったといわれる．

ここにきて復活をとげた日本企業は，国際的な競争優位の確保に向けて，次の手を打ち始めている．その1つの策が，日本での工場建設である．

1990年代の不況期，特に1995年以降の超円高とその後のデフレ経済のなかでは，日本企業の工場の海外への移転に伴う「空洞化」が話題になった．国内生産に自信を失った一部の企業が，主力工場を中国など低コスト地域への移転を進めたためである．しかし，景気回復のなかで，九州や首都圏など国内での新工場の建設計画や拠点強化策を打ち出す日本企業が見られるようになり，工場の「国内回帰現象」が伝えられている．

図表13-1　国内での新工場建設計画・拠点強化などの動き

企業名	場　所	概　要
日産自動車	福岡県苅田町	2007年度まで．ライン改修
トヨタ自動車九州	福岡県宮田町	2005年9月．新ライン増築
ダイハツ車体	大分県中津市	2004年12月．車輌新工場稼働
松下電器，東レ（松下プラズマディスプレイ株式会社）	兵庫県尼崎市	2009年5月．プラズマディスプレイパネル工場建設
キヤノン	大分県大分市	2007年．新工場建設
ソニーセミコンダクタ九州	熊本県菊陽町	2006年．半導体・部品工場
富士写真フィルム	熊本県菊陽町	2006年12月．液晶フィルム新工場
横河電機	神奈川県相模原市	2006年．光通信向け半導体工場
東京精密	東京都八王子市	2005年4月．半導体製造用機器の工場を拡張
シャープ	三重県亀山市	2007年．大型液晶パネルの生産ライン追加導入

出所）各種新聞報道，日経ビジネス等雑誌記事より作成

　こうした新工場の建設費の多くは，企業が蓄積してきた内部資金により賄われている．日本企業は，これまで，契約社員やパートの活用による人件費の削減や，不採算部門からの撤退など，リストラを断行してきた．IT（情報技術）を駆使することで，機動的な仕入れや生産調整を行うことが可能となったため，無駄な在庫を抱えることも減ってきた．その結果，増加した収益がその源である．

　新工場には，ITを採り入れた高度に自動化された工作機械や設備が導入される．特に，この10年で日本の工作機械は，複雑な形状のものであっても，切削，研削，穴あけなどの多様な金属加工を素早くこなすなど，その機能を飛躍的に向上させた．また，それらは長時間の無人運転など労働力をあまり必要としない工場設計を可能とするため，世界的な相場でみて賃金の高い日本人をベースに考えても，コスト面で大きな問題はない．

　また，日本企業の得意分野である「擦り合わせ型」という特性や，世界が

日本企業に要求している高度な製品の品質確保や最新技術の導入などを考えると，製品開発に向けて連携を取り合うことが必要な能力の高い材料・部品メーカーが数多く立地する国内の方が，海外より機動的な対応ができて有利ということも大きい．日本企業のなかには，高度な製造技術や先端技術の海外への流出を避けることで，長期的な国際競争力を維持する狙いをもっているところもある．新工場に対し，海外での工場の稼動経験のなかで生まれた新しいノウハウを生かすことで，これまでにない高い効率の工場を実現しようという強い意識もみられる．

このように工場の「国内回帰」は，日本企業のものづくり分野における競争力の回復，自信回復をベースに，さらなる競争力の確保に向けた戦略の一環として進められている．

13.2 ものづくりと熟練

日本企業のものづくりの競争優位を支えているのは，熟練工の存在である．中国は，市場経済後の20年間で，製造業が急成長し，工業製品の生産大国になった．しかし，台湾企業を含めた外資系企業の役割も大きく，高い競争力をもつ現地資本の企業は，すでに触れたとおり，主要な機械や部品，材料を日本などからの輸入に依存している．他方，日本は戦後20年で，多くの製造業企業が，世界トップ水準の生産技術を取得した．外資系企業や輸入品への依存を伴わずに，材料，部品，完成品というフルセットの製造業が成長することができた．機械工業は，先進工業国で発達する産業である．日本では，1960～70年代前半にかけて，造船，家電，自動車，工作機械，産業機械など，主要な機械工業が高い国際競争力をもつようになり，一流の工業国となった．日本がこのような発展を遂げることができた大きな要因に，熟練工の育成に成功したということがあるといわれている．[2]

機械工業は，多数の部品から構成されているため，自動車や家電といった完成品を組み立てる大企業の下には，一次メーカー，二次メーカー，三次メー

カーといった無数の中小企業がピラミッド状に広がっている．日本では，そうした大企業，中小企業双方に，数多くの熟練工が存在し，重要な役割を果たしている．

　たとえば，機械工業で重要な技術に，金型がある．金型は，製品を成形するのための道具であり，自動車の大型のボディから腕時計のなかのごく小さな部品まで，大量生産をするタイプの製品には不可欠なものである．1つの製品のなかでも数多くの金型が必要であり，たとえば，一種類の自動車だけでも約2,000個の金型が必要といわれる．金型の精度が製品の最終的な仕上がりに直結するため，その精度には相当にこだわる必要がある．精度を要求されるこの金型の設計や生産には，「匠の技」，つまり高度な技能をもった熟練工が重要な役割を果たしている．

　金型をつかって金属を成形する場合，外側には張力が，内側には収縮力がかかるため，なかなか想定したとおりには仕上がらない．そのため，金型を作るとき，最適な誤差を考えなくてはならないが，それを効率的に探し当てるのが熟練工である．できあがる部品以上に複雑な金型をどのような形状にするのか，精密な金型をどの程度の精度で仕上げるかという難題にも，高度な技能をもった熟練工だからこそ応えることができる．金型の需要変動が大きいことや，必要とされる金型が多品種少量であることを背景に，金型メーカーは中小企業が中心であるが，そこに熟練工が存在する．

　大企業である自動車メーカーでも，熟練工が重要な役割を果たしている．たとえば，自動車の組み立てラインでも，熟練の技能が競争力に貢献している．それは，熟練工がもつ「不確実性をこなす技量」[3]にある．自動車の組み立てラインは，単純に部品を取り付けているようにみえるが，実際にはそこでは数多くの予想できなかった問題が起きている．たとえば，違う部品を取り付けてしまうという誤品のケースである．自動車のラインには，さまざまなモデルが流れてくる．どんなに気をつけていても違うモデルにつけるはずだった部品を間違えて取り付けてしまうことがある．これを製品がすべてで

きあがった段階で検査し，取り付けなおすとなると，ロスは非常に大きい．しかし，その間違いをそのすぐ後の持ち場で気がつけば，その場で修正が可能であり，ロスはごく小さい．日本の自動車メーカーの組み立てラインには，自分の持ち場の前後まで理解した多能工である熟練工が存在するため，こうした対応が可能なのである．

　こうした組み立てラインにいる熟練工は，新しいモデルを設計する際，ホワイトカラーである設計技術者に対して，意見をいうことができる．設計図面の段階で，「その図面でやったら，組み立てにくく，品質不具合がおきやすい．こう変更して欲しい」と，「不確実性」を想定し発言するのである．熟練工は，高校卒を中心としたブルーカラーであるため，設計の勉強をしているわけではない．しかし，彼らの発言は確かなものであり，その意見をホワイトカラーの技術者は大いに参考にする．日本の自動車メーカーのものづくりの強みである製品開発の効率性の高さには，このような熟練工の能力の高さとそれを活用する仕組みに一因がある．

　こうした熟練工の育成は，基本的にOJT（オン・ザ・ジョブ・トレーニング）にある．新人工員はベテランの熟練工の指導の下におかれ，まず熟練工の作業をみる．その後，新人が，その作業を真似してやってみる．問題があれば，熟練工が指導する，そういった，一見単純にもみえるやり方である．新人工員は，その作業をしばらく担当し，一人前の成果をだすことができるようになると，その前の作業に変わる．またそこで経験を積むと，また関連する前後の作業に異動していく．このように，ある程度の専門分野をもちながら，その前後の作業をやや幅広く経験し能力を蓄積していくジョブ・ローテーションこそが，熟練工の形成にとって，最も効率的で有効な方法である．不確実な事態とは無数に起こりうるため，それ自体を想定した座学（OffJT）を導入することは，きわめて難しい．座学は，必要なスキルを磨くために，補足的に行われるものにすぎない．

　近年，ITを駆使し，工作機械や設備がいっそうのデジタル化，自動化の

傾向を強めている．こうしたなかで，熟練工の技能はそれらに置き換えられるのではないかという議論が，一部で訊かれることもあった．しかし，実際にはそうしたなかでも熟練工の重要性は変わっていない．

　先に示した金型の例でもしかりであった．ある金型メーカーで，若手の技術者たちが，熟練工がもつ「匠の技」をデジタルに置き換えようという試みを進めた．若手技術者は，基本的に「匠の技」に代表されるアナログの世界を軽視していたため，次第に若手技術者と中高年の熟練工とは反目しあうようになった．ところが，若手技術者がどのように工夫をこらしても，デジタルの世界だけでは，従来のような精密な金型ができなかった．超えられない壁にぶちあたった若手技術者を救ったのは，中高年熟練工の助言だった．若手技術者は，中高年熟練工に相談をもちかけていくうちに，彼らの技能がきわめて科学的な知識に裏付けられていること，そして彼らがデジタルの世界についても十分な理解力をもつことに気がついた．確かに，熟練工の「匠の技」はデジタル化が可能であり，それはCAD/CAMなどの自動加工に活用できた．しかし，デジタル化されたのは，あくまでも過去の金型設計についての「匠の技」であり，新規のものについては熟練工の高度な技能がやはり必要だった．若手技術者はアナログ技術をすべてデジタルに置き換えようという考え方自体が間違っていたとし，アナログの世界の「匠の技」をサポートするためにデジタルを使おうという考えに大きく転換したという．この結果，若手技術者と中高年熟練工の関係はきわめて良好なものとなり，この金型メーカーの効率性と競争力はさらに高まったという．

　競争力を回復した日本企業では，改めて熟練工の必要性，重要性が指摘されているが，他方で，ものづくりの現場である工場での事故を伝える報道が，昨今相次いでいる．この背景には，企業が工場の海外への展開を積極的に進めた一方で，人件費削減のために，期間工やパートなどへの依存を高めた結果，全体として熟練工が不足していることがあるといわれている．すでにみたとおり，ここ10年ほどで，製造業企業の活動は国境を越え，海外へめ

ざましく広がった．海外で工場を立ち上げるためには，熟練工を海外に赴任させる必要がある．熟練工は，異なる環境下で与えられた制約条件のもとでどうすれば海外工場を軌道にのせることができるか，ライン設計への助言，製造マニュアルの作成，現地採用工員の指導などで，重要な役割を果たすからである．日本の家電メーカーや自動車メーカーなどでは，こうした派遣できる熟練工が逼迫している．そして，こうした熟練工が必要なのは，海外工場だけではない．海外工場は，機動的に生産能力を調整することができないため，急速に需要が拡大して製品不足が発生したときには，国内工場が穴埋めをすることになる．すでに稼動が安定している国内工場であっても急速な生産拡大時には，熟練工が必要である．[4]熟練工は，日本企業の国内でも海外でも欠かせない存在なため，需要が逼迫する傾向にある．

　こうした熟練が必要なのは，ものづくりの中心であるブルーカラーの製造現場だけのものではない．ホワイトカラーの職場でも，業務を通じた経験でしか培えない「熟練」が，重要な役割を果たしている．たとえば，ホワイトカラーの職場である，設計開発や経理，営業の職場などでも，同じように経験を通じた「熟練人材」が必要であり，それが日本企業の競争力を支えている．

　日本企業の競争力が回復し，景気の先行きが明るくなってきたため，新規採用を増加させる企業が増加している．2007年から，団塊の世代の「熟練」人材の大量な退職が予定されていることも，こうした企業の採用意欲の高まりに影響している．予定していた人員を確保できなかった企業も少なくない．技能技術の伝承を途切れさせないために，企業は定年延長や再雇用制度などの導入を進めながら，職場での人材育成に躍起になっている．

　しかし，「熟練人材」は，長期間をかけて育成されるものであり，短期間で育成することができるものではない．企業では，こうした問題を補うために，増加した期間工やパート，派遣社員などの非正規従業員を正規従業員として雇い，彼らを熟練人材として育成するという動きもみせている．また，

高度な複写機や電子楽器など，需要の変動がいちじるしい高額な IT 製品では，ラインでの流れ作業ではなく，熟練工が一人で組み立てるセル生産方式が増加している．在庫を抱えることなく，生産量を機動的に変更できるうえ，熟練工が達成感や満足度を得やすい仕組みだ．熟練工をめざす若者を増やし，やる気を引き出すことができる生産方式でもある．日本企業にとって，「熟練人材」の形成は，競争力の維持・向上のために必要不可欠なものであるため，こうした動きを進めるべきであろう．

13.3 成果主義と長期雇用制

　日本企業の「熟練人材」の形成を支えてきたのは，長期雇用制である．「熟練人材」を形成するには，新人を採用してから長期間が必要である．そのため1950年代から，勤続重視の賃金や長期雇用が進んだ．製品の品質や生産性の向上のために，長期間での技能の向上が不可欠であったことから，ジョブ・ローテーションにより，技能の幅を拡大し，熟練を形成してきたのである．

　「熟練人材」が仮に短期間で退社をしてしまえば，それまで投資した教育訓練投資がすべて無駄になってしまう．この点については，すでに触れたとおり基本は OJT なのであるから，教育訓練投資はかかっていないようにみえるかもしれない．しかし，それは間違いである．ベテランと新人とでは，作業の効率性がまったく異なる．その効率性の差は実務の成果にあらわれているはずであり，それが，目に見えないが教育訓練投資である．これは決して小さいものではない．

　ところが，1990年代前半以降になると，経営不振に悩んだ日本企業で，成果主義の導入が進んだ．個人の業績を給与に連動させる成果主義を導入することで，社員個人間の競争意識を高め，社員のモチベーションを高めようという狙いがあった．組織のもとでの馴れ合い，もたれあいから脱却し，社員間の競争を重視することで，会社の活力を高めようという狙いがあった．

しかし，そうした取り組みは社員のモチベーション向上につながらなかった．たとえば，成果主義のもとで成果をあげたと高く評価された社員が，社内では必ずしも仕事ができるとは思われていない人で，「なぜあんなやつの評価が高くて，自分の評価が低いのか」と失望する社員が多くなった．また，掲げた目標を達成しなくてはならないという重圧感から，目標をあえて低く設定するという傾向が強まった．1年で査定されるため，短期間で成果がだせるような仕事ばかりを重視する傾向も強まった．部下の育成というような時間と手間がかかり，成果につながらない業務は避けられがちになり，人材育成がおろそかになった．結果として，社員の挑戦する意欲が殺がれ，人材の育成も追いつかず，個人も，会社も活力を失っていくという負の遺産が目に付くようになったのである．

そして，この時期は，派遣社員，パート，アルバイトなど，多様な雇用形態の人たちが，正規従業員と一緒の職場で働くようになった時期でもあった．1つの職場に，多様な属性をもつ個人がいるなかで，共通の目標を掲げることの難しさも露呈した．個人の成果が重要視されるばかりで，それを会社の成長につなげるという視点がないがしろにされ，それが日本企業がもつ本来の強みを損なうのではないか，という疑問の声も訊かれるようになった．

こうしたことを背景に，日本企業では，最近になって，成果主義がもたらした過度な個人主義，業績主義を是正し，組織やチームの力を再び見直すという「揺り戻し現象」がみられるようになってきた．成果主義の先行的な導入企業であった富士通が，2004年秋にその運用方法を見直し，「フォー・ザ・チーム（チームのために）」という標語を掲げたのは，その代表例である．

こうした動きを説明するのに，アメリカの弁護士事務所の歴史が参考になる．[5) アメリカでは，1960年代までほとんどの事務所のパートナーの給与は，勤続重視で決定されていたという．しかし，1970年代になると，訴訟の増加

により弁護士需要の増加が顕著となり，そのために多くの事務所が有能な弁護士の引き抜きを始めた．この引き抜きへの対抗策として，大規模な事務所では，パートナーの給与を勤続重視から能力ベース，つまるところ，成果主義の方向に変えるという動きを進めた．

　こうした変更の後，パートナーたちは，能力が高いと評価されるために，従来とは異なる動きをし始めた．成果の出やすい案件を抱え込み，時間がかかったり，勝訴の可能性が低かったりする大きな案件を避けるようになった．成果の出やすい案件だけを抱え，リスクを避けようとするパートナーたちのこうした行動は，結果的に事務所の収益の低迷，サービスの質の低下，そして事務所の評判の低下を招いた．こうした負の遺産が明らかになった1980年代後半以降，弁護士事務所では，能力ベース，成果主義の給与制度を入れたことを反省し，勤続重視に戻るという動きが進んだというものである．

　人材の流動化がいわれるアメリカであるため，アメリカの弁護士は企業を渡り歩きながら，業績に応じた高い報酬を得ているものと，一般的には想定されやすい．しかし，歴史でみたとおり，弁護士の報酬は個人の業績ではなく，勤続年数が大いに重視されており，彼らは長期雇用の下で内部昇進するのである．

　日本企業の長期雇用や勤続重視の賃金という制度のもとでは，とかく個人間の競争圧力が弱いと思われがちである．しかし，日本企業では，ブルーカラー，ホワイトカラーを問わず，必ず査定が行われ，その査定結果は毎年確実に個人の賃金に反映される．賃金が勤続年数とともに上昇する傾向があるからといって，企業内での個人の競争圧力が弱いわけではない．むしろ，日本企業では，長期で能力を評価され，時間をかけて競争をさせられ，遅いタイミングで選抜をされることから，従業員全員が厳しい能力向上要求を突きつけられていることにもなる．だからこそ，日本企業では多くの個人が長期で能力を形成し，大きな課題にも挑戦するという意欲を持ち続けることがで

きる．そこには，基本的に個人の能力は多面的であるため評価が難しいという，冷静な認識もある．こうした長期的な視野のもとでの人材管理のあり方が，日本企業の競争優位を支える「熟練人材」の形成を可能にしてきた．長期雇用制や勤続重視の賃金という制度には，厳しい個人間の競争がすでに組み込まれているのである．[6]

現在の日本経済では，不足する「熟練人材」と膨大なフリーターという問題が同時に存在するという不可思議な状態がみられる．これは，企業が，1990年代に期間工やパートなどの非正規の従業員を拡大する一方，新規採用を減らした結果である．高校や大学を卒業後，フリーターを続けている人は急激に増加し，その数は400万人を超えるといわれる．日本企業が長期的に成長していくためには，政府との協力体制の下で，このフリーターの人材形成を行うとともに，「熟練人材」の形成を可能にする長期雇用をさらにおし進めていくという姿勢が必要である．

注）
1) 藤本隆宏『日本のもの造り哲学』日本経済新聞社，2004年，127-131ページ
2) 竹内宏「無数の熟練工が技術立国を支えた」『エコノミスト臨時増刊（2004年2月号）戦後日本企業史』毎日新聞社，2004年，134-139ページ
3) 小池和男『仕事の経済学　第3版』東洋経済新報社，2005年，11-25ページ
4) 竹内宏，前掲書
5) 猪木武徳『自由と秩序：競争社会の二つの顔』中公新書，2001年，93-97ページ
6) 同上書

◆参考文献
藤本隆宏『日本のもの造り哲学』日本経済新聞社，2004年
竹内宏「無数の熟練工が技術立国を支えた」『エコノミスト臨時増刊（2004年2月号）戦後日本企業史』毎日新聞社，2004年，134-139ページ
小池和男『仕事の経済学　第3版』東洋経済新報社，2005年
猪木武徳『自由と秩序：競争社会の二つの顔』中公新書，2001年

索引

あ行

ROE（株主資本利益率） 113
愛と所属の欲求 137
安全の欲求 137
暗黙知 78
　──の共有 78
意思決定 52
移動組立法 21
イノベーション 77
インセンティブ・システム 116
失われた10年 229
英雄 179
SBU 114
X理論とY理論 134
応答性の原則 221
OJT（オン・ザ・ジョブ・トレーニング） 235,238
オペレーションズ・リサーチ 66

か行

階層組織の原則 29
科学的管理の諸原則 15
科学的管理法 13
課業 15
価値観 175
価値前提 67
株主価値の最大化 117
感情 147
カンパニー制 113
管理過程論 30
管理原則 26
管理者 2
管理の科学 24
機会主義的要因 53
期間工 236
企業価値 207
企業間関係 105,119
企業環境 179
企業行動基準 218
企業文化 8,175
記述的意思決定論 59
期待 144

期待理論 136
機能 109
規範的意思決定論 59
基本的仮定 183
基本的欲求 136
客観的権威 52
キャプラン，R. S. 208
業績主義 239
業績評価制度 199
共通目的 44
協働システム 41
規律の原則 27
儀礼や儀式 179
クーンツ，H.
組み合わせ型 231
グループ化 124
グループ最適経営 127
グローバル行動基準 217
グローバル・リポーティング・イニシアティブ（GRI） 220
クロスファンクショナル・チーム 102
経営学 1
　──の科学化 5
経営管理 1
　──の機能 6
　──のプロセス 7
　──の理論と技法 4
経営企画部門 92
経営計画 87
経営計画の策定過程 92
経営資源 3
経営者 2
経営者の機能 54
経営職能 25
経営人 65
経営単位 112
計画策定 8
計画的意思決定 70
計画プロセス 95
「経済人」仮説 39
経済付加価値であるEVA 207
形式知 78
系列 120

ゲームの理論　59
決定活動　70
権威　50
　　──の理論　50
権限・責任の原則　27
権限の分散・委譲　108
貢献意欲　44
公式組織　40
高次の欲求　137
公正の原則　29
高賃金低労務費　17
行動科学的組織論（社会システム学派）　65
公平性の原則　221
効率性の評価　199
コー円卓会議・企業行動指針　218
顧客　2
国際的な競争力　229
国連グローバル・コンパクト　218
個人　41,42
個人主義　239
個人的意思決定　52
個人的利害の一般的利益への従属の原則　28
コッターおよびヘスケット　184
古典的管理論　13
コミットメント　190
コミュニケーション　44
　　──の機能　91
コンセプトの正当化　78
コンセプトの創造　78
コンティンジェンシー理論　151
コントロール　195
コンフリクト　189

さ　行

財産権の原則　221
財務，顧客，業務プロセス，そして学習と成長という視点　211
サイモン，H. A.　59
差別的出来高払制度　15　17
産業ならびに一般の管理　24
残余利益のRI　205
GRIガイドライン　218
CSR（企業の社会的責任）　94,215
CSR経営　216
時間研究　15
指揮の統一の原則　28

事業部制組織　105,112
資源依存パースペクティブ　119
自己実現の欲求　137
事実前提　68
持続可能性報告ガイドライン　218,220
持続可能な発展　215
シチュエーショナル・リーダーシップ理論　151
市民性の原則　221
シャイン　182
「社会人」仮説　39
社会的感情　39
社内ベンチャー制度　115
自由意志　42
従業員安定の原則　29
従業員団結の原則　30
集団主義　187
集中の原則　28
重要な成功要因　210
熟練工　234
熟練人材　237
熟練の技能　234
受託者義務の原則　220
状況適応モデル　151
承認図方式　122
承認の欲求　137
情報収集活動　70
情報処理　76
情報分析活動　70
照明度実験　37
職能別管理組織　16
職能別職長制　15
職能別組織　109
職務態度　140
職務の拡大　143
職務満足　140
人事管理　36
信頼性の原則　221
スタッフ　109
ステイクホルダー（利害関係者）215
ステイクホルダー・エンゲージメント　224
ステイクホルダー・マネジメントの原則　222
「擦り合わせ型」製品　230
成果主義　238
正規従業員　239
精神革命論　18

製品開発の効率性　235
SECI（セキ）モデル　79
説得　47
　　――の方法　48
選択と集中　126
専門化の原則　106
戦略形成の機能　95
戦略提携　127
戦略的経営　7
戦略的要因　53
創意と刺激による管理　15
創意の原則　30
総資本利益率のROA　205
組織間関係論　119
組織　119
組織化　8
組織原則　106
組織的意思決定　52
組織的怠業　14
組織的知識創造　77
組織的知識創造理論　76
組織デザイン　105
組織の外部均衡　53
組織の慣性　177
組織の内的均衡　53
組織目的　53
尊厳の原則　221

た　行

貸与図方式　122
匠の技　236
多国籍企業ガイドライン　218
短期経営計画　98
知識　75
知識スパイラル　79
知識創造　75
秩序の原則　29
中・長期経営計画　96
長期継続的　121
　　――な取引　121
長期雇用制　238
調整　105
強い文化　178
T型フォード　19
テイラー　13
テイラー・システム　15
デファクト・スタンダード　129
伝統的組織原則　106

電話器用継電器組み立て実験　38
動因　135
投下資本利益率　206
　　――のROI　205
動機づけ　135
　　――の衛生要因理論　140
統合　105
動作研究（motion study）15
統制範囲の原則　106
動態的組織　115
道徳　178
道徳的要因　53
透明性の原則　221
トップダウンの策定プロセス　99
ドメイン（事業領域）　217

な　行

内発的動機づけ理論　136
成行管理　15
ナレッジ・イネーブリング　75
ナレッジ・マネジメント　75
日本企業のものづくり分野　233
人間関係論　36
人間関係論的方法　40
人間行動　67
能率　43
　　――の論理　40
ノートン，D. P.　208

は　行

バーナード，C. I.　37, 41
背後に潜む基本的仮定　183
派遣社員　239
バランスト・スコアカード　204
パワー　152
パワー構造　187
BSC　210
非計画的意思決定　70
非公式組織　40
ビジョナリー・カンパニー　177
ビジョン　96
ヒューリスティックな問題解決技法　70
評価基準の設定　203
標準化　21
費用の論理　40
標榜されている価値観　182
ファヨール，H.　24
　　――の管理過程論　13

フォーディズム　19
フォード　18
フォード・システム　13,19
フォードの経営管理原則　21
不確実性　76
フリーター　241
フルセットの製造業　233
プロジェクト型組織　115
プロジェクト計画　98
文化のネットワーク　179
分業の原則　27
文物（人工物）　182
変革型リーダー　169
報酬公正の原則　28
報奨　200
ホーソン工場実験　37
ボトムアップのプロセス　100

目標設定の機能　90
持株会社制度　126
モチベーション　8,133
モニタリングの機能　92
モラール　88
　　──を高くする機能　93

や　行

誘意性　144
誘因　45,135
　　──の方法　48
有効性　43
予算　98
欲求理論　136
予定表づくりの機能　88
ヨハネスブルク宣言　220

ま　行

マトリクス組織　114
マネジメント・コントロール　197
マネジメント・セオリー・ジャングル　63
マネジリアル・グリッド論　156
ミッション（使命感）　217
ミンツバーグ，H.　95
無関心圏　51
メイヨー，G. E.　36
命令一元化の原則　28,106
面接調査　38
目標─経路理論（パス─ゴール理論）
　151,165

ら　行

ライン・アンド・スタッフ組織　109
ライン組織　109
リーダー　151
リーダー行動記述質問表（LBDQ）　155
リーダーシップ　8
リーダーシップ・スタイル　156
リーダーシップPM論　158
利益責任　112
利潤の最大化　177
理念　179
レスリスバーガー，F. J.　36
ローリング法　99

編著者略歴　芦澤　成　光

　　　　　　　　　中央大学商学部卒業
　　　　　　　　　中央大学大学院商学研究科博士課程満期退学
　　　　　　　現　　職　玉川大学経営学部教授，経営学（博士）
　　　　　　　専　　攻　経営戦略論，経営管理論
　　　　　　　主要著書
　　　　　　　『経営戦略論』（共編著）創成社，2004年
　　　　　　　『グローバルな時代の経営革新』（共著）中央大学出版部，2003年
　　　　　　　『現代の経営管理論』（共著）学文社，20002年
　　　　　　　『現代の経営革新』（共著）中央大学出版部，2001年
　　　　　　　『日本的経営の再検討』（共著）中央大学出版部，1996年

　　　　　　　日　高　定　昭

　　　　　　　　　中央大学商学部卒業
　　　　　　　　　中央大学大学院商学研究科修士課程修了
　　　　　　　現　　職　作新学院大学経営学部教授
　　　　　　　専　　攻　経営管理論，経営学史
　　　　　　　主要著書
　　　　　　　『現代経営学』（共著），八千代出版，2006年
　　　　　　　『現代経営組織辞典』（共著）創成社，2005年
　　　　　　　『経営学』（共著），白桃書房，2003年
　　　　　　　『現代の経営学』（共著），学文社，2003年
　　　　　　　『経営学史事典』（共著），文眞堂，2002年
　　　　　　　『経営学研究のフロンティア』（共著），文眞堂，1998年
　　　　　　　『現代経営学総論』（共著），海声社，1997年

現代経営基礎シリーズ 3

現代経営管理論の基礎　2007年 4 月10日　第一版第一刷発行
　　　　　　　　　　　　2011年 8 月10日　第一版第三刷発行

　　　　編著者　芦　澤　成　光
　　　　　　　　日　高　定　昭

　　　　発行所　㈱学　文　社

　　　　発行者　田　中　千　津　子

　　　　　東京都目黒区下目黒 3-6-1　〒153-0064
　　　　　電話 03(3715)1501　振替 00130-9-98842

　　　　落丁，乱丁本は，本社にてお取替えします。
　　　　定価は売上カード，カバーに表示してあります。

　　　　ISBN 978-4-7620-1573-1　検印省略
　　　　　　　　　　　　　　　　印刷／シナノ印刷株式会社